Historische Pfade
Harz

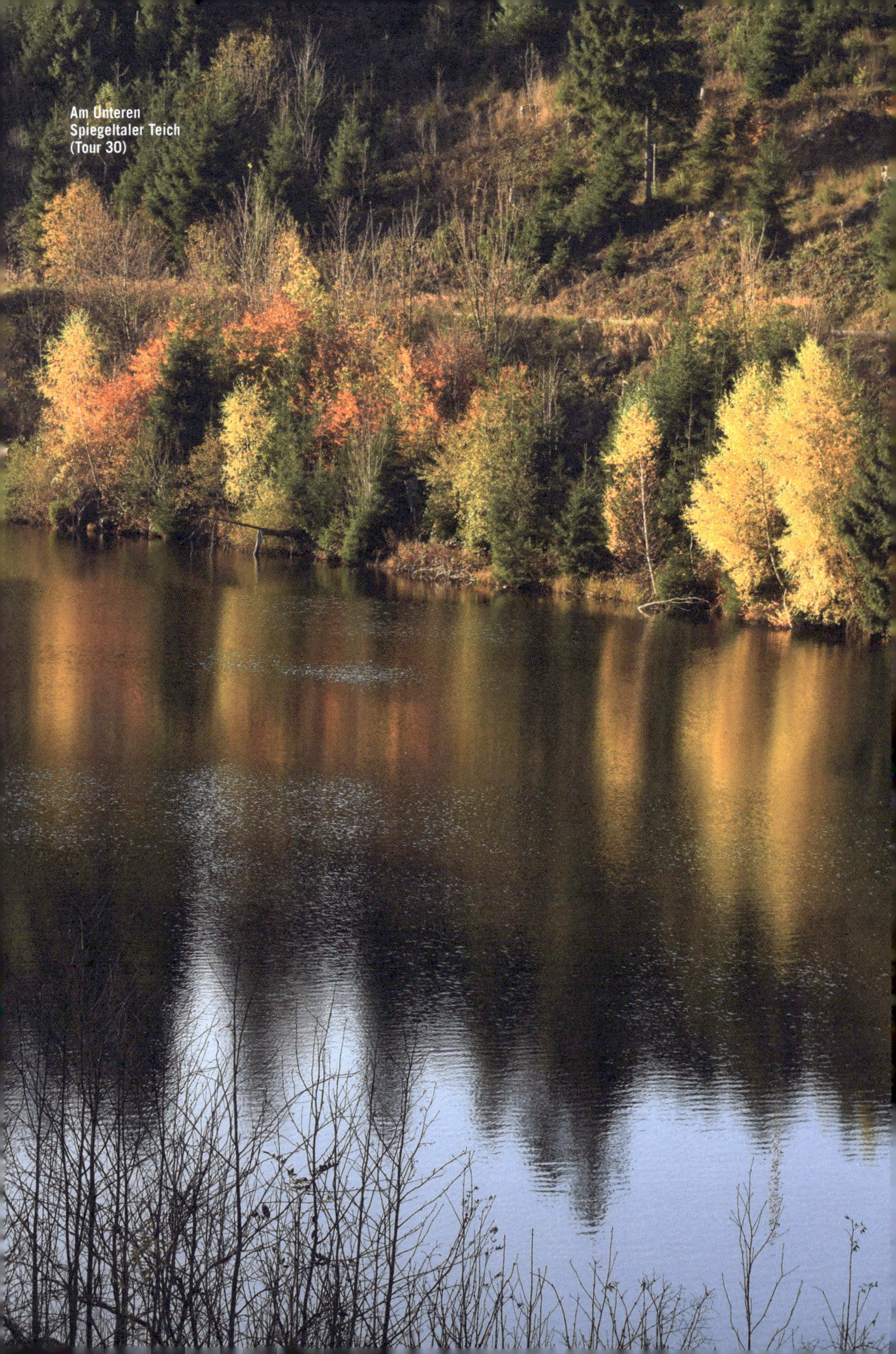

Am Unteren
Spiegeltaler Teich
(Tour 30)

Richard Goedeke

Historische Pfade HARZ

30 Wanderungen zu Orten mit Geschichte

BRUCKMANN

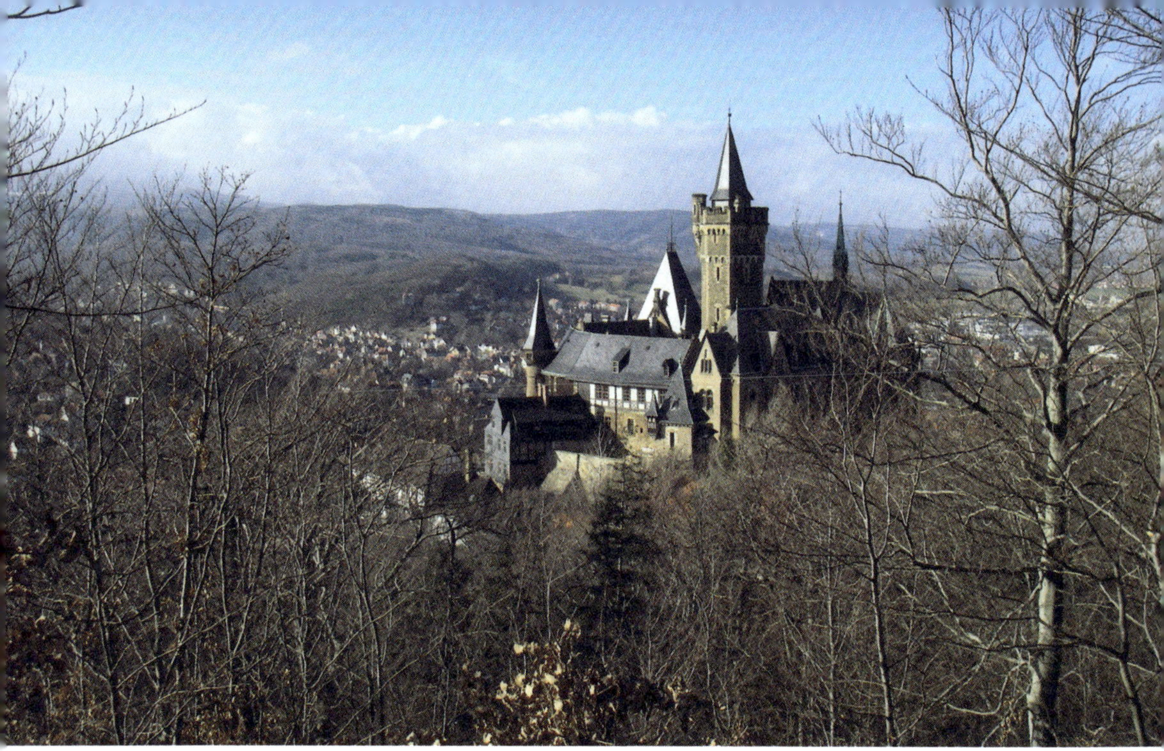

Schloss Wernigerode vom Agnesberg aus gesehen (Tour 8)

Der Lutherstein bei der Stelle des ehemaligen Klosters Himmelspforte (Tour 7)

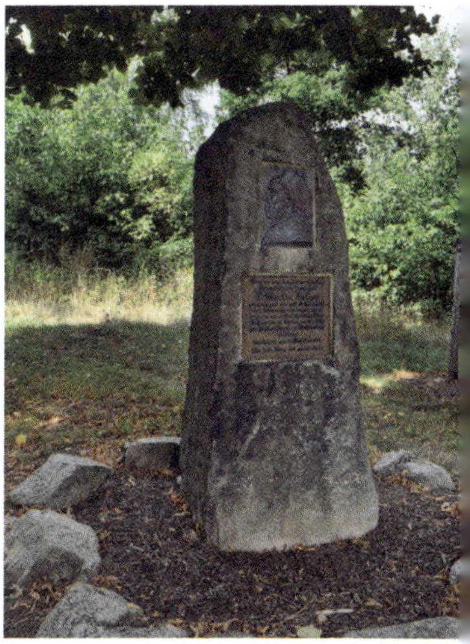

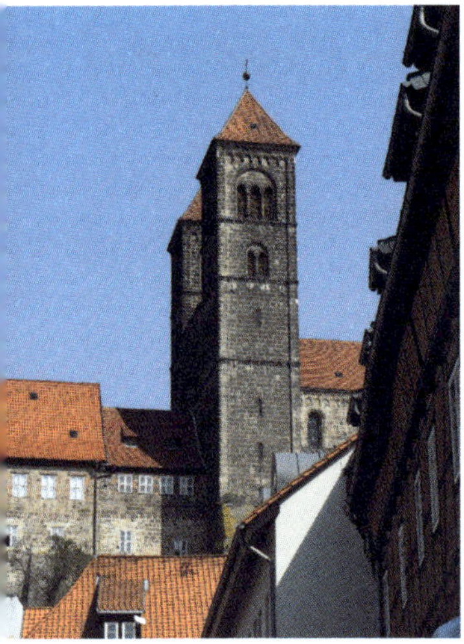

Die Stiftskirche in Quedlinburg (Tour 14)

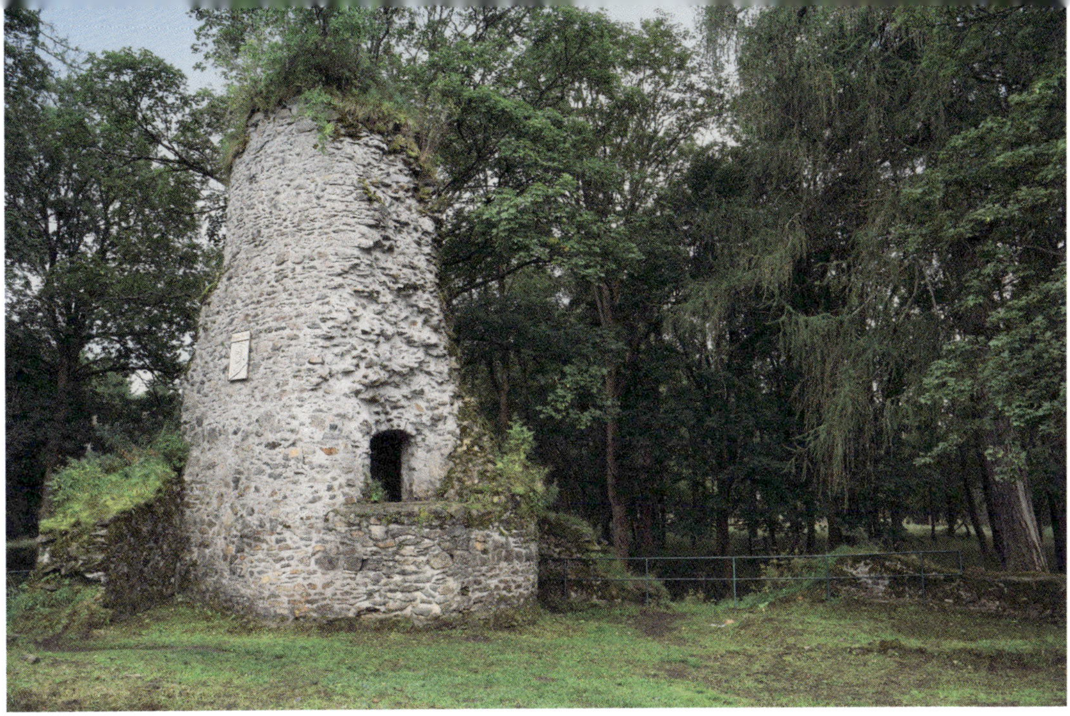

Der Bergfried der Burg bei Königshütte (Tour 11)

Der Luisentempel oberhalb von Alexisbad (Tour 19)

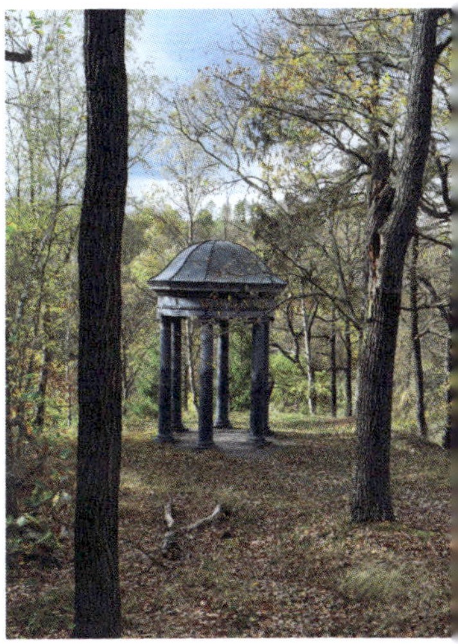

Gerstenfeld bei Neudorf (Tour 29)

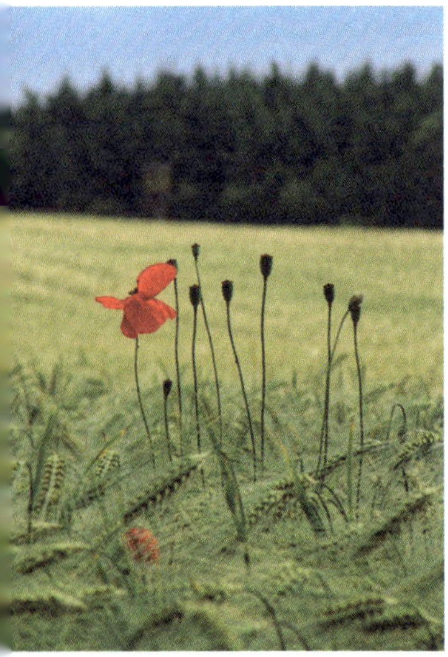

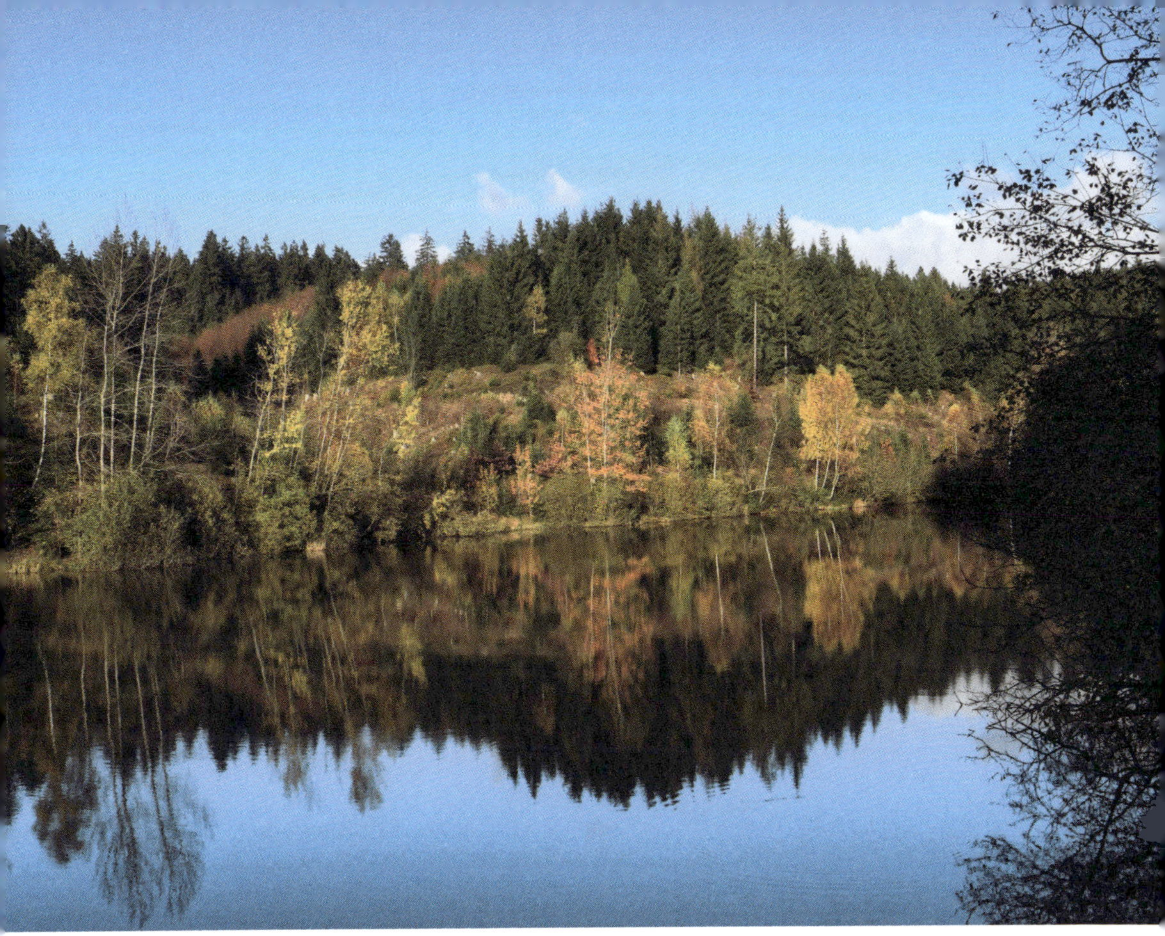

Am Oberen Spiegeltaler Teich (Tour 30)

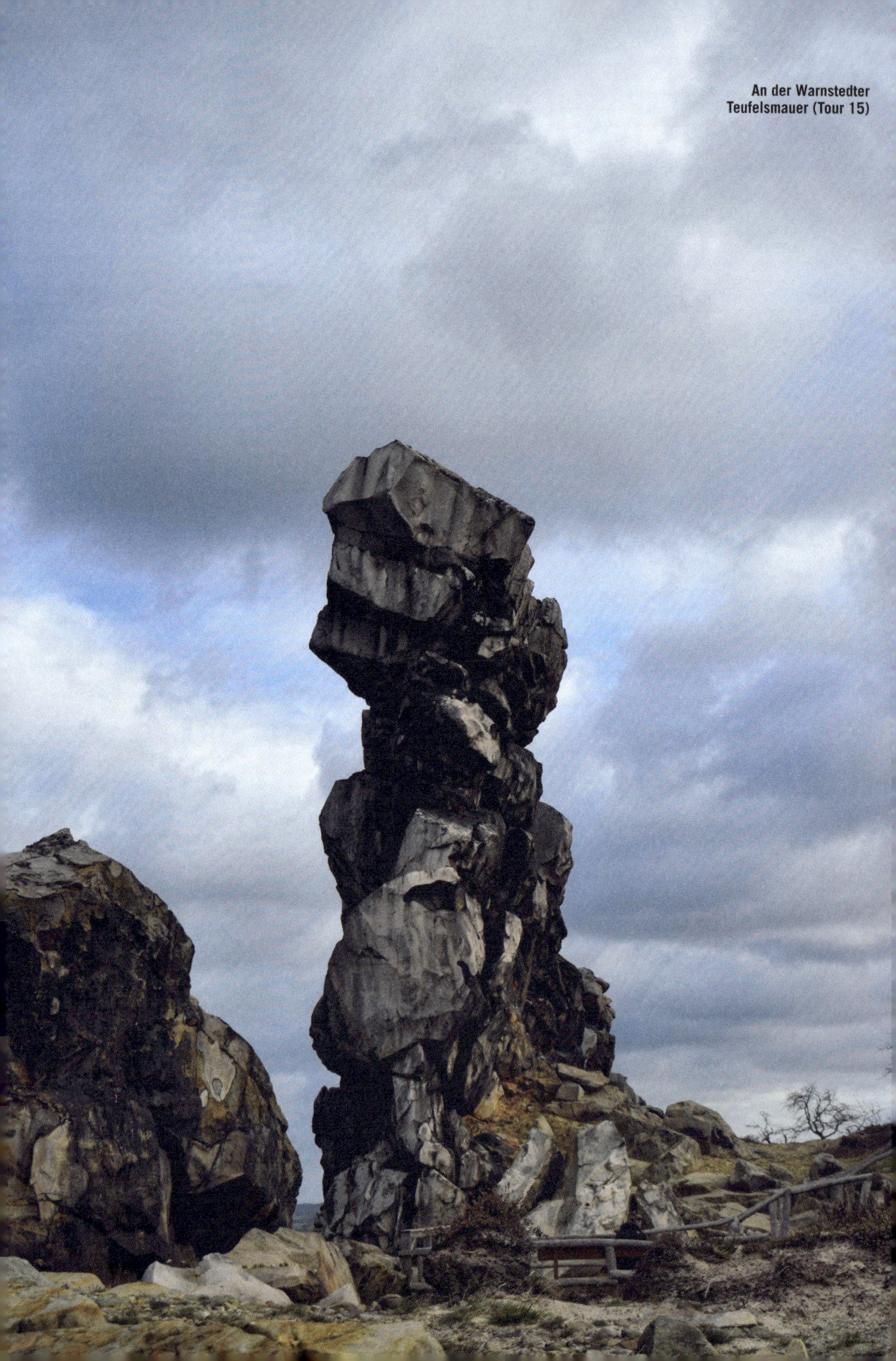

An der Warnstedter
Teufelsmauer (Tour 15)

Vorwort

Auf Wanderungen begegnen wir immer auch uns neuen Dingen. Das gilt besonders in einer Landschaft mit so vielfältiger Prägung durch Hunderte Millionen Jahre Erdgeschichte und einige Tausend Jahre Siedlungs- und Kulturgeschichte. Jede Wanderung ist geprägt vom momentanen Reiz der Stimmungen durch die Tageszeit, das aktuelle Wetter und die eigenen Anstrengungen im Überwinden der Anforderungen des Weges. Aber zugleich wird uns mit dem Wahrnehmen von Pflanzen und Tieren und Relikten früherer Zeiten ein Kaleidoskop von Eindrücken vermittelt. Besonders, wenn unser Wissen dazu unsere Sinne schärft. Im Harz ist von alldem immer etwas mit drin.
Nach der Auswahl von besonders gut erreichbaren und eher übersichtlichen Wanderungen (»Für Langschläfer«), von eher besonders ruhigen (»Vergessene Pfade«), denen auf die höchsten Harzberge (»3000er«), solchen für Menschen mit begrenzter Mobilität (»Für Senioren«) und solchen mit der Chance auf besonders intensive Naturbegegnung (»Geheimnisvolle Pfade«) bietet das vorliegende Buch nun eine Auswahl von »Historischen Pfaden«.

Ich verstehe darunter Wanderungen auf Wegen, die etwas über das Leben der Menschen in früheren Zeiten erzählen. Aber auch Wanderungen im Umfeld besonderer historischer Ereignisse. Und auch solche vorbei an originalen Relikten aus früheren Ereignissen oder wirtschaftlichen Tätigkeiten, wo wir Geschichte mit Händen anfassen können. Auch Wanderungen, in denen uns unsere jüngere Geschichte begegnet. Sie alle lassen uns etwas erfahren über vergangene Zeiten. Zu denen habe ich mich natürlich schlau gelesen bei Dietrich Denecke (Handelswege), Friedhart Knolle (Geologie, Zeitgeschichte), Wilfried Liessmann (Bergbau), Matthias Schmidt (Wasserwirtschaft), Uwe Wegener (Waldgeschichte) und anderen. Wir können so Respekt für Erfindungsreichtum und Fleiß früherer Generationen gewinnen. Oder Einsicht in uns Menschen zu möglichen Fehlern und Versagen. So können wir daraus auch etwas erfahren über uns selbst und unsere eigenen Möglichkeiten zu handeln. Und damit auch lernen für unsere eigene Zukunft.

Natürlich kommen in Wandervorschlägen meiner anderen Bücher bereits in diesem Sinne »Historische Pfade« vor. Wenn es besonders ausgeprägte sind, dann verweise ich hier gelegentlich auch darauf. Aber ich habe mich bemüht, jetzt unter diesem Thema neue Wandervorschläge zu bringen; der Harz ist ja dafür groß und reich genug.

Auch dieses Buch ist Menschenwerk und kann durch Fehler oder Veränderungen in der sich ohnehin ständig wandelnden Landschaft verbesserungsfähig sein. Für Hinweise bin ich deshalb dankbar. Ebenso wie ich all denen von Herzen danke, die mir durch Begleitung, Tipps und Korrekturen geholfen haben, ganz besonders meiner Frau und Friedhart Knolle vom Nationalpark Harz.
Vor allem aber wünsche ich allen, die mit diesem Buch aufbrechen, ganz viel Freude unterwegs!

Braunschweig, im Frühjahr 2021
Richard Goedeke

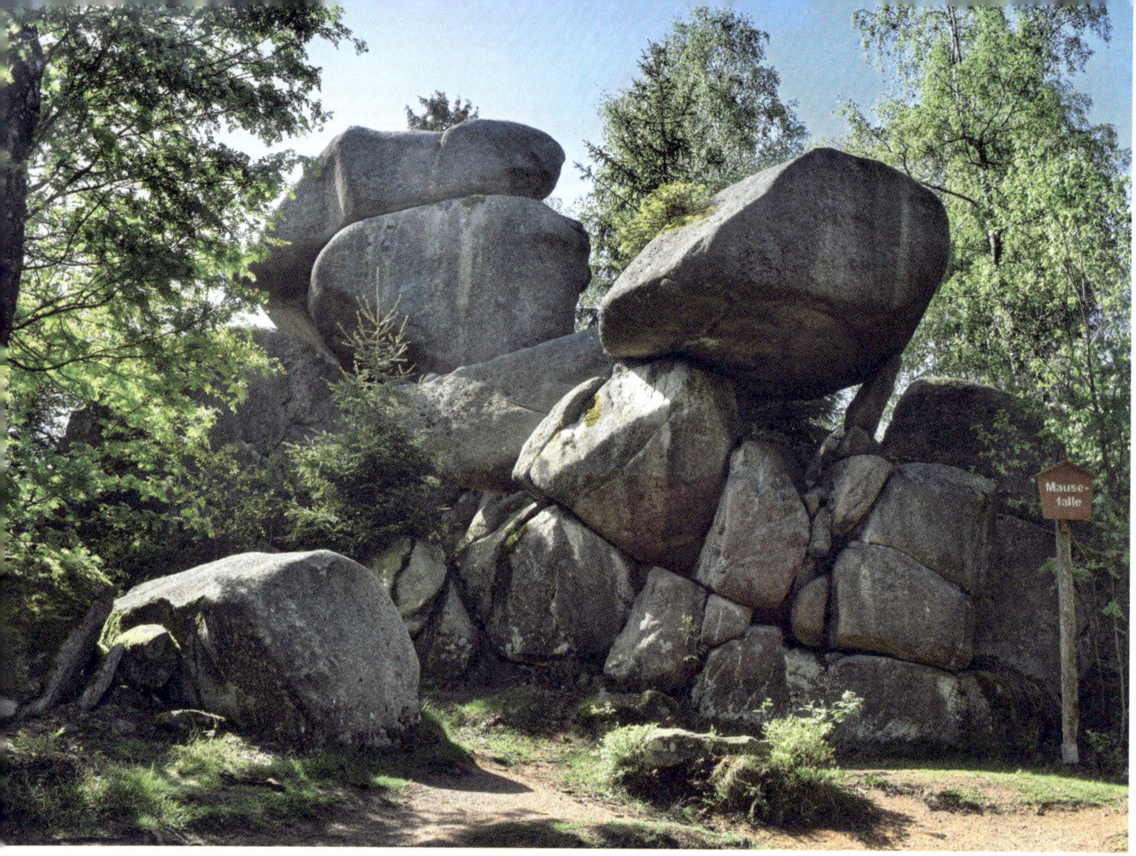

Die »Mausefalle« an den Kästeklippen (Tour 4)

Einleitung

Die Harzgeschichte im Überblick

Der Harz ist das reichhaltigste Wanderziel Norddeutschlands. Die 90 Kilometer lange, bis 30 Kilometer breite, oben abgeflachte Scholle aus Gesteinen des Erdaltertums ist an ihrer Nordflanke besonders stark aus der Umgebung herausgehoben. Am Nordrand erwarten uns steile Berghänge und darin eingeschnittene enge Täler und ein von kleinen Hügelrücken gegliedertes Vorland. Dagegen ist im Süden und besonders im Osten der Anstieg zur Hochfläche weniger markant. Auf der Südseite liegt vor dem Gebirge ein klein gekammerter Landstreifen aus Gips.
Die größeren der Täler sind steil und oft felsig und greifen teils weit in die Hochfläche. Und über allem erhebt sich das zentrale Bergland mit dem Brocken um mehrere Hundert Meter. Dort herrscht deutlich kühleres, windigeres und nasseres Klima. Das ist richtiges Mittelgebirge.

Menschliche Aktivitäten begannen am Harz schon in der Steinzeit, besonders am östlichen Rand. Dort gab es schon ersten Bergbau auf Flint. Ins Innere ging man nur zögernd. Aber mit dem Interesse an neuen Materialien für Werkzeuge und Geräte ging es später um Erze zur Gewinnung von Metallen. Die waren innen im Gebirge vielerorts zu finden. Und der Wert der dort zu gewinnenden Schätze ließ die Mühen und Risiken des Bergbaus in Kauf nehmen. Die schleichende Umweltvergiftung inklusive. Und nebenbei auch den Raubbau am als Energiequelle für die Erzschmelzen in Meiler gesteckten Wald. Für lange Zeit hatten Forstleute da zu tun, die Bäume wieder auf die Berge zu kriegen. Der Klimawandel macht das zusätzlich schwieriger. Nicht zuletzt wegen der heute überholten Prioritäten der Vergangenheit.

Den rechtlichen Rahmen für alle Aktivitäten gab die Oberherrschaft der Kaiser und der von ihnen beauftragten Fürsten. Nach der Zusammenführung im Nationalstaat Deutsches Reich und den beiden Weltkriegen und der daraus folgenden Teilung und der Wiedervereinigung leben wir jetzt in der demokratisch verfassten Bundesrepublik Deutschland als Teil der Europäischen Union. Der Harz gehört darin anteilig zu den Bundesländern Niedersachsen, Sachsen-Anhalt und Thüringen. Die wesentliche Gesetzgebung erfolgt einheitlich für das ganze Land im Bund und durch die Europäische Union. Diese aus den Lehren der Verwüstungen durch Kriege entstandene Lösung hat uns in Mitteleuropa nun schon über 70 Jahre Frieden gebracht. Bei allem Gemäkel an noch bestehenden Missständen und Konflikten sollten wir das immer im Blick haben. Denn nur die enge europaweite Zusammenarbeit ermöglicht uns neben der gedeihlichen Organisation unseres täglichen Lebens dauerhaften Frieden und auch so schöne Dinge wie das Wandern und Reisen. Was uns wiederum helfen kann, einander besser zu verstehen und zu respektieren. Und Frieden zu halten.

In der NS-Zeit wurden zu Untermenschen erklärte Menschengruppen, Häftlinge, Gefangene und Deportierte auch hier im Bergbau und in der Rüstungsproduktion eingesetzt. Die Relikte dieses Systems von kalt organisierter Sklavenhaltung und Mord sind gleichfalls noch vielerorts zu finden.

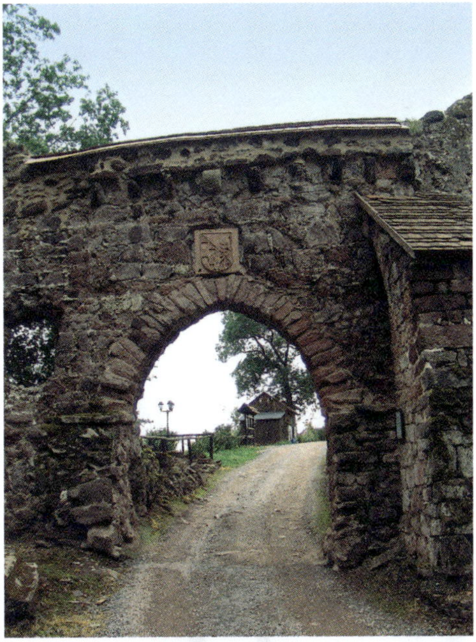

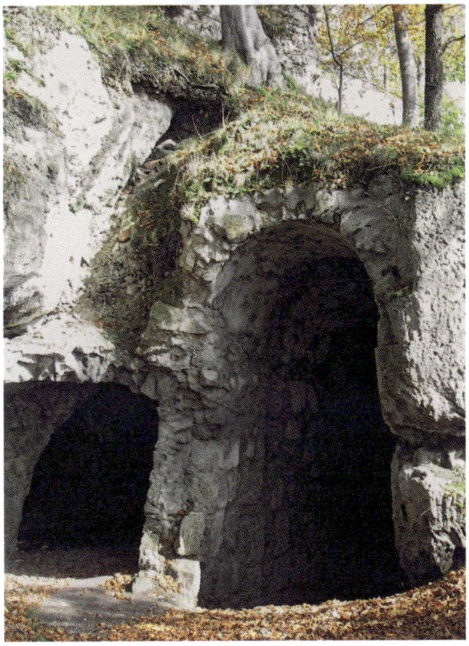

Mit der Erschöpfung der abbauwürdigen Erzvorkommen kam unvermeidlich der Strukturwandel. Für die nachfolgende touristische Nutzung bemühte man sich, Schäden zu sanieren oder wenigstens zu verstecken. Aber auch wo man nichts tat, schuf die natürliche Sukzession oft gut an die unterschiedlichen Standorte angepasste Lebensgemeinschaften. Wenn wir heute wandernd den Harz durchstreifen, dann begegnen uns alle diese Relikte. Sie zu sehen und verstehen zu können, gibt unseren Wanderungen eine zusätzliche Dimension.

Ganz oben: Das Burgtor der Ruine Burg Hohenstein (Tour 22)
Oben: Kavernen der Ruine Scharzfels (Tour 26)

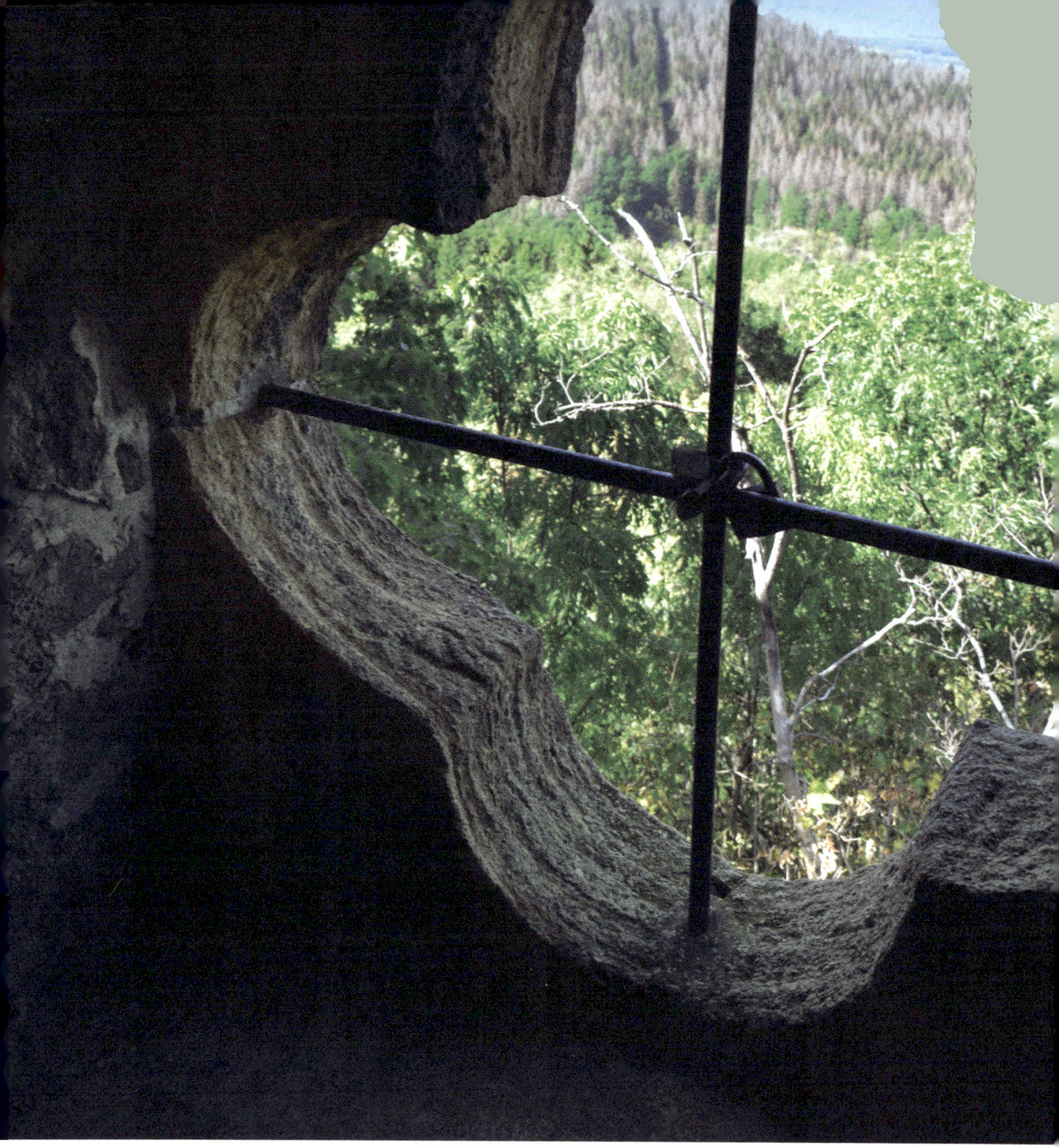

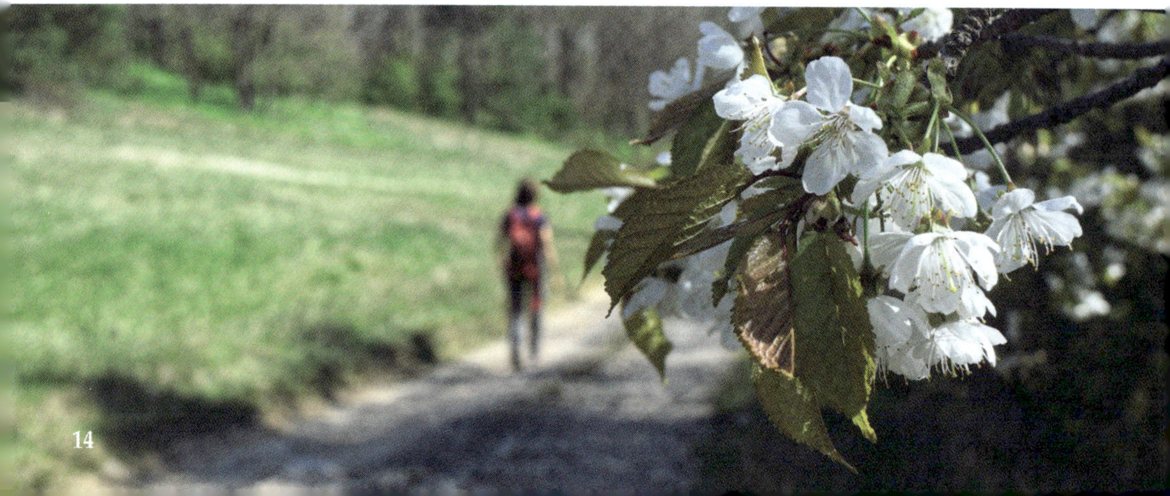

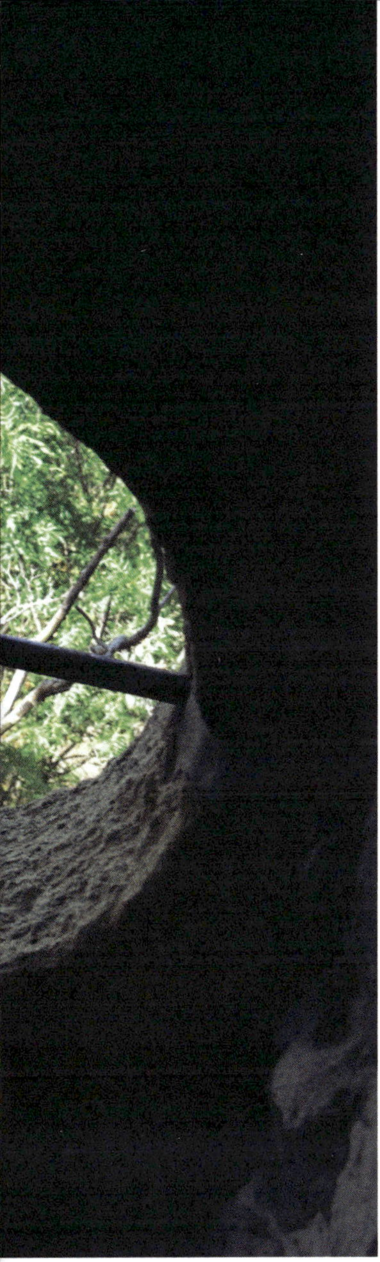

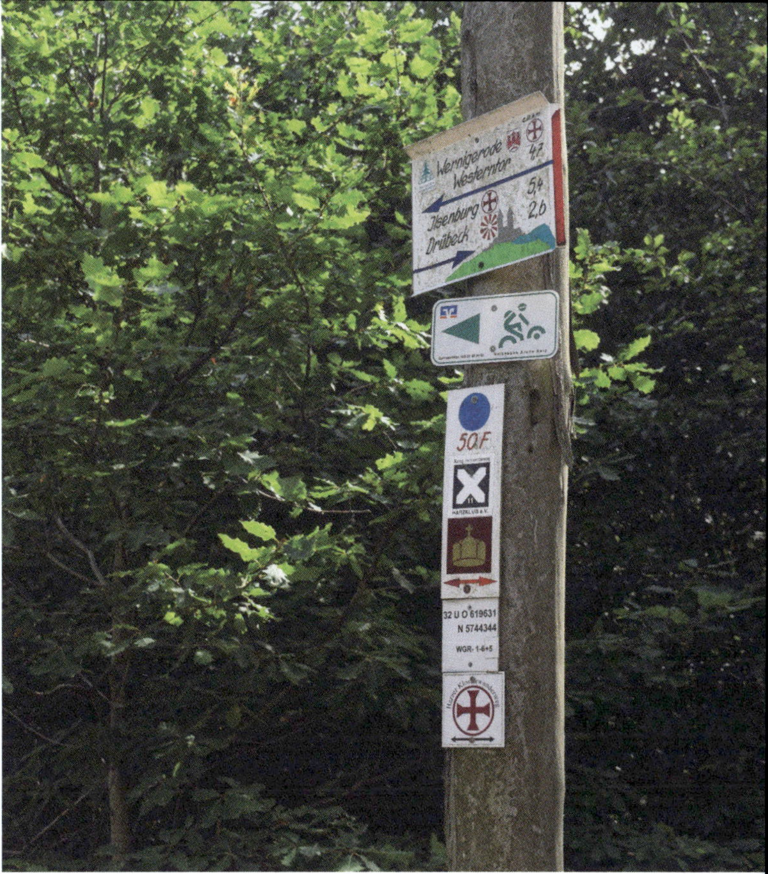

Der Nordharz

Oben links: Fenster im Steinbergturm (Tour 3)

Oben rechts: Am Pilgerweg (Tour 7)

Unten links: Bei der Altenburg (Tour 14)

Unten rechts: Die Granitklippe »Hexenküche« an der Käste (Tour 4)

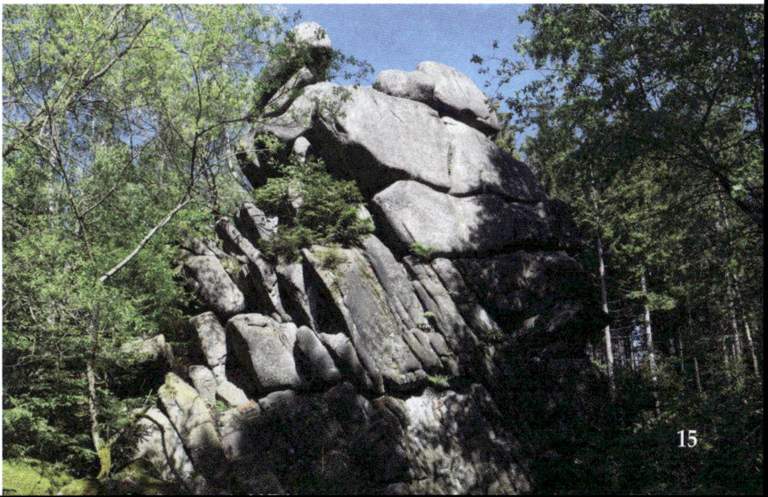

1 Zum Ort der vergessenen Römerschlacht

Rundweg am Museum Harzhorn

leicht 2 km 40 Hm 1.00 Std.

Tourencharakter
Gut zu gehender, bequemer Spaziergang

Ausgangspunkt
Parkplatz am futuristischen Infogebäude Harzhorn

Anfahrt
Mit dem Auto von BAB-Ausfahrt Seesen südwärts nach Ildehausen, dann B 248 unter der Autobahn durch und bald danach über die Bahnlinie. Gleich danach rechts abbiegen zum Parkplatz, Bahn bis Seesen, dann Bus bis Ildehausen oder gleich Taxi

Empfohlene Karten
Wandern im Harz 1:50 000 Blatt Seesen, Ign mit Harzklub, Blatt Westharz, Ostharz

Einkehr
Lumpige 5 km weiter nördlich in Seesen oder auch an der B 7 BAB-Raststätte Harz

Info
www.roemerschlachtamharzhorn.de, Reiseauskunft www.bahn.de

Das Harzhorn liegt zwar westlich des Harzgebirges im Vorland, aber das war für die Erschließung der ganzen Region wichtig. Für die Herrschaft im gesamten Gebiet waren die Verkehrswege von größter Bedeutung. Nur wo man hingelangen konnte, ließ es sich befehlen und durchsetzen, nach wessen Regeln das Zusammenleben laufen sollte. Und über das Harzhorn verlief ein wichtiger Handelsweg.

Rundgang über das Harzhorn Vom futuristisch gestalteten **Museum** ❶ gehen wir nordwärts in den Wald. Dort treffen wir bald auf einen befestigten Weg. Er führt nach links westwärts über den hier recht schmalen Bergrücken hinauf. Dieser Weg war der Ort der **Schlacht** ❷. Markierungen und Erläuterungstafeln verdeutlichen und informieren über das fast 1800 Jahre zurückliegende Geschehen. Weiter oben kann man nach links gehen und rasch am Waldrand einen Feldweg erreichen. Dieser

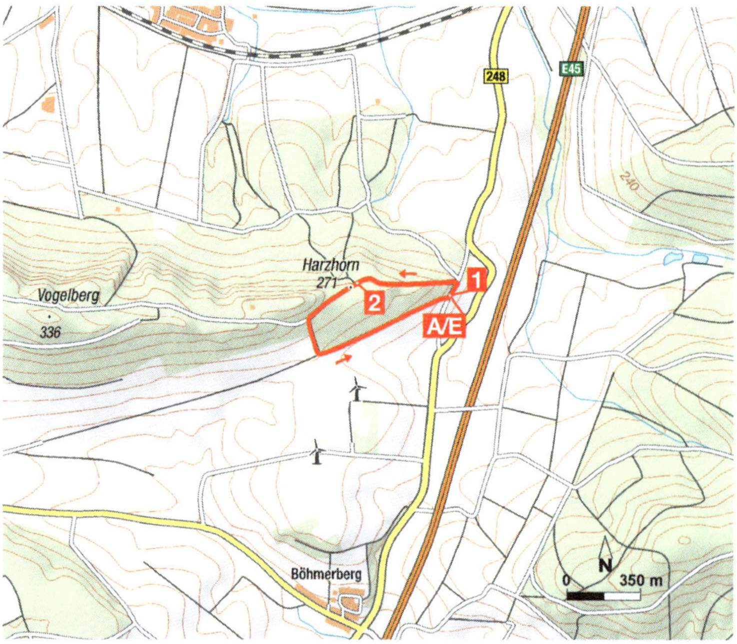

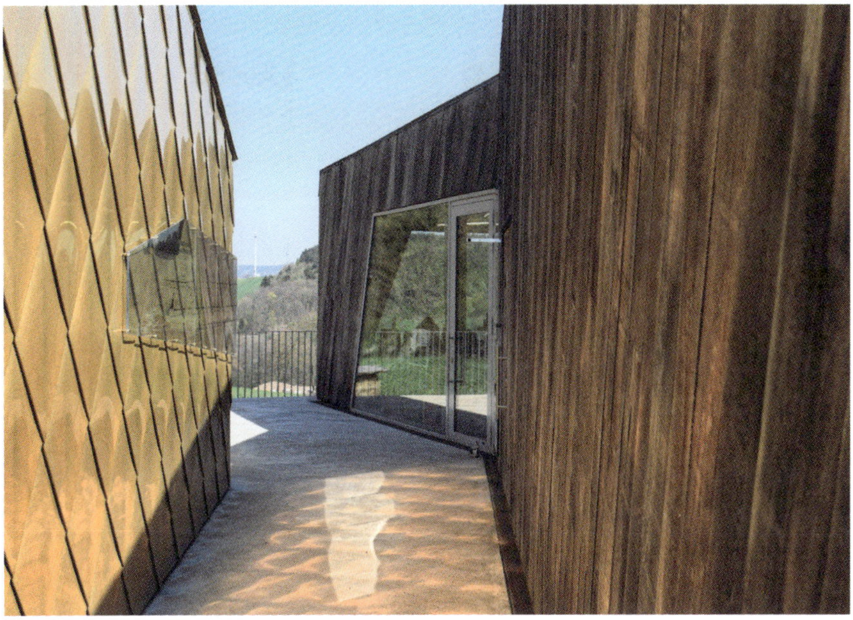

Eingang zum Harzhorn-Museum

Blick vom uralten Handelsweg auf dem Bergrücken des Harzhorn am Ort der Schlacht. Die Fähnchen markieren die Fundstellen von Geschossen und anderen Relikten.

bringt uns zurück zum **Parkplatz** E beim Museum. Wem diese noch recht ungebahnte Querung durch den Wald zum Weg am Waldrand zu herb ist, der geht auf dem Zustiegsweg zurück.

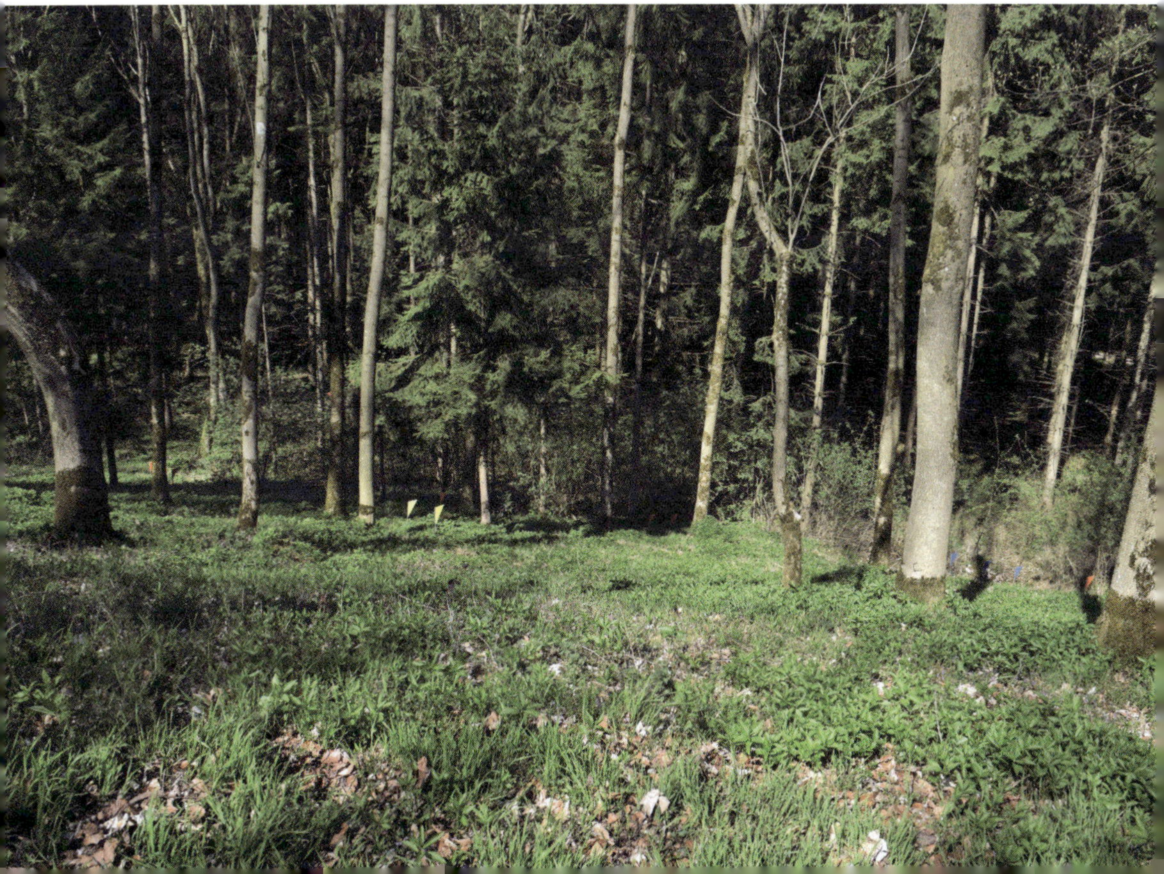

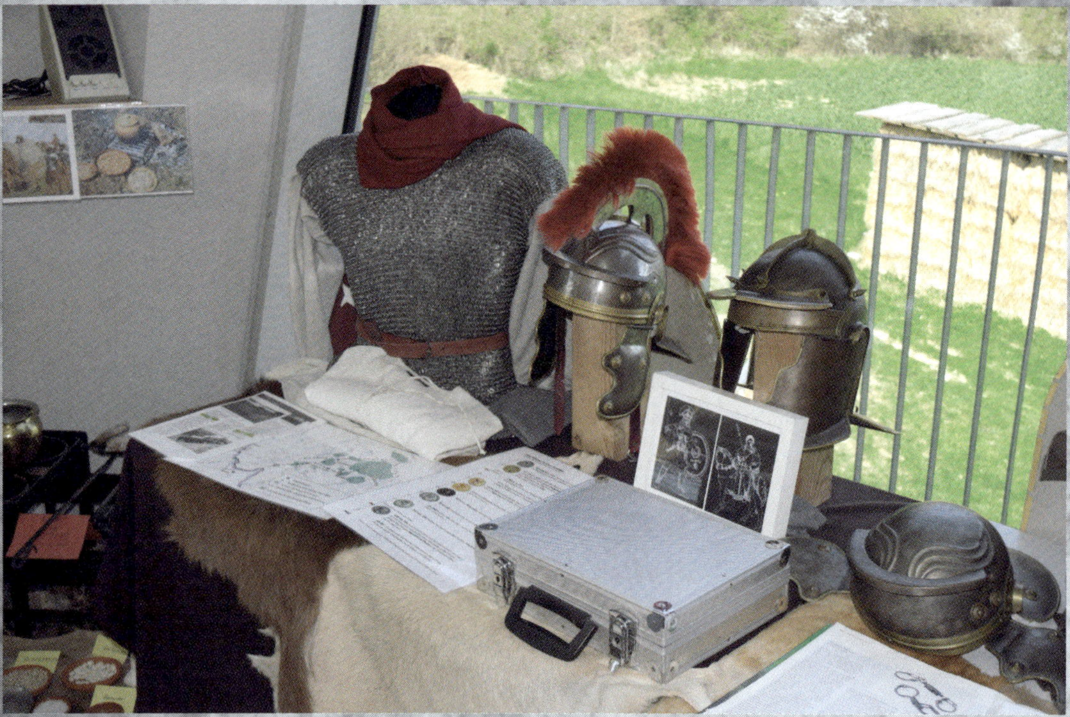

Solch schwere Rüstung trugen die römischen Legionäre.

Das Harzhorn

Der Ort einer vergessenen Römerschlacht an einem uralten Handelsweg

Allgemein wird berichtet, dass nach der für die Römer schlimm ausgegangenen Varusschlacht am Teutoburger Wald und der gleichfalls bei Kalkriese nicht so glänzend verlaufenen Expedition des Germanicus die Römer nachhaltig aus Deutschlands Norden vertrieben worden waren. Dass es trotzdem auch später noch zu römischen Heerzügen in das germanisch besiedelte Land vor ihren etablierten Einflussgebieten hinter dem Limes und am Rhein kam, wurde erst vor einigen Jahren bekannt. Da hatten Sondengänger am Harzhorn eine Fülle von römischen Geschossen dokumentiert. Und sie belegten mit 2700 Fundstücken, dass dort tief in den germanischen Landen noch um 235 n. Chr. eine Schlacht stattfand. Anders als am Teutoburger Wald waren hier bei dem Angriff die Römer nicht die eindeutigen Verlierer, sondern sie konnten sich hier offenbar durch überlegene Technik und überlegte Taktik effektiv wehren und auch ohne allzu große Opfer aus der Affäre ziehen. Allerdings verdeutlichte den Römern die Auseinandersetzung vermutlich, dass dieses Gebiet nachhaltig zu unterwerfen wohl doch zu aufwendig war. Insofern war dieser Kampf vielleicht doch Teil einer Weichenstellung. Oder genauer der Nichtkorrektur der Weichenstellung, nach dem Sieg des Arminius auf die Beherrschung der Bereiche nördlich des Limes zu verzichten. (Ähnlich wie 800 Jahre später

Rechte Seite oben: Erläuternde Stele am Ort der Schlacht

Rechte Seite unten: Das »Outfit «der Legionäre

die weiter nordöstlich bei Schladen gelegene Pfalz Werla der Kristallisationspunkt des Widerstandes gegen die Ungarn war und dazu beitrug, dass diese nicht weiter vordrangen.)

Die Ergebnisse der archäologischen Feldforschung zur Schlacht am Harzhorn sind unweit der Autobahn-Abfahrt Seesen am Ort des Geschehens in einem auffällig gestalteten Gebäude und im Gelände markiert und erläutert zu besichtigen. Weitere Einzelheiten dazu und zu Öffnungszeiten und Angeboten von Führungen gibt es unter *www.roemerschlachtamharzhorn.de*

Der Ort der Schlacht ist ein sehr alter Verkehrsweg. Die ersten Wege passten sich der Landschaft an. Man ging oder fuhr dort, wo man am besten durchkam. So folgten die Wege tunlichst Bergrücken, weil dort am ehesten fester Untergrund zu finden war. Dass Steigungen und Gefälle nur mühsam zu überwinden sind, war das kleinere Übel gegenüber sumpfigem Untergrund. Denn in dem sanken Reittiere und mehr noch Karren und Wagen ein und blieben stecken. Der Bergrücken des Harzhorns war also verkehrstechnisch ebenso ein Sonderangebot der Natur wie die Bergrücken der Fastwege (= Festwege) über den großen Harz. Im Vorland des Harzhorn lässt sich auch die Verkehrsgeschichte der letzten Jahrhunderte ablesen: Die Bundesstraße 248 (ebenso wie auch die Bahnlinie vor dem Harz) spiegelt eine Art Kompromiss wider – man versuchte, bei ihrem Bau größere Steigungen zu vermeiden und hielt sich an die Berghänge, aber man mied den Talgrund. Erst beim Bau der Autobahn A 7 zielte man schärfer auf ausgeglichene Steigung der Rollbahn und nutzte notfalls auch Talgründe – allerdings mit sehr aufwendigem und kostspieligem Umbau der Landschaft durch gewaltige Anschnitte der Berghänge und Dämme mit enormen Materialbewegungen und weit gespannte Brücken mit tiefen und teuren Fundamenten. Aber deren begrenzte Lebensdauer sorgt dafür, dass die einmal geschaffene freie Bahn durch die nach ein paar Jahrzehnten wieder nötige Sanierung oder sogar durch zeitraubende Neubauarbeiten gestört wird und immer wieder mal neue Nadelöhre entstehen …

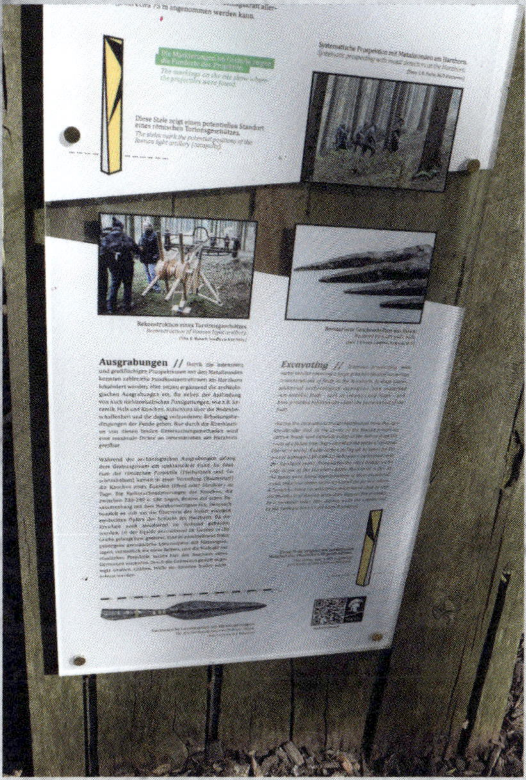

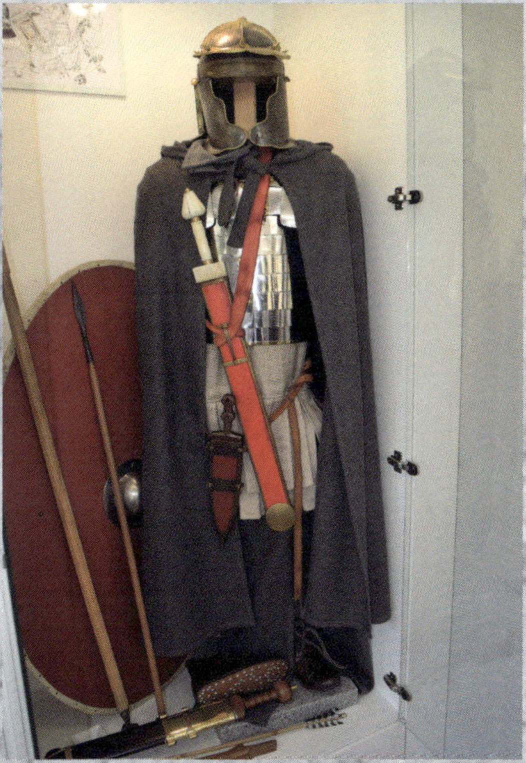

2

Zu Bergen über dem Schlachtort bei Lutter

Über den Bakenberg auf den Lindtalskopf

mittel | 10 km | 330 Hm | 3.00 Std.

Tourencharakter
Einsame Rundwanderung, derzeit mit einigen Aussichtspunkten, weithin auf festen Wegen, teils auch auf unbefestigten Trassen oder naturbelassenen Pfaden. Nicht markiert, einige Hinweistafeln. Die naturnahen Wegstrecken lassen sich bei Bedarf auf festen Wegen vermeiden (siehe Hinweise im Text).

Ausgangspunkt
Wanderparkplatz Neiletal südostwärts oberhalb von Neuekrug am Waldrand

Anfahrt
Mit dem Auto bis zum Parkplatz, Bahn bis Seesen, Bus bis Neuekrug-Hahausen

Empfohlene Karten
Wandern im Harz 1:50 000, lgn mit Harzklub, Blatt Westharz

Einkehr
Harzklub-Hütte vom 1. 5.–31. 10. So 14–18 Uhr. In Seesen mehrere angenehme Gaststätten

Info
www.stadtverwaltung-seesen.de, Reiseauskunft www.bahn.de

Dies ist eine Wanderung über den Berghang südlich oberhalb des weiten, beackerten Lutterer Beckens, wo im 30-jährigen Krieg in einer großen Schlacht Tausende Menschen niedergemetzelt wurden. Das Steigen durch den Wald dagegen schenkt friedliche Eindrücke und Ausblicke, auch auf den einstmals unfriedlichen Ort des Geschehens. Außerdem kommen wir an Spuren früherer Bergbautätigkeit vorbei.

Zur Lichtung am Unteren Bakenberg Vom Parkplatz A gehen wir am Waldrand links hinab zu einer kleinen Brücke und folgen dem schmalen Weg dicht am Waldrand entlang und schließlich im Wald weiter zu einem Forstwegekreuz. Die feste Straße führt links hinauf und dann in einem weiten Bogen nach rechts zur **Harzklub-Hütte** 1 mit gemütlichen Sitzplätzen an einer Lichtung (hierher auch schöner und direkter auf unbefestigtem Weg rechts vom Bach). Etwa 200 Meter weiter aufwärts gabelt sich die Straße. Wir gehen hier links etwa 100 Meter zu einem Hochsitz unter der Mündung einer grasigen Schneise. Über diese steigen wir,

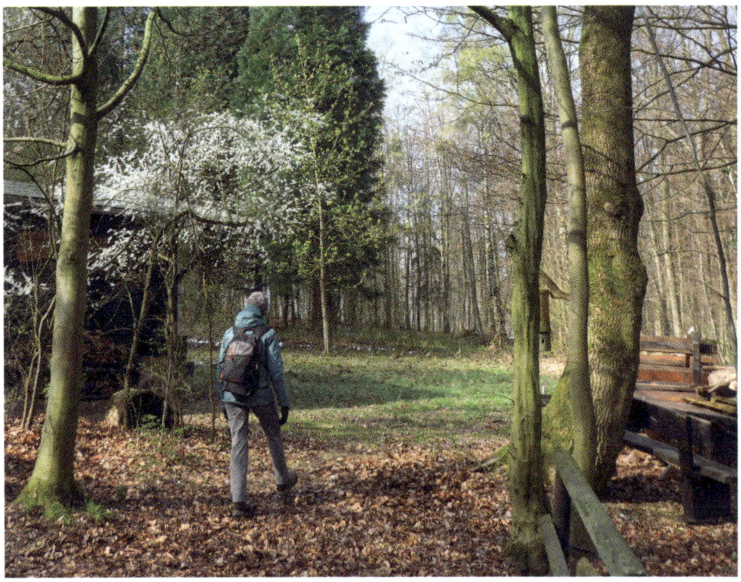

Rechts: An der Hubertushütte des Harzklubs

Rechte Seite: Jeder Baum ist ein unverwechselbares Individuum.

nur anfangs über etwas Altholz, auf Gras steiler auf zur **Linkskehre** ❷ der festen Forststraße (vor einer großen, durch Windwurf entstandenen Lichtung). Von der Kehre steigen wir nach links 200 Meter weiter an bis hinter eine Rechtsbiegung der Straße.

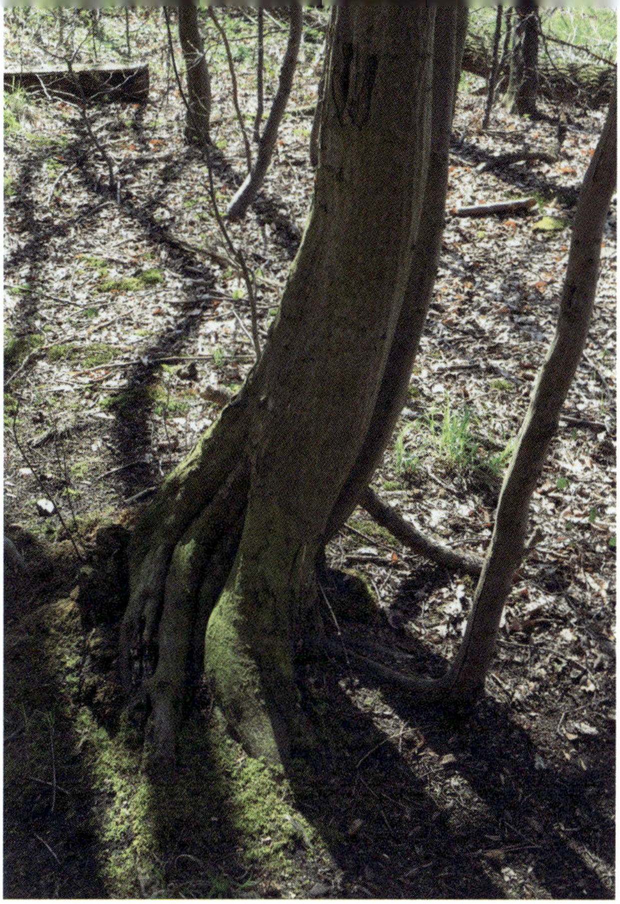

Über den Unteren und Oberen Bakenberg Wir zweigen nach rechts ab und folgen auf der Lichtung einer breiten Harvestertrasse bis oberhalb einer derzeit kahlen Kuppe (Hochsitz). Danach biegt die Harvestertrasse nach links ab und gabelt sich. Wir steigen nun stetig steil direkt bergan zur Kuppe **Unterer Kleiner Bakenberg** ❸. Von hier bietet sich ein umfassender Blick auf das weite Lutterer Becken mit dem einstigen Ort der Schlacht. In südlicher Richtung führt eine breite, festgefahrene Schneise auf dem Bergkamm über einige Buckel und dann in hohem Wald weiter. Diese Schneise nähert sich wieder der weiter östlich verlaufenden Straße. Wir gehen nun aber nicht nach links, sondern schräg rechts ansteigend bis zum Beginn einer unbefestigten Schneise auf dem Bergrücken. Dieser folgen wir weiter südwärts an teils frischen Lichtungen vorbei (rechts Ausblick zur Lageswarte) und nach einem hübschen Grasweg nach links bis vor die befestigte Straße. Wer noch weiter auf angenehm naturnahem Boden gehen will, folgt nun dem grasigen Querweg nach rechts hinauf, etwa 300 Meter entlang von jungem Laubwald, zu höherem Wald. Durch diesen gehen wir dann nach links weglos hinauf zur Kuppe **Großer Bakenberg** ❹ (durch frischen Windwurf Aussicht zum Brocken). Jenseits führt eine alte Harvestertrasse steil hinab zur Forststraße. (Wer statt der teils grasigen unbefestigten

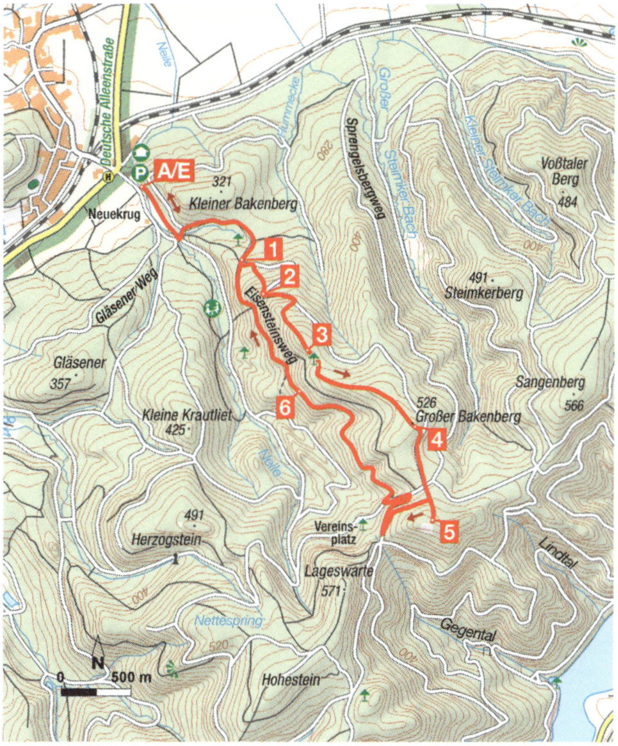

Wege lieber auf fester Straße geht, gelangt hierher auch, indem er der an der großen Lichtung verlassenen Straße weiter folgt, etwas länger, aber mit weniger Steigung).

Auf den Lindtalskopf Die breite Straße führt südwärts weiter, an einer Wiese vorbei, zur Querstraße »Försterstieg«. Wir überqueren diese und gehen im Wald in gleicher Richtung wie vorher auf einem alten Weganschnitt (einiges Altholz) etwa 100 Meter hinauf zu einem weiteren festen Querweg. Dieser führt links und dann nach rechts biegend hinauf zu einer Wiese. An ihrem oberen Rand erreichen wir die Gipfelkuppe **Lindtalskopf** ⑤. Nachdem die Kuppe der gegenüber gelegenen Lageswarte aktuell wieder mit jungem Wald zuwächst, öffnet sich hier schon wieder ein neuer weiter Ausblick – ebenso wie vor 40 Jahren.

Abstieg und Rückweg Wir gehen über die Wiese zurück zum Weg. Diesem folgen wir unten nach links bis zur Einmündung in den »Försterstieg« nahe dem Waldverkehrsknoten Vereinsplatz (Holzplastik Bär und Sitzplatz, Wanderhütte). Der Försterstieg bringt uns nun nach rechts zurück, nordostwärts abwärts zu der Forststraße, die scharf links westwärts hinabführt ins Neiletal. Dieser folgen wir nur etwa 100 Meter. Dann biegen wir gleich wieder scharf rechts in den Eisensteinsweg ab. Dieser bringt uns nun als nur sanft abfallender Hangweg nordwärts. Nach Querung von zwei Tälern und einer Lichtung (mit offenem Blick ins Neiletal) erreichen wir einen Rastplatz am Mundloch einer alten **Eisenerzgrube** (»Glückauf«) ⑥. Wir folgen dem Weg weiter geradeaus. Er bringt uns zurück zur Harzklub-Hütte. Wie auf dem Herweg, zuletzt auf dem hübschen schmalen Weg entlang des Waldrandes, gelangen wir zurück zum **Ausgangspunkt** Ⓔ.

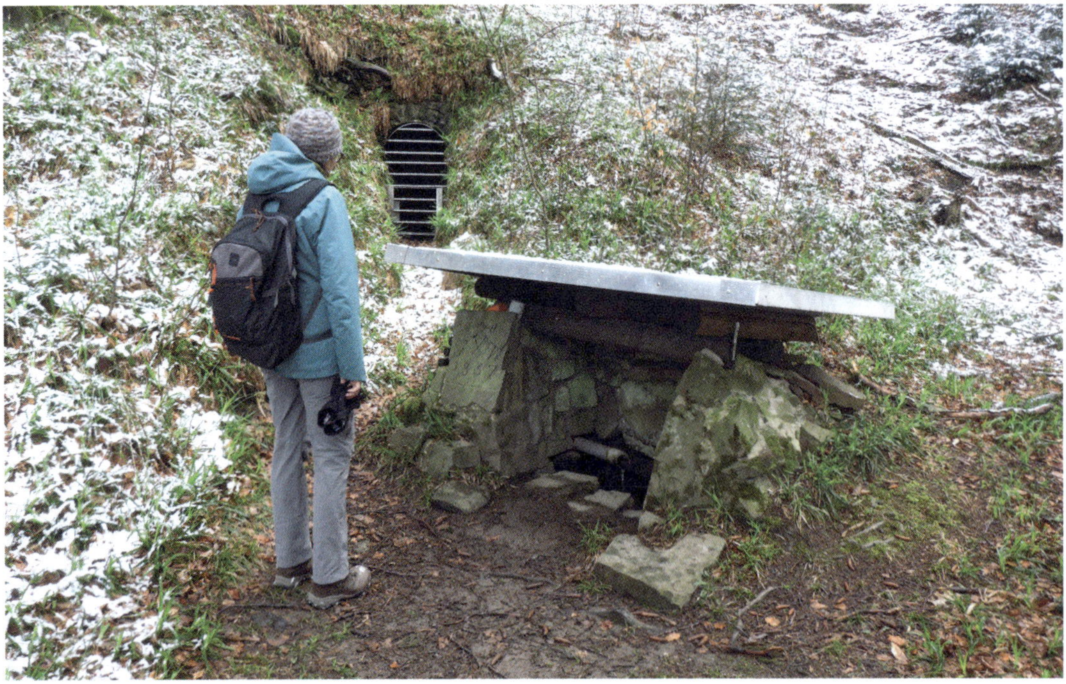

Am Ort der Eisengrube Glückauf. Hinten, hinter einem Gitter zum Schutz von Fledermäusen, das Mundloch des Förderstollens.

Die Schlacht bei Lutter am Barenberg

1,1 Kilometer nördlich der Kreuzung mit der B 82 stehen an der B 248 an einem Parkstreifen zwei Gedenksteine. Sie erinnern noch heute an den dort gefallenen Befehlshaber der Vorhut der dänischen Truppen Hans Philipp von Fuchs von Bimbach. Er wurde hier vom Pferd geschossen und entsprechend seinem Wunsch vor Ort beerdigt. Seine Familie pflegte sein Grab über 200 Jahre lang. Als das Grab im Zuge des Umbaus der Straße verlegt wurde, fand man darin das Skelett und ein Schwert. Im Gebiet der Schlacht wurden vom Niedersächsischen Landesamt für Denkmalpflege und von Angehörigen der Interessengemeinschaft Ostfalensucher 10 Quadratkilometer Fläche mit Metallsuchgeräten abgesucht. Dabei wurden neben Relikten aus der Jungsteinzeit, der Eisenzeit und der Völkerwanderungszeit in großer Zahl Reste von Musketenkugeln gefunden, außerdem ein Hortfund von Münzen aus dem 16. und 17. Jahrhundert; auch heute noch treten beim Pflügen weitere Relikte zutage.

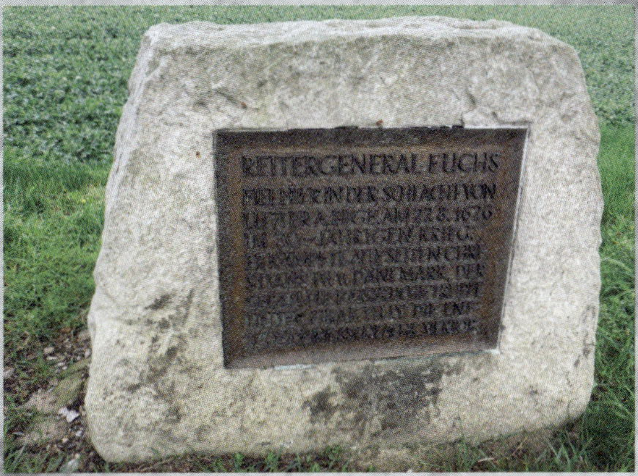

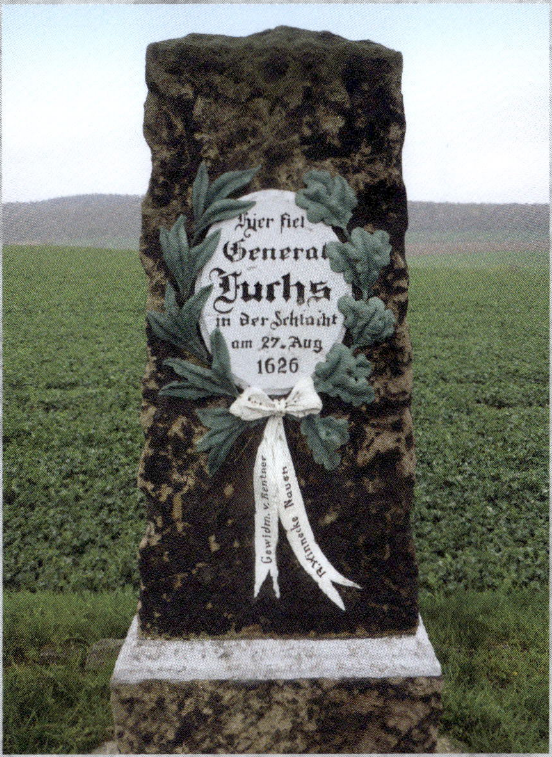

Die beiden Gedenksteine für den hier gefallenen Befehlshaber der Vorhut der dänischen Truppen

In der weiten Ebene des Lutterer Beckens vor der Nordwestspitze des Harzes gab es im 30-jährigen Krieg am 27. August 1626 eine verlustreiche Schlacht. Zur Unterstützung der Protestanten, aber durchaus auch mit eigenen Machtinteressen, trat Christian IV. von Dänemark gegen den für die Kaiserlichen und die Katholische Liga tätigen Feldherrn Tilly an. Trotz Überzahl wurden die Dänen vernichtend geschlagen. Christian IV. konnte sich mit nur ein paar Dutzend verbliebenen Reitern durch Flucht retten. Von den etwa 40 000 beteiligten Soldaten wurden 4000 bis 8000 getötet. Die Kaiserlichen erbeuteten auch fast alle Geschütze der Dänen. In der Folge dieser Schlacht wurde 1629 mit dem Lübecker Frieden dieser Dänisch-Niedersächsische Krieg und damit ein Teil des 30-jährigen Krieges beendet. Die Bedingungen für die Dänen waren maßvoll, aber insgesamt war die katholische Seite nachhaltig gestärkt.

3 Woher die Reichsstadt Goslar ihre Dächer holte

Auf der alten Fernstraße zur Ratsschiefergrube und zum Steinberg

mittel 11,5 km 230 Hm 4.00 Std.

Tourencharakter
Gut zu gehende bequeme Rundwanderung auf meist naturnahen Wegen, teils auch Sträßchen

Ausgangspunkt
Parkstreifen an der Rammelsberger Straße

Anfahrt
Mit dem Auto bis zum P, Bahn bis Goslar, Bus bis Rammelsberger Straße

Empfohlene Karten
Wandern im Harz 1:50000, lgn mit Harzklub, Blatt Westharz

Einkehr
Unterwegs möglich in der Steinberg-Alm

Info
www.goslar.de, Reiseauskunft www.bahn.de

Diese Runde führt von der durch Bergbau schon früh reich gewordenen Welterbe-Stadt über ein Stück einer alten Fernhandelsstraße zum Fundort des Dachschiefers und zu einem Aussichts-Highlight gegenüber vom jahrtausendelang nach Schätzen emsig durchwühlten Rammelsberg.

Im Talgrund entlang der Gose Von der Rammelsberger Straße Ⓐ biegen wir in die ebenso benannte Seitenstraße und gehen nach links, südwärts zum Parkplatz des Seniorenheims **Theresienhof** ❶. Hier folgen wir dem rechten unteren Weg weiter in Richtung Auerhahn unweit des Baches Gose talaufwärts. Nach einigen Minuten sehen wir vor dem Komplex »Harz Lodge« unter einer Brücke im Bachbett anstehende Gesteinsschichten. Wir gehen über die Brücke und biegen gleich danach links in den weiter nahe dem Bach talaufwärts führenden Weg ab. Diesem folgen wir etwa 600 Meter, überqueren dabei wieder den Bach und gelangen nach dem Parkplatz unter einem Gebäudekomplex »Fuchsbau« zu einer

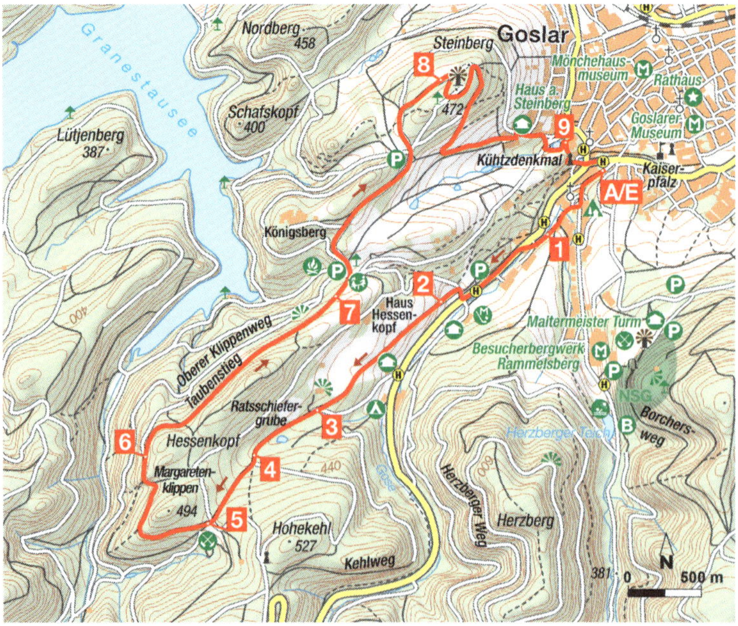

weiteren Brücke. Wir überschreiten sie und die oberhalb verlaufende Bundesstraße 241 und gelangen so dahinter auf die Schotterstraße **Alte Harzstraße** ❷.

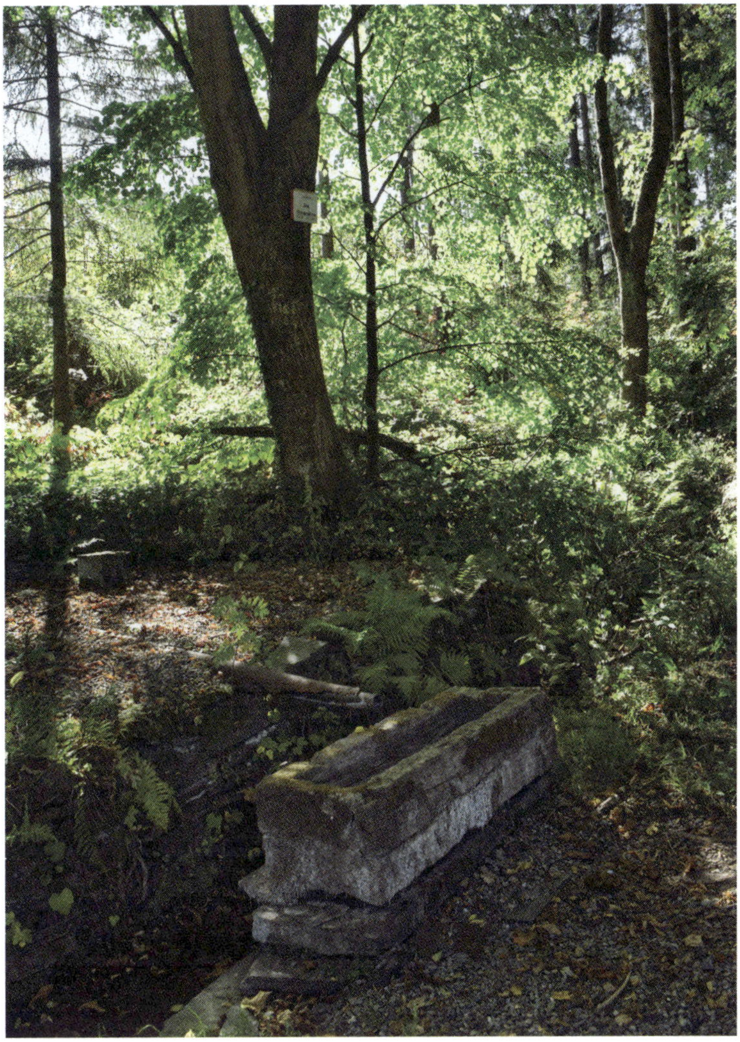

Der originale Steintrog der alten Pferdetränke an der Alten Harzstraße

Auf der Alten Harzstraße und zur ehemaligen Grube Glockenberg Auf dieser steigen wir nach links an und gelangen so bald von der Autostraße weg. Der Weg zeigt talwärts eine Art Wall, weil er als Hohlweg stärker eingetieft ist. Auch rechts im Wald sind parallel verlaufende Hohlwege zu erkennen. So gelangen wir unterhalb und oberhalb vom Wiesengelände in den Wald. Dort führt die Alte Harzstraße in gleicher Richtung weiter. Bald sind beidseitig die Halden und überwachsenen Löcher der Ratsschiefergrube zu sehen. Nach einigen Minuten führt von unten her eine asphaltierte Straße heran und leitet auf der Trasse der alten Harzstraße weiter. Wir gelangen zu einer Tafel mit Informationen zur **Ratsschiefergrube** ❸. Nochmals einige Minuten immer in gleicher Richtung ansteigend erreichen wir die Wegabzweigung **Alte Pferdetränke** ❹ bei einem historischen Steintrog. (Ab hier führte die Alte Harzstraße links steiler auf der jetzt von schweren Holzerntemaschinen frisch überprägten Linie, aktuell mit üppigem Brombeerbewuchs, weiter bergan zur Bergschulter Hohekehl und später am Talhang des Bocksberges entlang, und immer wieder durch alte Hohlwege noch zu erkennen, zum Bergsattel mit dem historischen Gebäude des alten Wegehauses Auerhahn.) Wir folgen stattdessen jetzt der Asphaltstraße weiter hinauf zu einem Wegekreuz. Dahinter liegt eine weite, inzwischen wieder bewaldete Fläche, unter der sich früher die **Grube Glockenberg** ❺ befand.

Über den Taubenstieg zum Steinberg Den Weiterweg nehmen wir auf dem nach rechts (links vom Beginn des ausgeschilderten Schlackenweges) horizontal westwärts verlaufenden Weg. Er führt als Hangweg bald in einem Bogen nach rechts um die oberhalb gelegene Kuppe des Glockenberges herum. Nach einer Wegeinmündung von rechts herab und der Abzweigung eines steilen Weges nach links (hinab zu den Margaretenklippen) gelangen wir zu einer Wegegabelung. Hier nehmen wir den nach rechts oberhalb weiterführenden schmaleren **Taubenstieg** 6. Er führt immer auf etwa der gleichen Höhe nordostwärts weiter. Bald gibt es an frischen Lichtungen durch frisch verloren gegangenen Nadelwald schöne Ausblicke zum Grane-Stausee. Der Taubenstieg führt schließlich hinab in den Bergsattel mit dem Parkplatz »Unter den Eichen«.

Der Aussichtsturm auf dem Steinberg

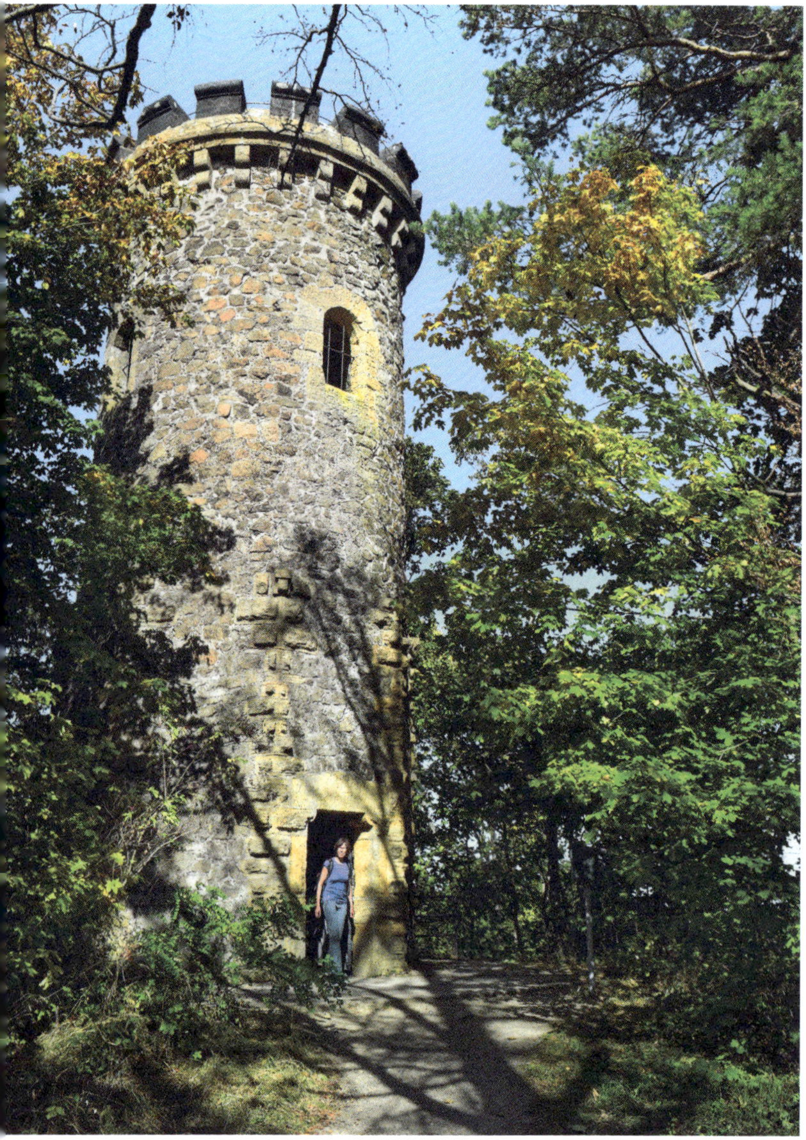

Wir durchqueren die bei Schönwetter oft beachtlichen Blechansammlungen und steigen nach einem Kinderspielplatz auf dem Weg zwischen Wiesen und mit Blick zur Altstadt von Goslar hinauf zur Gaststätte **Steinberg-Alm** 7. Dort leitet nach der Terrasse ein steiler Weg an einem Haus vorbei zum oberhalb verlaufenden Sträßchen. Diesem folgen wir nach rechts, mit Durchblicken zum berühmten Rammelsberg, bis zu einem Wegekreuz unterhalb von einem Parkplatz. Von hier führt ein Asphaltsträßchen direkt hinauf. Wir gehen stattdessen auf dem unbefestigten geraden Weg nach links hinauf zum Waldrand. Der Weg biegt danach nach rechts und gabelt sich. Der rechte, obere »Rundweg« führt in gleicher Höhe unter der Gipfelkuppe durch zu einer unterhalb gelegenen Lichtung mit Ausblicken. Nun steigen wir auf dem hier scharf nach rechts emporführenden schmalen Weg steil hinauf zum Bergrücken und links rasch zum Gipfel mit dem **Steinbergturm** 8 (59 Stufen zu herrlich weitem Rundblick).

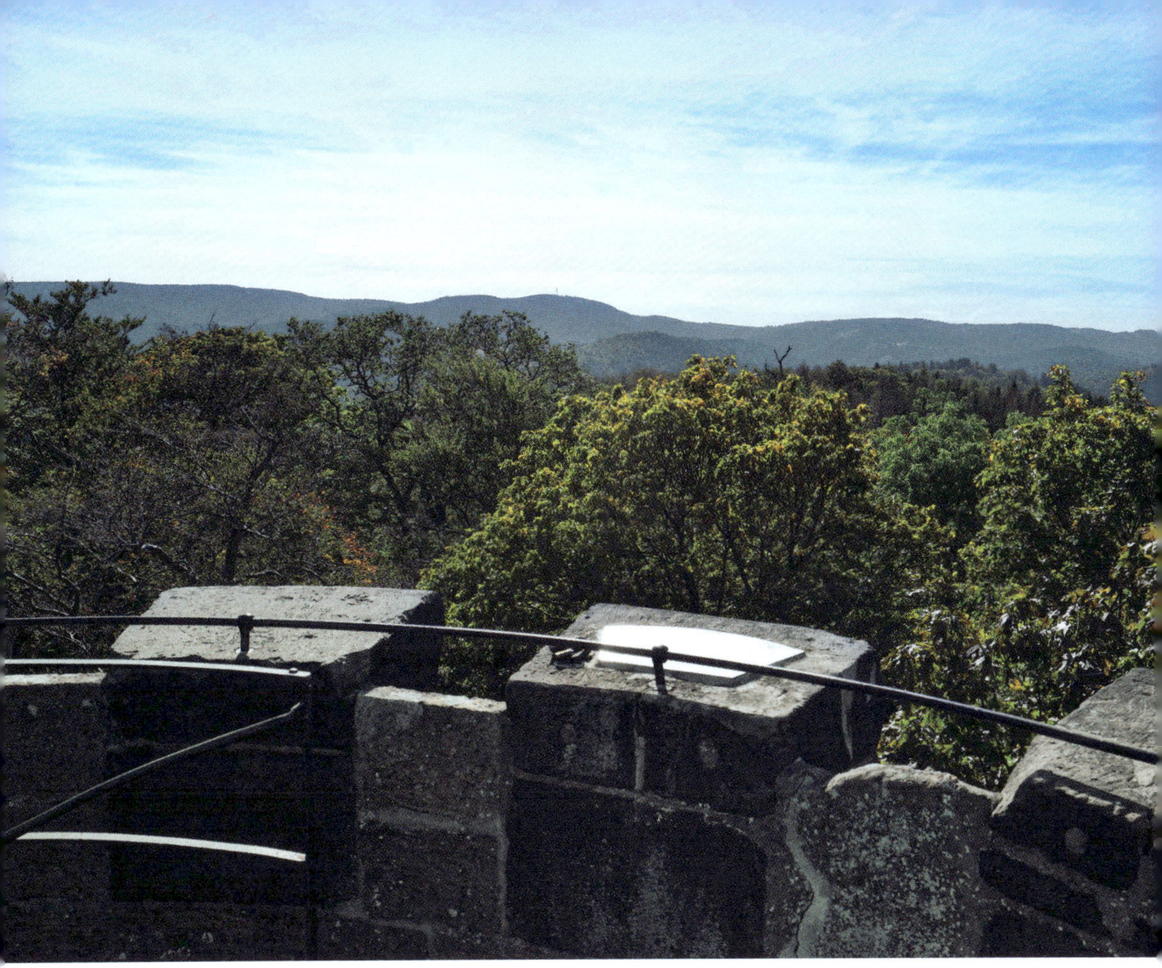

Die Brüstung des Steinbergturms

Abstieg Vom Turm gehen wir wieder kurz südwärts zurück. Noch vor der Einmündung des Aufstiegsweges biegen wir jetzt links, ostseitig zu einem Sitzplatz mit Tisch und folgen daran vorbei einem schmalen Weg hinab zum Rundweg. Diesen gehen wir nach rechts. Nach etwa 150 Metern zweigt links unauffällig ein schmalerer Weg ab. Er führt zuerst noch fast parallel tiefer. An jungem Wald vorbei führt er, zuletzt steiler, zu einem schmalen asphaltierten Fußweg. Diesem folgen wir nach links geradeaus weit hinab zu einer Kreuzung, unweit von einem großen Haus. Hier gehen wir nach rechts, geradeaus hinab zu einer Wiese und dort links den festeren Weg im Talgrund hinab zu einer Straße. Wir überschreiten sie und folgen einem schmalen, asphaltierten Weg vor Häusern nach links zum hübschen **Frankenberger Teich** 9. An diesem gehen wir rechts vorbei bis zu einer Wiese kurz vor großen Häusern. Von hier steigen wir auf dem zweiten nach rechts führenden Weg ein kurzes Stück an, passieren oberhalb von einem steilen Hang (Geländer), einen Bergsporn querend, einen kleinen Felsen und gelangen danach rasch zu einem nach links steil hinab führenden asphaltierten Weglein. Es mündet in den Nonnenstieg. Der bringt uns gleich darauf zur großen Mündung der Straße Nonnenweg in die Bundesstraße 241. Nach ihrer Überquerung gehen wir links bis hinter den großen Kasten Rammelsberghaus und gelangen rechts rasch zurück in die Rammelsberger Straße und zum **Ausgangspunkt** E.

Ein Sonderangebot der Natur machte Goslar reich

Am sich stetig erweiternden Riss in der Mitte des Meeresbodens des Atlantiks, der mittelatlantischen Schwelle (aber auch im Roten Meer und im Ostpazifik), gibt es noch heute live zu beobachtende heiße Vulkanquellen. Das heiße Wasser aus der Tiefe enthält ein Gemisch von Mineralien. Beim Zusammentreffen mit dem kühleren Meerwasser fallen diese aus und setzen sich in hoher Konzentration am Meeresboden der Umgebung ab. Von komplizierten Tauchbooten, die diese menschenfeindlichen Tiefen erreichen können, ist dieser Vorgang auch heute zu beobachten. Weil diese Quellen so aussehen, wurden sie »qualmende schwarze Schornsteine (black smokers)« genannt. So muss es auch ausgesehen haben, als vor etwa 350 Millionen Jahren am Grund des Meeres der Silur- und Devonzeit die Erze des heutigen Rammelsberges abgelagert wurden. Es Es entstanden hier hochwertige Erze der Buntmetalle Kupfer, Blei und Zink (20–30 %, also pro Tonne 200–300 kg Metall) mit Anteilen von Silber (120 g/t) und Gold (1 g/t). Mit einer Förderung von mehr als 27 Millionen Tonnen Erz war es eine der reichsten Lagerstätten der Erde.

Dieses Lager wurde in der Devonzeit gebildet. Später wurde es bei der Bildung und Heraushebung des Variszischen Gebirges gefaltet und gehoben. Bei dessen Abtragung gelangte es an die Oberfläche. Bei der erst seit der Kreidezeit erfolgten neuerlichen starken Heraushebung des Harzblocks geriet es nahe der Scherfläche an den Rand des Gebirges. Der wurde von den sich nun tief einschneidenden Tälern zu einem auch von den Seiten zugänglichen Bergsporn der alten Landoberfläche des vorher weit abgetragenen Gebirges. Der wurde später Rammelsberg genannt (vgl. italienisch *rame* = Kupfer).

Dieser Berg bot an seinem Fuße ein offen zutage liegendes Vorkommen von Kupfererz. Kupfer war nach der Steinzeit das erste von Menschen genutzte Metall. Nach Untersuchungen von Flussablagerungen ist belegt, dass der Bergbau bei Mansfeld und Goslar in der Bronzezeit (ab 2200 v. Chr.) begann. Damit begannen wegen der Nutzung von Holzkohle in den Schmelzöfen auch die Zerstörung der Wälder und Umweltbelastungen durch giftige Metalle (die heute im Hochwassergebiet bis weit hinter Hildesheim und Braunschweig in Gärten den Gemüseanbau unvertretbar machen). Um 1150 legte man im Rammelsberg für die Gruben den ersten Entwässerungsstollen an. Nachdem Friedrich Barbarossa in Italien nicht zuletzt

Der Rammelsberg

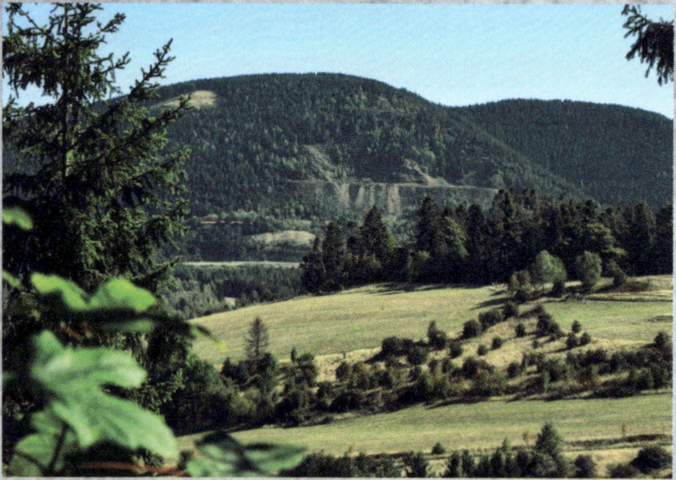

wegen der von Heinrich dem Löwen verweigerten Unterstützung eine wichtige Schlacht verloren hatte, wurde dieser 1180 geächtet und seine Lehen wurde ihm entzogen. Zu diesen gehörte die Stadt Goslar, wo der Bergbau stetige Einkünfte brachte. Heinrich versuchte vergeblich, die Stadt zu besetzen, ließ aber die Gruben und Schmelzöfen zerstören. Danach wanderten 200 Bergleute ins Erzgebirge ab. Auch dezimierte zeitweilig die Pest ihre Zahl.

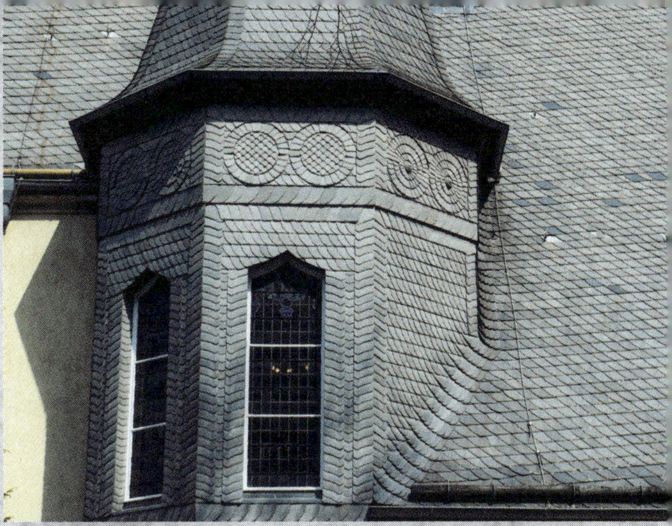

Schiefer aus der stadteigenen Schiefergrube ist heute noch an vielen Fassaden zu sehen.

Der Abbau wurde im 12. Jahrhundert, mit der Etablierung der Zisterzienser-Mönche, intensiver. Sie waren von ihrem Kloster in Walkenried aus bergbaulich in Zorge, Gittelde und Zellerfeld aktiv und hatten Anteile an der Förderung von Erz des Rammelsbergs. Durch Setzungsvorgänge im zu wild durchlöcherten Gestein gab es dort 1376 ein Grubenunglück, bei dem viele Bergleute starben. Aus dem 14. Jahrhundert wurden jedoch auch schon die weltweit ersten bekannten Reste von Holzverbauungen von Gruben gefunden. Mit neuen Entwässerungssystemen und Abbautechniken wurde der Erzabbau effektiver betrieben. Das machte die Stadt Goslar reich, und das kann man am Stadtbild sehen. Zugleich war die Stadt ein Ort des Handels und lag an uralten Handelsstraßen. Eine solche ist die Alte Harzstraße nach Osterode, auf der die Wanderung beginnt. Sie bevorzugten gegenüber den sumpfigen Niederungen den festen Grund der Fastwege (= Festwege) über die Gebirge. Dass diese seit Jahrtausenden benutzt wurden, zeigen entlang ihrem Verlauf immer wieder Bodenfunde. Solche belegen auch das frühe Bestehen eines Handelsweges südlich am Harz entlang zur bei Osterode gelegenen Pipinsburg und über Düna und den Rotenberg nach Thüringen.

Wegen Erschöpfung des Erzlagers wurde der Abbau 1988 beendet. Die UNESCO erklärte die Altstadt von Goslar und das Bergwerk Rammelsberg 2006 zum Weltkulturerbe. Letzteres ist jetzt als Museumsbergwerk Rammelsberg zugänglich. Eine dem Rammelsberg ähnliche geologische Struktur am Gosetal wurde von 2009–2011 genauer erkundet, brachte jedoch keine weiteren Erzfunde. Aber die Schlämme, die bei der ehemaligen Erzaufbereitungsanlage Bollrich lagern, enthalten eine reichhaltige Ansammlung von wertvollen Erzen, die noch eine Nutzung ermöglichen.

Neben dem Erzbergbau gab es seit 1323 den Abbau von Dachschiefer. Die Steinbrüche waren lange eine Art volkseigener Betrieb, quasi ein »VEB Rathsschiefergrube«. Er wurde 1896 geschlossen, aber bald privat weitergeführt. Ab 1928 betrieb man noch bis in die 1970er-Jahre die Gewinnung des Schiefers in der Grube Glockenberg unter Tage. Heute ist auch sie geschlossen und nur noch eine renaturierte Terrasse im Wald.

Die Zusammenfassung der geologischen Entwicklung und des Bergbaues und der Waldgeschichte erfolgt hier auf der Grundlage der Veröffentlichungen von K. Mohr 1984, 1992 und W. Ließmann 1992, 2010 sowie F. Knolle und U. Wegener 2015 sowie M. Schmidt, 1997 u. a. WasserWanderWege.

4

Ein Felstal, prallvoll mit Spuren von einst und jetzt

Vom Waldhaus durch das felsige Okertal und zu seinen Höhen

mittel | 10 km | 400 Hm | 3.30 Std.

Tourencharakter
Rundwanderung mit einigen Steigungen auf teils schmalen und steinigen Wegen

Ausgangspunkt
Parkplatz an der Gaststätte Waldhaus

Anfahrt
Mit dem Auto bis Waldhaus am südlichen Ortsende von Oker (P), Bahn bis Goslar oder Oker, Bus bis Waldhaussiedlung

Empfohlene Karten
Wandern im Harz 1:50 000, lgn mit Harzklub, Blatt Westharz

Einkehr
Gasthaus Waldhaus (wieder geöffnet)

Info
www.goslar.de, Reiseauskunft
www.bahn.de

Hier gehen wir auf wahrhaft historischen Wegen des Wanderns. So durchstreifte schon Johann Wolfgang von Goethe das Tal und stieg auf die bei Kletterern heute sehr beliebten Felsen und machte sie früh bekannt. Bereits in der Kaiserzeit wurde das untere Okertal für Wandern durch Wege erschlossen zu einem der dauerhaft beliebtesten touristischen Ziele im Harz.

Vom **Waldhaus** ❶ gehen wir entlang der Talstraße etwa 100 Meter talein, südwärts und biegen dann links in eine Waldstraße ein. Bald danach bei Gabelung rechts zur Einmündung in eine breitere Waldstraße (Kästestraße). Wir folgen ihr nach rechts bis 100 Meter nach einer großen Linkskurve. Erst dann biegen wir rechts in einen kleineren Weg ein und gehen auf ihm stetig stramm ansteigend unter der eindrucksvollen **Ziegenrückenklippe** ❷ vorbei. Bald danach liegt rechts die Aussichtskanzel Okertalblick. Wir gehen weiter in einem großen Rechtsbogen zur breiten Waldstraße. Wir folgen ihr nach rechts etwa 650 Meter zu einer markanten Haarnadelkurve. Hier gehen wir geradeaus weiter, queren ein Tal und erreichen nach 400 Metern einen kleinen Rastplatz mit Bank. Von hier können wir auf einem ausgebauten Steig mit Treppen und Geländer westwärts aufsteigen zum Gipfel des **Großen Treppenstein** ❸ (große Granitklippe mit hoher Nordwand, Aussicht).

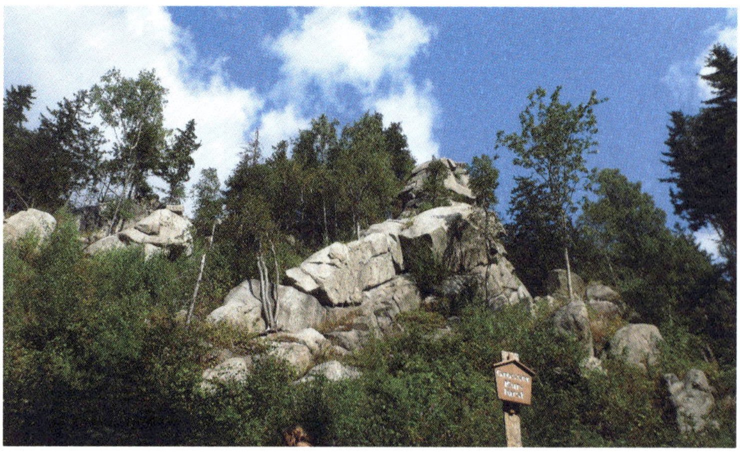

Die Granitklippe »Großer Kurfürst« im Okertal

Vom Rastplatz mit der Bank gehen wir auf dem schmalen Steig steil im Wald hinauf und erreichen schließlich wieder die breite Kästestraße. Sie bringt uns nun nach rechts rasch zu einem Wegedreieck und rechts zum **Kästehaus** ❹ (Gaststätte, derzeit geschlossen). Hier zweigt nach rechts ein schmaler Weg ab und führt über einige Felsstufen zum Gipfel des Hutberges (600 m). Vom talseitig etwas tiefer befindlichen Geländer aus ist als Teil der **Kästeklippe** ❺ neben der Aussicht nahebei eine gesichtsähnliche Felsbildung zu sehen (»Der Alte vom Berge«).

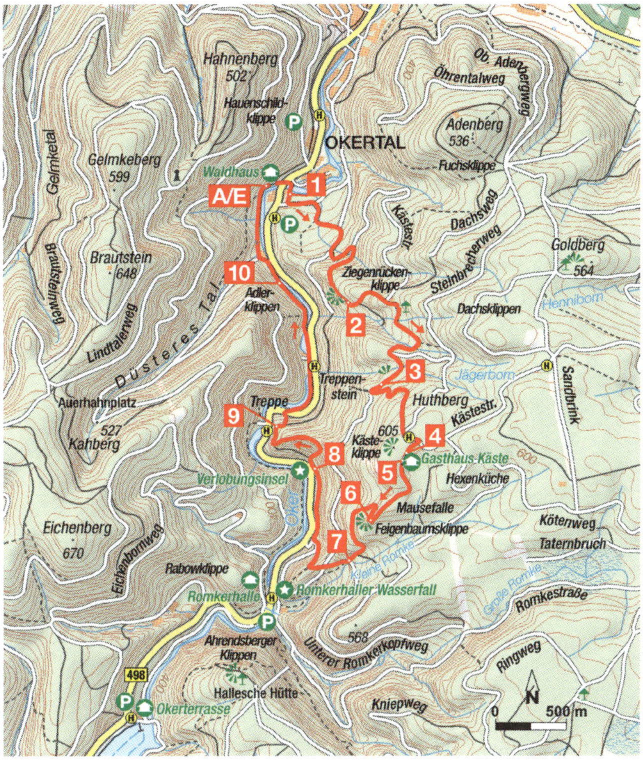

Vom Kästehaus gehen wir südwärts rasch zum Felsturm Hexenküche und südwärts nach einigen Minuten zur etwas sensationellen **Mausefalle** ❻ (großer Felsblock gestützt von einer recht fragil aussehenden Felsschwarte). An weiteren kleineren Felsburgen vorbei erreichen wir dann die **Feigenbaumskanzel** ❼ (Geländer, Aussicht).

Nach rechts führt hier ein Steig weiter hinab, dann vor der Moosklippe (Spuren eingehauener Treppenstufen) nach links weiter hinab zu einem breiten Grasweg. Auf diesem gehen wir nach rechts um einen Bergsporn herum und dann rechts, nordwärts auf dem jetzt ansteigenden Hangweg des Haupttales etwa einen Kilometer unter die markante Klippe **Großer Kurfürst** ❽. Kurz danach beginnt gegenüber von einem alternden Rastplatz nach links hinab ein schmaler Pfad. Er führt im Wald steil hinab und erreicht nach einigen kleinen Felsen einen tiefer verlaufenden Hangweg (Alte Harzchaussee, am Bergsporn Bank). Auf diesem Grasweg gehen wir nur etwa 300 Meter nach rechts und biegen dann scharf nach links ab. Der schmale Weg zeigt anfangs links eine kohlehaltige Böschung und führt dann steiler und steinig zur Talstraße. Wir überqueren sie und gehen auf der anderen Seite hinter der Leitplanke talwärts. Für die Nähe des Verkehrs entschädigt hier der Blick auf die bei Kletterern sehr beliebte **Marienwand** ❾. Schon bald erlaubt ein Weglein, wieder unterhalb der Straße, am Bach weiter zu gehen. An der nächsten Brücke leitet es jedoch wieder auf das Niveau der Straße und führt nochmals hinter der Leitplanke weiter bis hinter die 5. Fabrik und die danach gegenüber ragende Klippe »Schlafender Löwe«. Nun können wir wieder hinab zum Bach, überqueren ihn und steigen den historischen Holperweg ansteigend weiter. Er quert mit Treppen und Geländer den Sockel der schroffen **Adlerklippen** ❿ und leitet später wieder hinab und schließlich zurück zum **Waldhaus** Ⓔ.

Ort mit Spuren vielfältiger Aktivitäten einst und jetzt

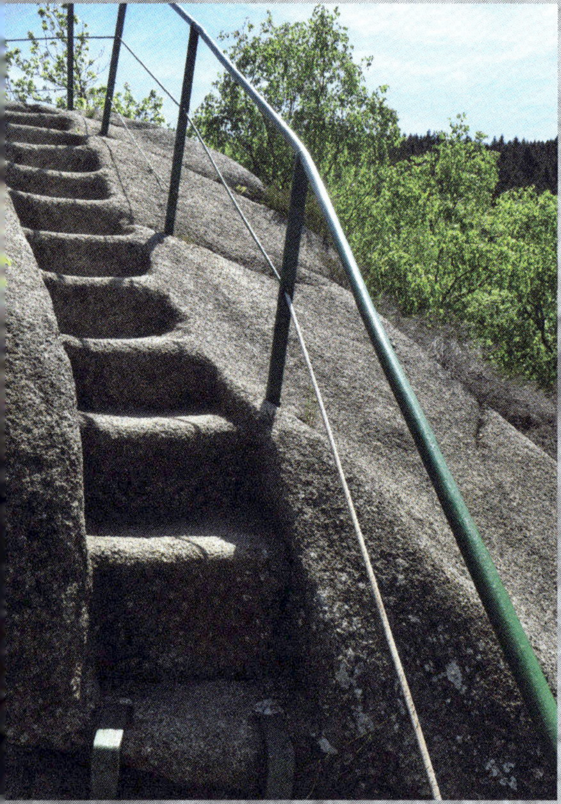

Aufstieg auf den Großen Treppenstein

Im steil eingeschnittenen Okertal zwischen Oker und Altenau trifft ein vielfältiger Mix von Gesteinen sowie Bauten und Spuren menschlicher Nutzungen zusammen. Wegen der felsigen Sperren und Hindernisse wurde der untere Teil des Tales lange gemieden. Handelswege verliefen außerhalb und zielten immer an geeigneteren Stellen auf die besser passierbare Harzhochfläche. Seit 1527 wurde in Oker Erz aus dem Rammelsberg verhüttet. Dafür nutzte man Holzkohle. Auf seinen Erkundungen des Harzes kam auch Johann Wolfgang von Goethe ins Okertal und bestieg die Ziegenrückenklippe und den Großen Treppenstein (mithilfe von in einen Felsspalt geklemmten Holzscheiten). Der Wald wurde auch hier schon damals für den Erzbergbau und die Verhüttung intensiv genutzt. Auch gab es an der Stelle der heutigen Hauptstaumauer der Okertalsperre ein kleineres Stauwerk, mit dem durch plötzliches Ablassen von Wasser Flutwellen erzeugt wurden. Die erlaubten das Flößen von Baumstämmen. Bilder aus der Zeit um 1820–50 zeigen die Felsen über fast kahlen Berghängen. Die erste Straße wurde erst 1817 vom Forstplaner Eschwege gebaut und verläuft als »Alte Harzchaussee« am östlichen Talhang. Sie diente außer dem Holztransport auch der Abfuhr von Steinen. Die wurden bei der Ziegenrückenklippe und am Großen Kurfürst gebrochen. Die heute den Autoverkehr tragende Straße im Talgrund baute man erst 1856–61. Sie verlangte weit größere Felsanschnitte und Rampen und diente nun auch dem Tourismus. Deshalb stellte man als frühen Akt von Naturschutz den Steinbruchbetrieb ein. Der Romkerhaller Wasserfall wurde durch Zuleitung eines Baches über den Devonkalk-Felsen eingerichtet. 1877 öffnete das Waldhaus. 1888 begann der regelmäßige Betrieb eines Pferdebusses. Ab den 1890er-Jahren wird im Tal geklettert. 1901 wurde der Wanderschutzweg entlang des Baches und unter den Adlerklippen angelegt.

In dieser Zeit entwickelte sich jedoch parallel zum Tourismus im Talgrund allerlei Kleinindustrie. 1888 gab es neun Holzstofffabriken, die auch Wasserkraft nutzten. Eine Gerberei, die »5. Fabrik«, bestand bis 1968 und wurde dann wegen der Wasserbelastung geschlossen und rückgebaut. Andere Gebäude bestehen noch, teilweise mit etwas Stromerzeugung durch Wasserkraft. Die Zuführung des Wassers zu den Turbinen erfolgt durch Tunnel, unterhalb der Adlerklippe auch immer noch in einem fragil aufgeständerten Wasserkasten. Dafür baute man die schon in der NS-Zeit begonnene Okertalsperre mit ihrer fast 90 Meter hohen Staumauer in den 1950er-Jahren fertig. Die war ein gewaltiger Eingriff. Sie verlangte die Verlegung der Talstraße, Umsiedlung des Dorfes Schulenberg und den Bau von zwei weiteren kleineren Stauwerken im Tal. Eine Seilbahn brachte vom Huneberg quer durch den Hang des Ahrendsberges über das Tal hinweg Diabasgestein heran. Mit dem Aufstauen des Sees verödete das Okerbachbett. Die Talstraße wurde erst Anfang der 1970er-Jahre zur B 498 erklärt. Die macht aber mit Steinschlag immer mal wieder Ärger. Schwerer wiegen die bleibenden Wirkungen der Erzhütte. Die belastete schon immer die Oker (und alle ihre Überschwemmungsgebiete) mit giftigen Schwermetallen bis hinab zur Nordsee. Noch bis 1942 wurde bei Goslar Erz in offenen Meilern geröstet. Dazu kam jedoch zuletzt in großem Stil die von der Preußag aus hohen Schornsteinen erzeugte flächenhafte Bodenverseuchung mit Schwermetallen. Die fand man auch in abenteuerlichen Konzentrationen in den Gebeinen von vor langer Zeit verstorbenen Goslarer Bergleuten. Erst die Stilllegung der Hütte und die Abdeckung und Begrünung der bis dahin offen liegenden und im Wind staubenden Halden reduzierte die Giftverteilung. Da sind die Gifte im Boden und Wasser nach wie vor. Und in geringerer Konzentration werden sie auch heute noch von Menschen aufgenommen. Auch heute noch gilt selbst im 50 Kilometer entfernten Braunschweig, dass zum Weiden in die Okeraue getriebene Milchkühe nach einem einzigen Tage trocken werden und dass Kleingärtner mit Parzellen in der Okerniederung zwar Äpfel von ihren Bäumen essen können, dagegen Blattgemüse oder gar Wurzelgemüse dort gar nicht anbauen sollten und sich besser mit Blumen begnügen.

Das Aufstauen des Okerstausees verödete das Flussbett des Felstales. Das wird heute durch Ablassen einer Mindestmenge Wasser gemildert, und Wildwasserfahrer bekommen gelegentlich ihren Wasserschwall. Die Forstleute betreiben seit 2000 die »Langfristige ökologische Walderneuerung« (Programm LÖWE) hin zu mehr Laubbäumen und haben auch zusammen mit den Kletterern und in enger Abstimmung mit den Naturschutzbehörden die meisten der Felsen wieder freigestellt. Trotz dieser vielfältigen Eingriffe und intensivem Besuch von Wanderern, Kletterern, Kanusportlern und Radlern gedeihen im Tal die Pflanzen und Tiere so gut, dass hier sogar der lange ausgestorbene Wanderfalke wieder heimisch ist.

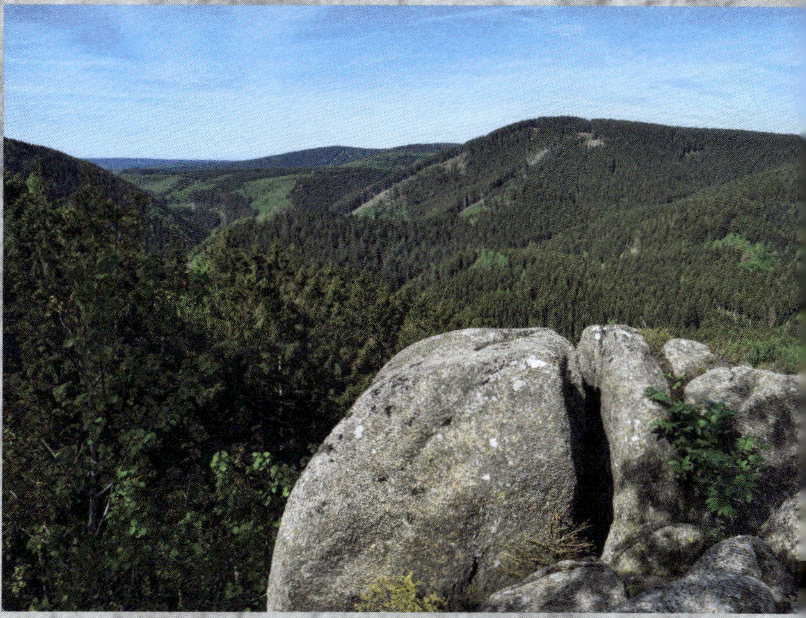

Blick von den Kästeklippen zum Eichenberg

5

Wo Historie und Fake eng beieinanderliegen

Von Bad Harzburg auf den Burgberg und auf den Kaiserweg

mittel | 18,5 km | 450 Hm | 4.00 Std.

Tourencharakter
Recht lange Rundwanderung auf altehrwürdigen Wegen. Kann bei Ausgehen von Radauwasserfall durch Aufstieg zur Luisenbank am Kaiserweg geteilt werden, siehe Karte

Ausgangspunkt
Parkplatz in Bad Harzburg östlich vom Berliner Platz an der B 4

Anfahrt
Mit dem Auto bis P, Bahn bis Bad Harzburg Bhf., Bus bis Berliner Platz

Empfohlene Karten
Wandern im Harz 1:50 000, lgn mit Harzklub, Blatt Westharz

Einkehr
Auf dem Burgberg, am Radauwasserfall. Molkenhaus derzeit geschlossen

Info
www.stadt-bad-harzburg.de, Reiseauskunft www.bahn.de

Die Harzburg ist ein klassisches Wanderziel. Die Reste der Burganlagen sind idyllische Orte, und es lässt sich von ihnen weit ins Land schauen und nebenan genüsslich speisen. Es wurden an der Burg jedoch auch alte Geschichten festgemacht, die nicht alle stimmen. Und auch solche, die das Denken der Menschen vor unfriedliche Ziele spannen sollten.

Über den Großen Burgberg Wir beginnen in Bad Harzburg am **Berliner Platz** ❶ nahe der Talstation der Burgberg-Seilbahn. Südlich vom Parkplatz steigen wir auf einem schmalen Weg auf und queren den steilen Berghang nach links, nordwärts. So gehen wir zur Nordseite des Kleinen Burgberges zu einem Wegekreuz mit Denkstein. Wir nehmen hier den obersten der weiterführenden Wege und steigen bei einigen Stufen nochmals auf einen etwas höher verlaufenden Weg. Dieser bringt uns nach links hin auf der Trasse der historischen Auffahrt zum Bergsattel zwischen dem Großen und dem Kleinen Burgberg. Ein kurzer Abstecher nach rechts führt hier zu den Resten einer alten Vorburg und einem hübschen Aussichtspunkt. Zurück am Bergsattel, folgen wir dem Weg nach

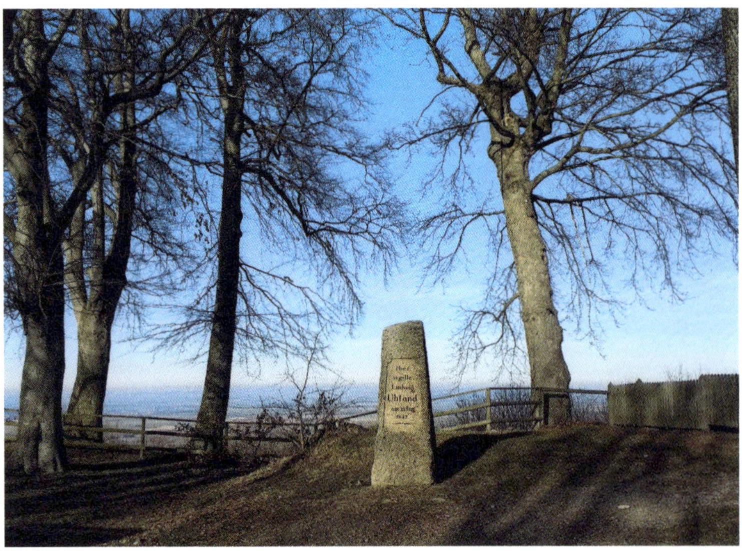

Der Uhlandstein

links hinauf auf den **Großen Burgberg** ❷ (485 m). Von der Aussichtsterrasse mit der Canossasäule und dem Uhland-Denkmal und einem einladenden Restaurant gelangen wir an der Bergstation der Seilbahn vorbei zu den Resten der alten Harzburg mit einem Teil der Burgmauer und des Brunnens.

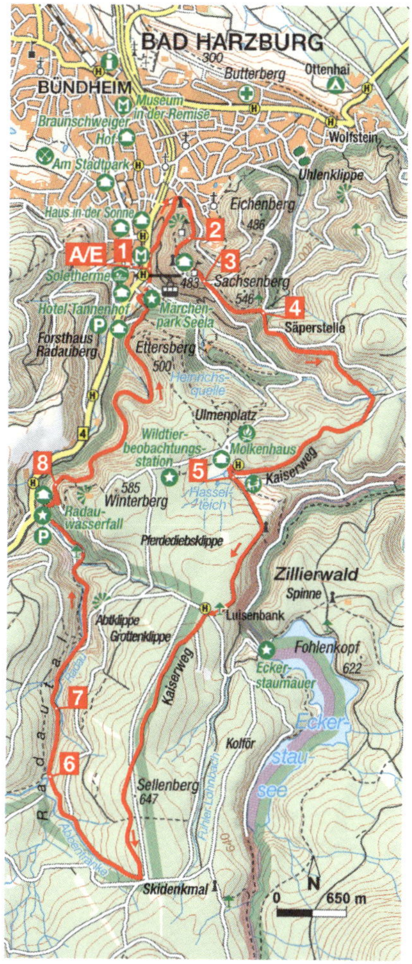

Über drei Wegekreuze Wir gehen südostwärts am Burgwall vorbei hinab zum Bergsattel mit dem Wegekreuz **Antoniusplatz** ❸. In gleicher Richtung folgen wir dem mit einem Felsblock markierten Kaiserweg zum Bergsattel und Wegekreuz **Säperstelle** ❹ und danach zu einer Gabelung. Hier gehen wir auf dem unteren Weg weiter. Er führt am Berghang zu einem Tälchen und weiter zu einer auf dem Bergrücken verlaufenden Straße. Damit sind wir auf der Trasse des historischen alten Handelsweges. Die Straße führt über den Bergrücken zum bei einer Wiese gelegenen Wegekreuz **Molkenhaus** ❺ und links oberhalb der Wiese hinauf (original verlief der Kaiserweg hier weiter rechts), am Gabbrofelsen Muxklippe (Denkmal) vorbei, zum Wegekreuz Luisenbank (595 m). Hier gehen wir schräg links, zuerst auf Schotterstraße ausgeweitet, später angenehmer zur langen Schneise des Sellenberg. Wir folgen hier nach Querung der Straße der originalen unbefestigten Trasse des Kaiserwegs im Wald bis vor die Querstraße am sumpfigen Abbeborn (dahinter führt der Kaiserweg weiter gen Torfhaus).

Zum Juliusstau und ins Kalte Tal Hier verlassen wir den Kaiserweg und gehen scharf rechts in ein Tälchen hinab, an einer Wiese vorbei und bis zum **Bastebach** ❻. Diesem folgen wir ab-

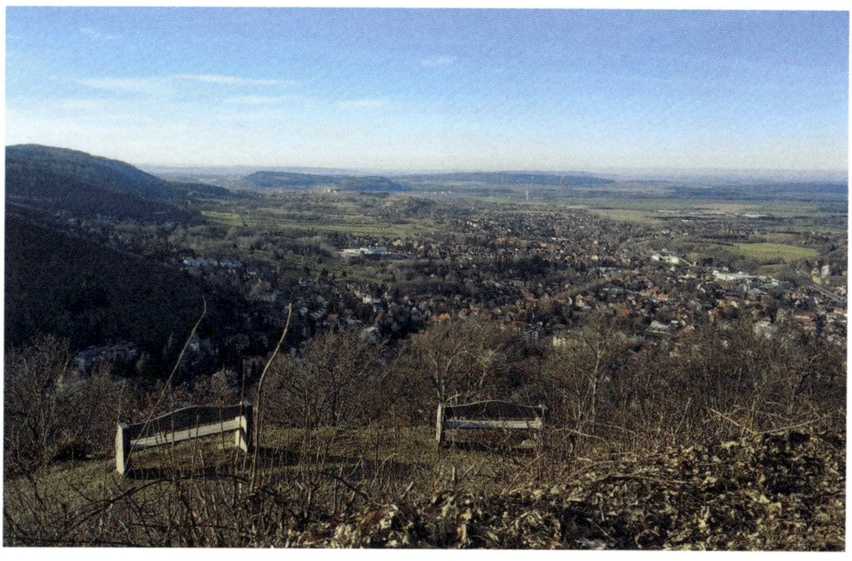

Blick von der Kuppe des Burgberges entlang dem Harzrand zum Sudmerberg

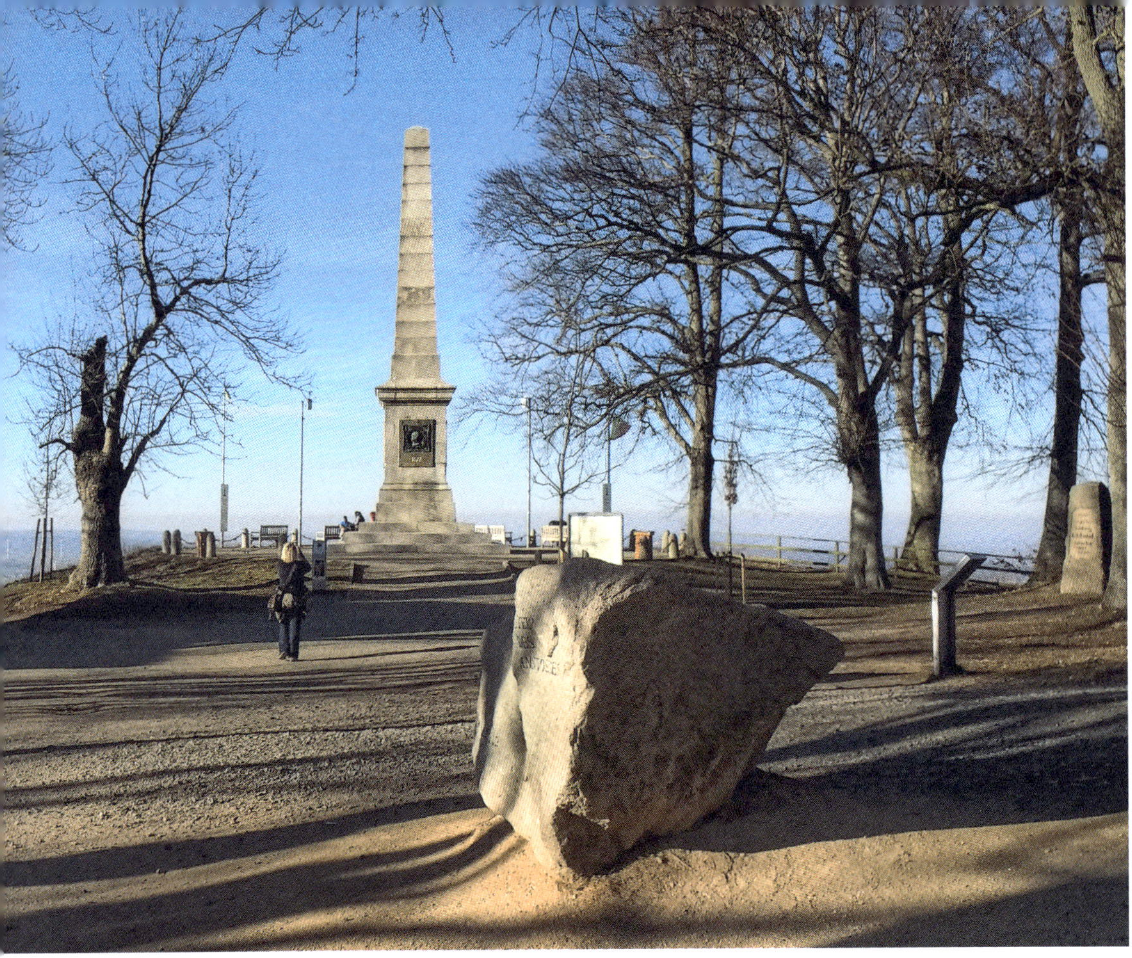

Oben: Die papstfeindlich konzipierte Canossasäule wird heute nur noch als bombastische Deko wahrgenommen. Unten: Der Brocken von der Bergstation der Seilbahn

wärts auf einem hübschen Wiesenweg. Wir passieren die am gegenüberliegenden Hang erkennbaren Reste des **Juliusstau** 7, eines alten Stauwerks für Flößerei, und gelangen zur Asphaltstraße. Links führt vor dieser der Wanderweg steiler hinauf zu einem Hangweg, und auf diesem gehen wir weiter hinab bis vor die alten Zollhäuser. Hier wechseln wir wieder auf die östliche Bachseite und folgen dem Weg abwärts bis 200 Meter vor den Radauwasserfall. Ein Zickzackweg führt nach rechts steil hinauf. Nach vier Kehren erreichen wir den **Winterberg-Hangweg** 8. Diesem folgen wir nach links, etwa auf gleicher Höhe bleibend, nordwärts, fern vom Verkehr im Talgrund. Nach zwei Seitentälern und den Bergspornen geht es zuletzt am Hang des Ettersberges hinab in den Grund des Kalten Tales zum Gestell des Baumwipfelpfades. Unten führt eine Brücke über die B 4. Durch den Kurpark gelangen wir zurück zum **Berliner Platz** E.

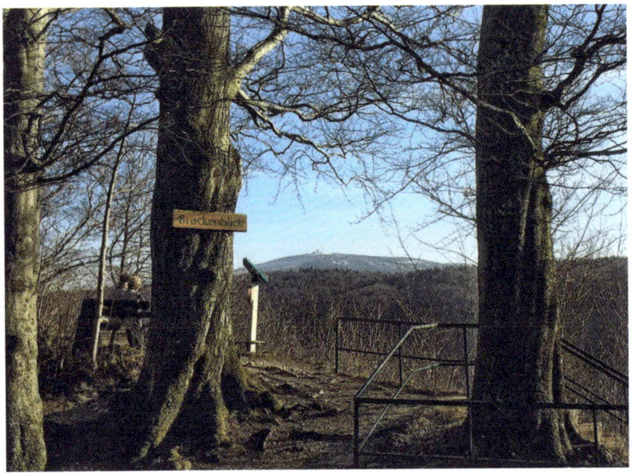

Ein Ort mit echten Relikten und mit Fakes

Von Harzburg führte einer der schon seit Jahrtausenden benutzten Handelswege über den Harz. Das ist durch teils sehr alte Hortfunde und später auch urkundlich belegt. Im Gelände ist der Verlauf oft noch durch alte Hohlwege erkennbar. Natürlich benutzte auch Heinrich IV. bei seiner Flucht vor Aufständischen diesen Weg. Der hieß wegen seines Bestehens seit vorchristlicher Zeit eigentlich »Heidenstieg«. Dies zum Anlass für seine Benennung als »Kaiserweg« zu nehmen, war erst romantisierender royalistischer Denke des 19. Jahrhunderts vorbehalten. Die taktische Unterwerfung von Kaiser Heinrich IV. unter den Papst in Canossa, in einer Phase der Auseinandersetzung um die Vorherrschaft von Kaiser oder Papst (1077, Investiturstreit), wurde 1877 von Bismarck in einer Polemik gegen die katholische Kirche aufgewärmt und mit der Installation der Canossasäule auf der Gipfelterrasse des Burgberges bei der Harzburg publikumswirksam eingesetzt. Damit sollte der Einfluss der katholischen Kirche (inklusive ihrem gerade vorher proklamierten Unfehlbarkeitsdogma) im protestantisch dominierten kleindeutschen Reich begrenzt werden. Die Harzburg wurde 1931 im Vorfeld der Naziherrschaft Versammlungsort von Rechtsextremen und Nationalisten gegen die Reichsregierung.

Die am Rundgang publikumswirksam installierte Plastik einer angeblichen Götzenfigur Krodo ist mit einer einzigen Stelle des »Sachsenspiegels« urkundlich nur dünn begründet und mit der wenig überzeugenden Mischung aus antiken und pseudogermanischen Elementen wahrscheinlich ein Fake. Weil aber die Wahl eines Logos für die Tourismuswerbung trotzdem ausgerechnet auf Krodo fiel, wurde sie hier sogar zu einem Künstlerauftrag.

Wirklich ein altes Relikt in der Landschaft ist im Bastetal der noch erkennbare Wallrest eines kleinen Staudammes aus der Zeit des auch sonst als Förderer von heimischer Wirtschaft in Bergbau und mit Schiffbarmachung der Oker aktiven Braunschweiger Herzogs Julius (1528–1589). Solche Staudämme erlaubten das Aufstauen von Bachwasser, um dann mit einer beim Ablassen ausgelösten Flutwelle vorher gefällte und vorbereitete Baumstämme durch Flößen talwärts zu transportieren. Ein noch größeres solches Bauwerk gab es im Okertal nahe der heutigen Hauptsperrmauer. Herzog Julius stand in der Reformation auf der Seite der Protestanten und war auch Begründer der großartigen Bibliothek in Wolfenbüttel.

Der Rest des Juliusstaus im Bastatal

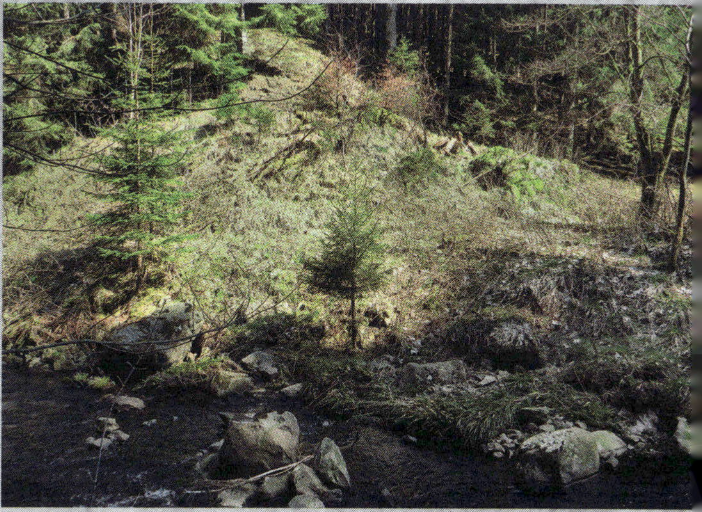

6

Auf den Spuren einer ehemaligen Grenze

Von Stapelburg über den Brocken

mittel | 14+20 km | 930 Hm | 4.00+5.00 Std.

Tourencharakter
Lange Rundwanderung auf den höchsten Harzberg, weithin auf festen Plattenwegen, die gut gedämpftes Schuhwerk nötig machen. Ohne Übernachtung muss man/frau sich ordentlich beeilen.

Ausgangspunkt
Parkplatz Eckertal, 1 km südwestlich von Stapelburg westlich der Ecker

Anfahrt
Mit dem Auto bis zum Wanderparkplatz südlich vom Ortsteil Eckertal, Bahn bis Bad Harzburg oder Ilsenburg, Bus bis Stapelburg. Von dort westlich der Ecker taleinwärts

Empfohlene Karten
Wandern im Harz 1:50 000, lgn mit Harzklub, Blatt Westharz, Ostharz, auch Karte Grenzweg

Einkehr
Am Brockengipfel, dort auch Brockenherberge – nicht billig, aber hilfreich und mit Ambiente

Info
www.bund.net/gruenes-band, www.mein-gruenes-band.de, Reiseauskunft www.bahn.de

Diese Wanderung lässt uns handfest etwas von der jüngeren Geschichte unseres Landes erleben. Und dass krasse Konflikte auch in uriger Landschaft Wunden reißen. Aber auch, dass solche Wunden verheilen und sogar segensreich werden können. In ihrer Dimension ist diese Wanderung über ein besonders markantes Stück des Grenzweges ein Hammer. Sie lässt sich jedoch mit Übernachtung auf dem Brocken in zwei verträgliche Happen aufteilen.

Zum Eckerstausee Gleich hinter dem Parkplatz **Eckertal** ❶, südlich vom Ortsteil Eckertal, gehen wir neben der Stützmauer der alten Eisenbahnbrücke hinauf auf den alten Bahndamm und auf diesem über die Brücke und danach hinab zum östlichen Ufer der Ecker. (Wer in Stapelburg beim Denkstein Grenze losgeht, startet direkt neben der Brücke und folgt dem schmalen Weg ostseitig entlang hierher.) Der schmale Grenzweg führt nun im Auewald südwärts, talaufwärts. Wir passieren einen der originalen alten Grenzpfosten. Einige Minuten später führt der Weg nach links in das Wiesengelände des ehemaligen Lebensreformer-Projektes **»Jungborn«** ❷. Infotafeln erläutern die Denke der Initiatoren. Wir gehen danach auf dem schnurgeraden Weg weiter talauf, passieren eine durch eine Wiese kenntliche, ehemalige Stelle von Erzverhüttung (der karge Be-

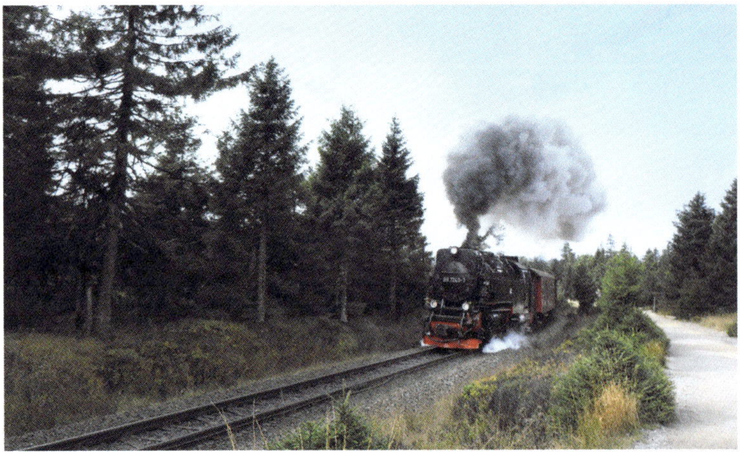

Die legendäre Brockenbahn führt auf den höchsten Gipfel im Harz.

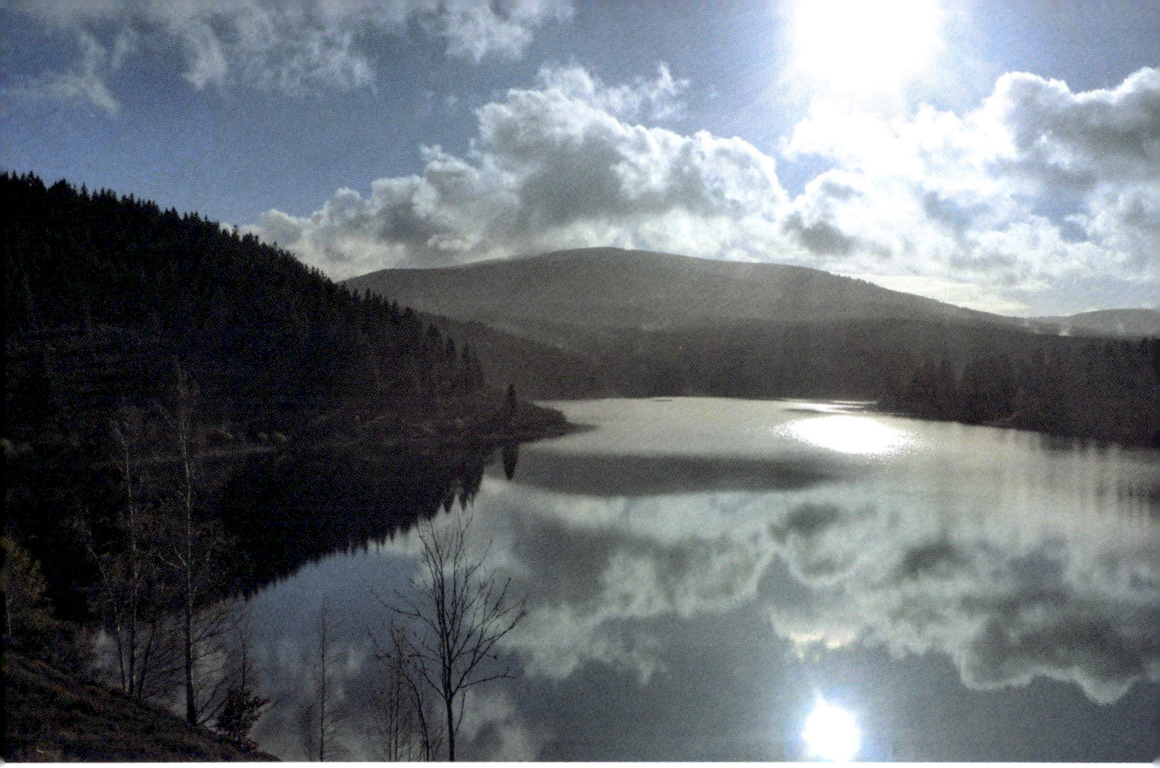

wuchs ist durch Schwermetall im Boden bedingt). Später befindet sich rechterhand eine Papier-Recycling betreibende Fabrik.

Der Brocken vom Eckerstausee aus gesehen

Dort führt der Weg über eine Brücke und dann im Wald auf dem Westufer 1,4 Kilometer weiter talauf. Kurz nach der Abzweigung des Aufstiegs zu den Rabenklippen bringt uns bei den Granitfelsen der **Ahlsburg** ❸ eine Brücke wieder nach links auf das östliche Ufer. Wir folgen dem bachnahen Weg gut zwei Kilometer talaufwärts. Dann leitet ein Plattensträßchen links am Talhang steil hinauf zum Wegekreuz Spinne und weiter zur Wanderhütte beim Frankenberg-Denkstein.

Aufstieg zum Brockengipfel Mit Blick über den Ecker-Stausee folgen wir, gemeinsam mit dem üblichen Aufstieg vom Radautal her, dem Weg 1,5 Kilometer weiter. Danach gehen wir den überwurzelten Weg nach links hinauf zu einer Wiese und zu einem Sträßchen. Das leitet rasch hinauf zum Wegekreuz Frickenplatz unweit der Nationalpark-Rangerstation **Scharfenstein** ❹. Von hier führt der hinter der eigentlichen Grenze angelegte, ganzjährig befahrbare Plattenweg auf der Linie des historischen Hirtenstieges an der Hermannsklippe (750 m) und der Bismarckklippe (890 m) vorbei zum Kleinen Brocken (1018 m). Nach Querung der Schienen der Brockenbahn erreichen wir mit einem letzten steileren Anstieg die fast baumlose Gipfelkuppe des **Brockens** ❺ (1141 m).

Zum Bergsattel Eckersprung und das Eckertal hinab Wir gehen auf der Brockenstraße hinab bis zum Bahnübergang und folgen nun dem Goetheweg westwärts entlang der Gleise bis zum Haltepunkt am Ausweichgleis der Bahn. Von hier gehen wir auf oder neben dem Plattenweg hinab und biegen dann den Schildern folgend nach rechts zum Bergsattel **Eckersprung** ❻ (Wanderhütte und Rastplatz, 890 m; von hier

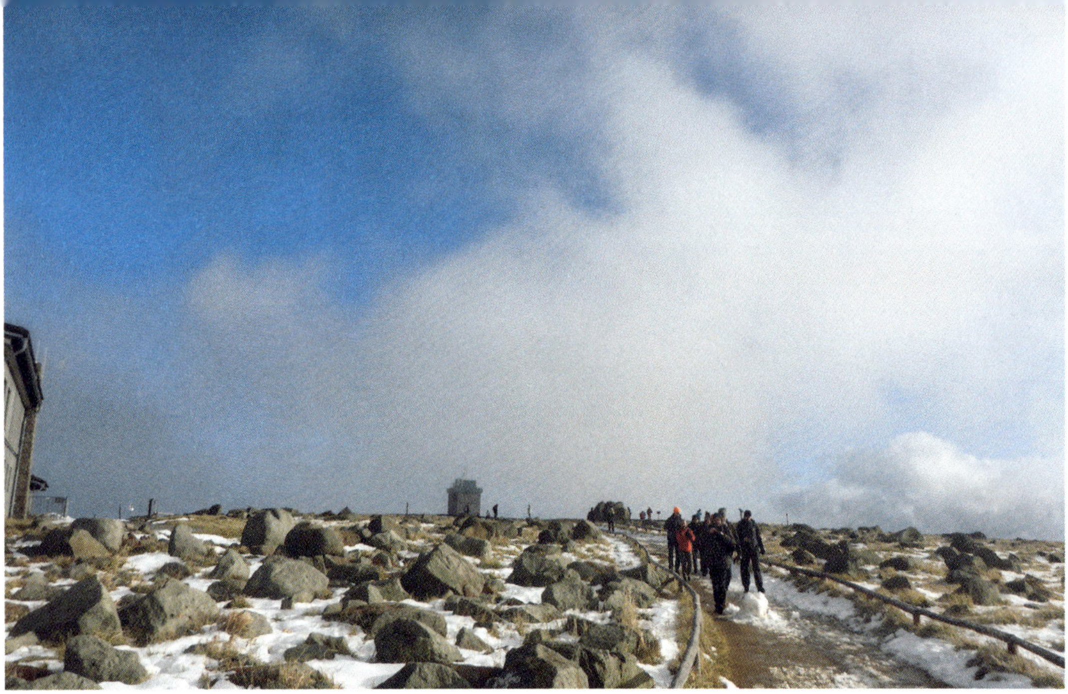

Die renaturierte Gipfelkuppe des Brockens

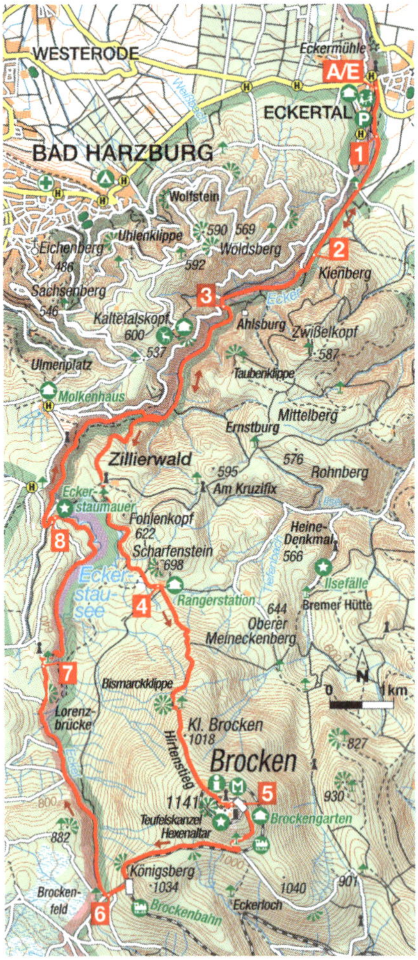

an folgen wir der alten Grenzlinie, die in der Zeit der deutschen Teilung mit Zäunen bewehrt war, aber von Osten weiträumig davor nur am Plattenweg kontrolliert wurde).

Nun gehen wir nach rechts einen kleinen Weg hinab zur Eckerquelle und später nach links weiter und über eine Brücke zum Westufer. Dort folgen wir zuerst einem schmalen Fußweg, später breiten Forststraßen abwärts bis zum **Skidenkmal** ❼. Hier gehen wir auf einem schmaleren Steig rechts hinab zum bachnahen Pionierweg. Diesem folgen wir links, mit hübschem Blick auf den Stausee, am schönsten auf den ufernahen Pfaden, bis zur **Staumauer** ❽. Vor den Gebäuden gehen wir links, dann rechts einen schmalen Weg hinab auf dem linken Hang eines Seitentales hinab zum Talgrund. Dem westlich vom Bach verlaufenden Weg folgen wir zurück bis zur Käsewieter-Brücke. Nun gehen wir wieder ostseitig zur Ahlsburg und dann wie beim Herweg zurück nach **Eckertal** Ⓔ.

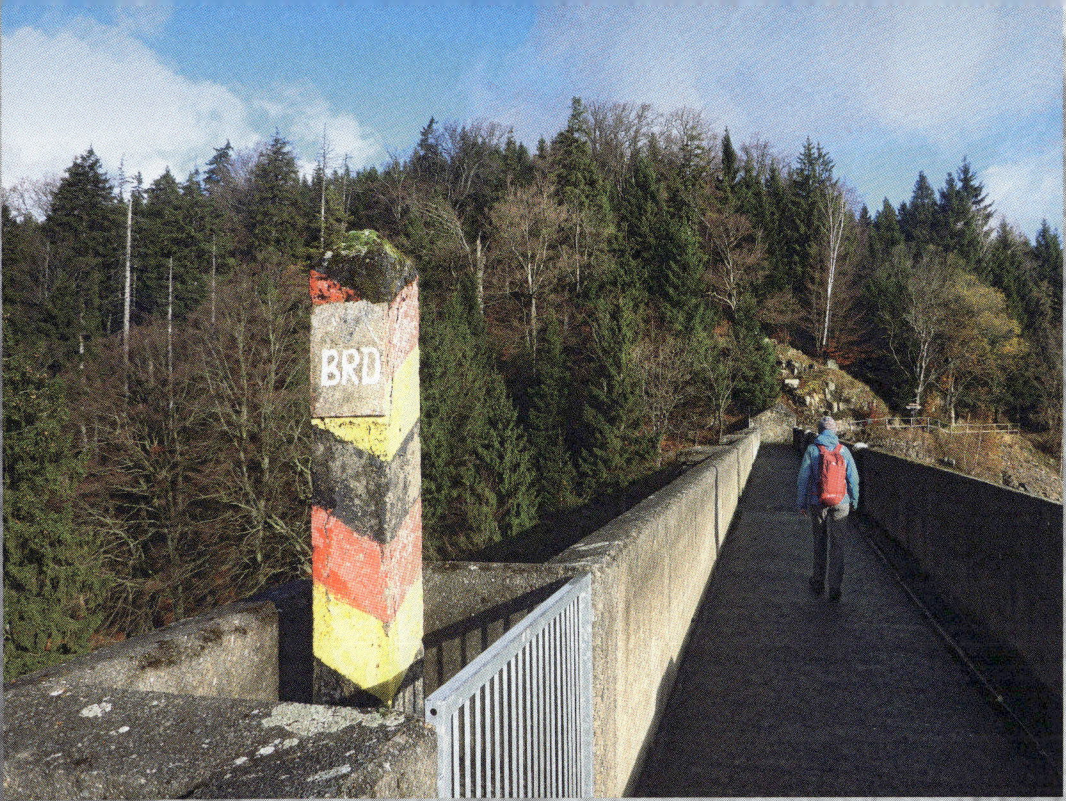

Ein bleibendes Mahnmal: Auf der Staumauer der Eckertalsperre, links noch ein historischer Grenzpfosten

Die innerdeutsche Grenze

Die Grenze zwischen der DDR und der BRD erstreckte sich über Hunderte von Kilometern. Sie entstand 1945 als Ergebnis der von den Siegermächten des Zweiten Weltkrieges unterschiedlich dominierten Entwicklung der beiden Gebiete. Der ursprünglich vereinbarte Verlauf wurde in den ersten Monaten nach Kriegsende am Harz noch einmal mit Gebietstausch verändert. Dies brachte den ursprünglich der britischen Zone zugeschlagenen Kreis Blankenburg in die sowjetische Zone. Vor Ort war die Grenze zuerst mit Farbmarkierungen kenntlich gemacht. Teils verlief sie sogar mitten durch Ortschaften. Sie war zu dieser Zeit nur an den Straßen bewacht. Wer nicht kontrolliert werden wollte, ging von Ortskundigen geführt oder auch auf eigene Faust an anderen Stellen über die »grüne Grenze«.

Während die Russen in ihrer Zone nach der sehr nachhaltigen Zerstörung ihres eigenen Landes anfangs noch technische Anlagen demontieren ließen und als Wiedergutmachung beschlagnahmten, versuchten die Amerikaner, Briten und Franzosen in ihren bald zusammengeschlossenen Zonen, diese durch weitestgehenden Verzicht auf Reparationen und bald auch finanzielle Unterstützung mit dem Marshallplan wirtschaftlich zu stabilisieren, um so die Zustimmung der Bevölkerung zu gewinnen. Dadurch wurde der Westen mit seinem so erzeugten »Wirtschaftswunder« wirtschaftlich rasch attraktiver. So kam es zu einer stetigen Wanderungsbewegung von Ost nach West. Die besonders qualifizierten Arbeitskräfte gingen. Das war für die wirtschaftliche Entwicklung im Osten fatal. Deshalb wurde bereits 1947 begonnen, die Grenze unpassierbar zu machen. Dies geschah zuerst durch Pflügen und

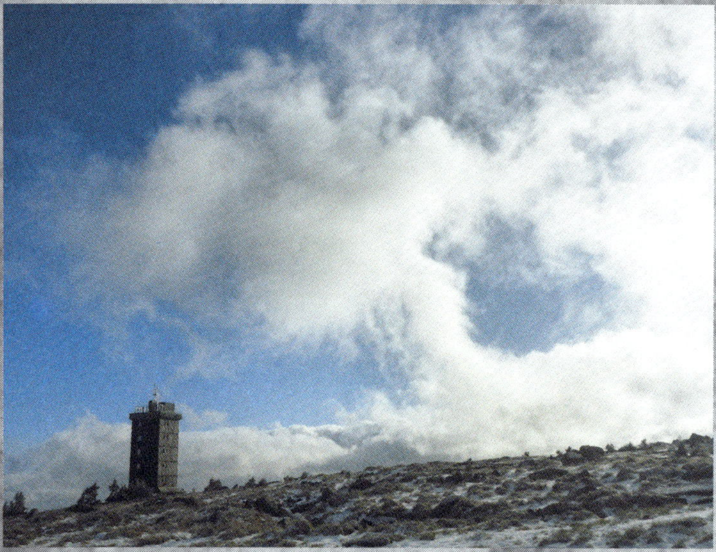

Verminen eines Grenzstreifens und durch schärfere Bewachung mit Hundestreifen und Schießbefehl. Und später auch durch den Bau von Metallgitterzäunen und teils auch wie in Berlin mit Mauern. Um freie Sicht zu schaffen, wurde der Grenzstreifen abgeholzt und durch starke Herbizide weitestmöglich kahl gehalten. Dahinter legte man für die effektive Kontrolle die mit Lastwagen befahrbaren Betonplattenwege an. Zusätzlich wurde eine fünf Kilometer breite, nur mit Sonderausweis zugängliche Sperrzone eingerichtet. Die Abriegelung gelang erst nach und nach. So war das steile und unübersichtliche Eckertal unter Interessierten viele Jahre lang ein Geheimtipp für deren Überwindung. Im Westen blieb die Grenze für die Bevölkerung frei zugänglich. Wanderer und Skiläufer konnten bis direkt an sie heran. So wurde am Wurmberg der Ulmer Weg von Skiläufern gern gegangen – nicht ohne Grusel angesichts der krass sichtbaren Teilung des Landes. Wegen der dahinter gelegten Minen war das allerdings trotz der Metallgitterzäune nicht ohne reales Risiko. Erst in den 1980er-Jahren bekam die Grenze durch Öffnung einiger zusätzlicher Übergänge erste Löcher für einen Kleinen Grenzverkehr. Einer dieser letzten zusätzlichen Übergänge lag bei Stapelburg. Dort war 40 Jahre lang für die im Westen Wohnenden sehr erlebbar die Brücke unterbrochen und überhaupt die Welt mit Zaun und Mauern zu Ende gewesen. Hier wurde dann aber auch sehr bald für den nach so langer Ruhe plötzlich vom Autoverkehr krass geplagten Ort die Umgehungsstraße gebaut.

Der Turm der Wetterwarte auf der Gipfelkuppel des Brockens

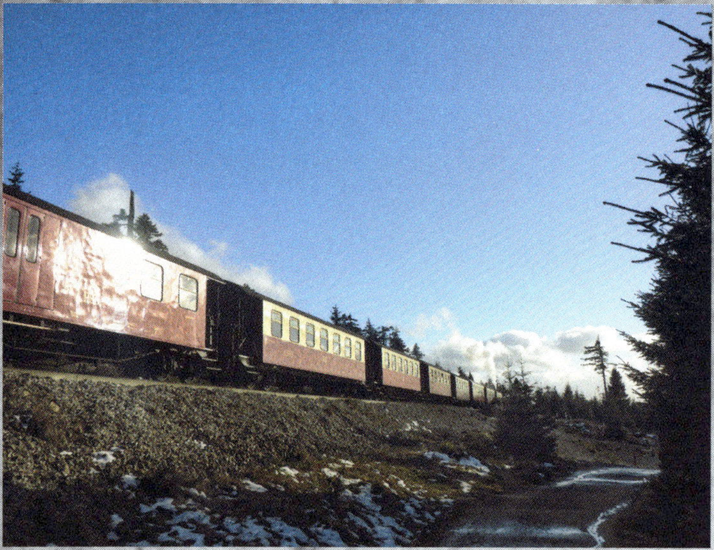

Unterwegs mit der Brockenbahn

Nach der Grenzöffnung löste die Erreichbarkeit des seit Jahrzehnten gesperrten Gebietes wahre Völkerwanderungen aus. Die Grenzanlagen wurden rasch von den Mi-

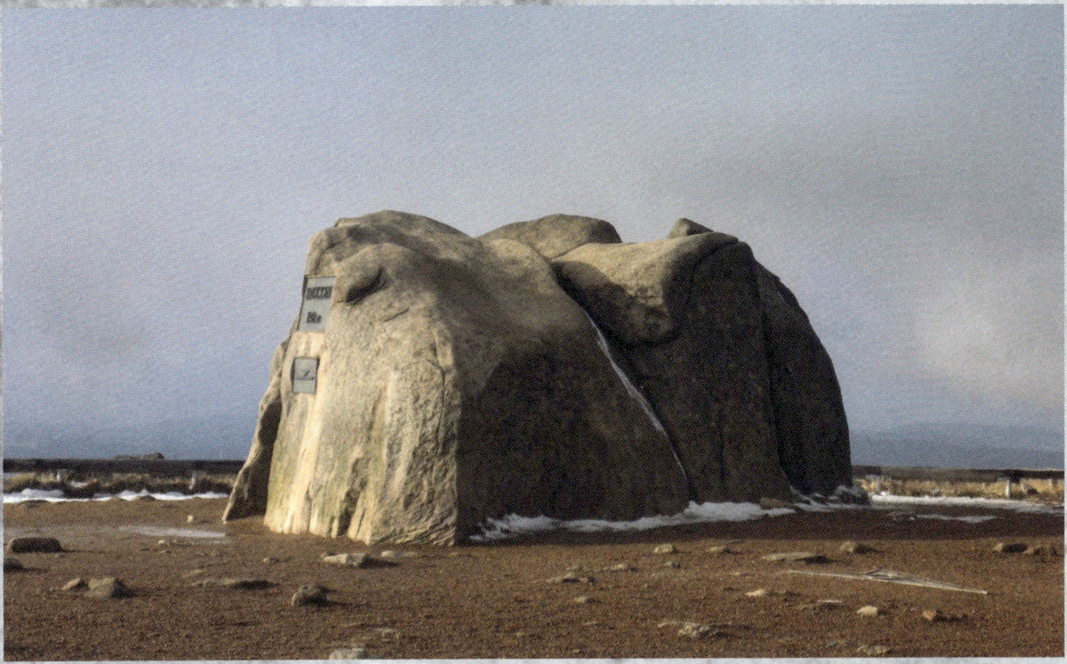

Die auf den Gipfel »transplantierten« Blöcke sind eins der meistfotografierten Objekte der Republik.

nen befreit und demontiert – bald so komplett, dass sie später zu Anschauungszwecken erst wieder neu installiert wurden. Ein Beispiel solcher Anlagen ist westlich von Sorge zu finden.

Im zuerst krass sichtbaren Grenzstreifen wusch der Regen die Herbizide allmählich aus dem Boden, und spontaner Bewuchs kam auf. Nach einigen Jahren sah das nicht mehr so hässlich aus, und die Wunden in der Landschaft begannen zu verheilen. Bald erkannten Botaniker und Zoologen, dass die so lange ungenutzte Schneise sich in ein zunehmend vielfältiges Biotop verwandelt hatte. Weil es das ganze Land durchzog, bot es sogar eine ökologisch wertvolle Biotopvernetzung mit raschem Austausch von Pflanzen und Tieren. So wurde es als »Grünes Band« unter Schutz gestellt.

Dieses bietet zusammen mit dem »Grenzweg« einen Hunderte von Kilometern langen Fernwanderweg. Selbst die monotonen Strecken der Plattenwege haben durch die unterwegs auf Schritt und Tritt erlebbare jüngere Geschichte aber auch durch die variationsreiche Besiedelung des von Löchern perforierten Betons ihren Reiz. Gut gedämpfte Schuhe werden warm empfohlen. Vielleicht macht diese Tour auch Appetit auf die Begehung des gesamten Grenzweges am Grünen Band entlang?

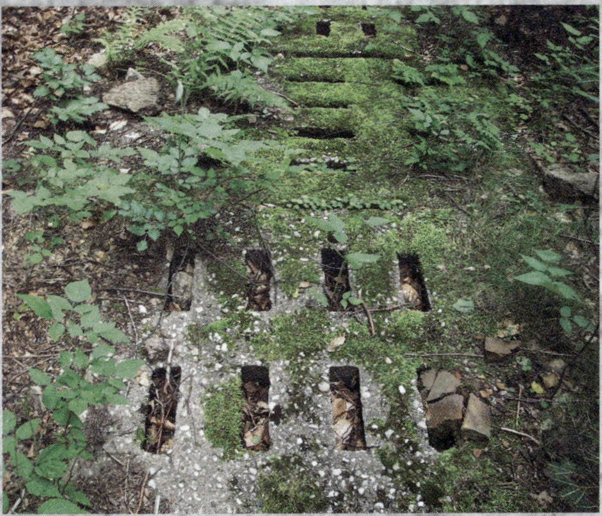

Sogar die Betonplatten des Grenzweges sind ein Ort von neu anlaufender Besiedlung durch Pflanzen und Kleintiere.

7

Wo einst Mönche am Harzrand siedelten

Auf Pilgerwegen vom Kloster Drübeck zur Wüstung Himmelspforte

mittel · 11 km · 100 Hm · 3.30 Std.

Tourencharakter
Gut zu gehende bequeme Rundwanderung auf guten Wegen, vor dem Rothenberg und auf dem Karrenberg auch idyllisch über einen Wiesenpfad

Ausgangspunkt
Parkplatz beim Kloster Drübeck

Anfahrt
Mit dem Auto bis zum Parkplatz. Bahn bis Ilsenburg oder Wernigerode, Bus bis Drübeck

Empfohlene Karten
Wandern im Harz 1:50 000, lgn mit Harzklub, Blatt Ostharz

Einkehr
Im Klostercafé Drübeck

Info
www.harzer-klosterwanderweg.de, kloster-druebeck.de, Reiseauskunft www.bahn.de

Der wiederbelebte Pilgerweg verbindet die Harzrand-Klosterorte von Goslar bis Thale. Diese Wanderung umfasst nur ein Teilstück davon. Dass dies zugleich Teil eines Radfernwanderwegs ist, schafft gewöhnlich keinen Konflikt. In der Weite der Landschaft gibt es kein Gedränge. Und wer sich hier begegnet, wird von Wald und Feld gewöhnlich friedlich gestimmt.

Vom Kloster Drübeck zur Stätte des ehemaligen Klosters Himmelspforte

Vom **Parkplatz** Ⓐ gehen wir über die Straße und dann schräg links auf einem hübschen Wiesenweg (Markierung: Kreuz für Pilgerweg) zum Ortsrand von Öhrenfeld. Dort führt eine Straße zum Wald. Wo sie nach links abbiegt, gehen wir geradeaus weiter und nach dem letzten eingezäunten Garten im Wald schräg links weiter. Der Weg führt über Buckel und durch kleine Kuhlen zum **Rohrteich** ❶ und danach auf die Tänntal-

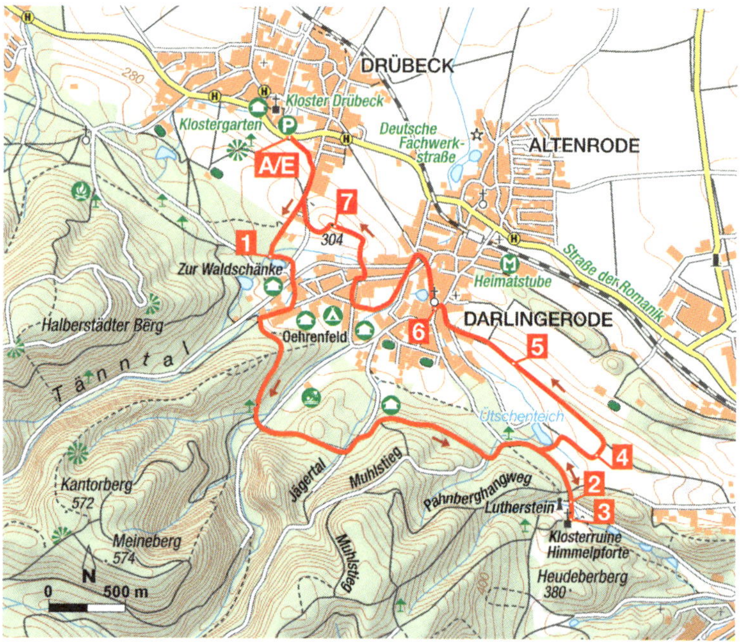

Rechte Seite unten: Wandermarkierungen am Pilgerweg

Straße. Auf dieser passieren wir die letzten Häuser und biegen dann bald mit dem Harzrand-Radweg nach links ab. Der führt zunächst ansteigend um einen kleinen Bergrücken herum und quert danach ein Waldtal. Immer auf etwa gleicher Höhe bleibend (Markierung Pilgerweg), gehen wir ostwärts, queren dabei mehrere Tälchen und gelangen (nach einem Stein zur Kennzeichnung der Wasserscheide zwischen Weser und Elbe) schließlich zu einem **Bergsattel** ❷ mit Wegekreuz und Bank (mit Lutherspruch) und Infotafel. Ein schmaler Weg führt hier hinab in eine Mulde und nach einer Brücke ansteigend weiter zum **Lutherplatz** ❸ (markiger Denkstein zur Erinnerung an Luthers Besuch des Klosters, Sitzbänke). Unterhalb von diesem Platz sind am Rand einer Wiese als kleine unregelmäßige Erhebung die überwachsenen Reste der vergangenen Gebäude des Klosters zu ahnen.

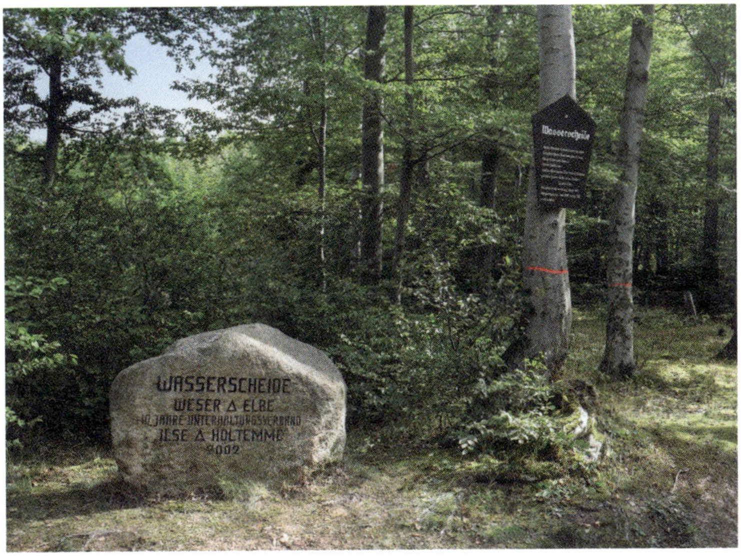

Dieser Stein markiert die Wasserscheide.

Über den Rothenberg nach Darlingerode Wir gehen zurück zum Wegekreuz mit dem Sitzplatz und folgen der Straße zurück wie beim Herweg. Nach etwa 800 Metern zweigt nach rechts ein ausgeschilderter Weg ab und führt hinab zu dem aktuell verlandenden **Ütschenteich** ❹. Wir folgen dem hübschen Weg am Ufer entlang bis vor das Tor zu einem eingefriedeten Grundstück. Hier gehen wir den Weg rechts weiter und gelangen rasch zum Rand des den Teich umgebenden Wäldchens. Die große Wiese überqueren wir nordwärts auf Pfadspuren in Richtung auf eine oben am Wald erkennbare Bank. Nun folgen wir dem vor dem Waldrand verlaufenden breiten Weg nordwestwärts, mit offenem Blick auf den

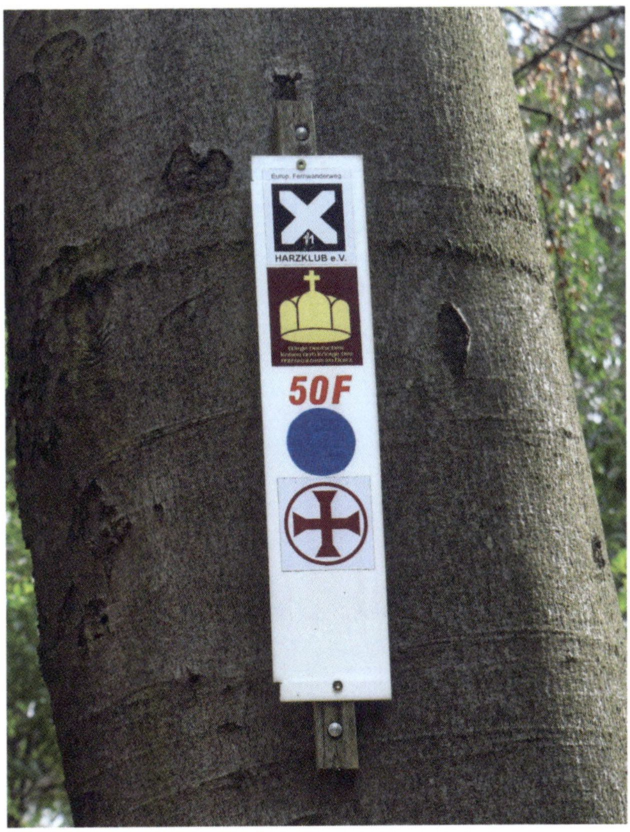

Harzrand und Darlingerode. (Bei sommerlichem Bedarf nach Schatten steht im urigen Eichenwald parallel dazu auch ein schmaler Weg im Walde im Angebot.) So gelangen wir zum Ende des Waldes und folgen weiter dem Wiesenweg über den Rücken des **Rothenbergs** ❺ zu einem Wasserbehälter. Hier bietet sich ein weiter Ausblick, bis hin zu den Türmen des Klosters Drübeck. Ein von Bäumen alleeartig gesäumter Feldweg leitet hinab in den Ort Darlingerode.

Durch Darlingerode und über den Karrenberg Wir erreichen den Ort an der Straße Am Birkholz, gehen dann an der nächsten Straße links und gleich wieder rechts in die Dorfstraße. Sie führt an der markanten **Kirche** ❻ vorbei und weiter hinab. Unten gehen wir links über den Bach und folgen der Straße etwa 100 Meter hinauf. Dann wechseln wir über die Bleiche nach links und gehen den schmalen Weg rechts vom Bach durch hübschen Auwald aufwärts. Er leitet schließlich zu einer Straße (Infotafel zu dem durchwanderten Naturschutzgebiet bei den Gebäuden einer sozialen Einrichtung). Hier gehen wir nach rechts bergab, queren die Fahrstraße, gehen über den Bach zu einer weiteren kleinen Straße. Nun folgen wir links eines Zauns einem Wiesenweg steil hinauf und oben nach links zum stimmungsvollen Sitzplatz auf der Kuppe des **Karrenbergs** ❼ (Ausblick zum Harz und ins Vorland). Wir steigen nach Westen den undeutlichen Wiesenweg steil hinab zur Öhrenfelder Straße und gehen wie zu Beginn der Wanderung zurück zum **Kloster Drübeck** Ⓔ.

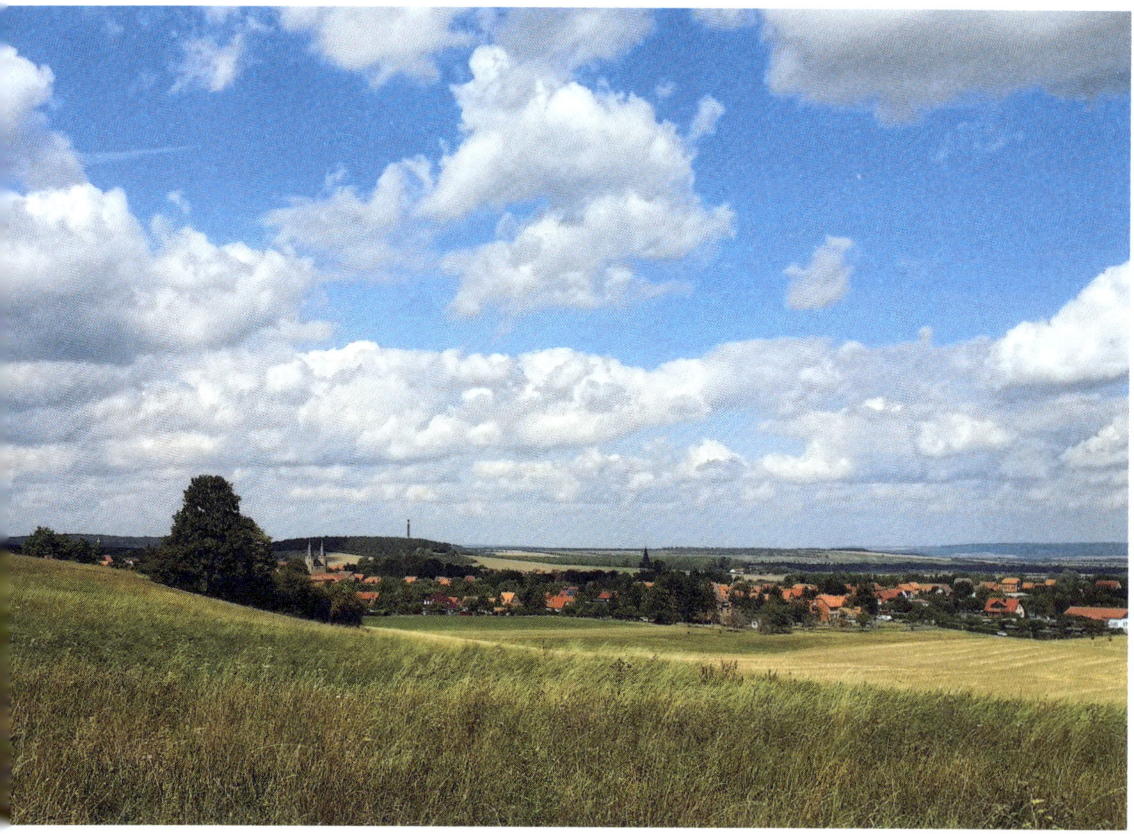

Drübeck, vom Karrenberg aus gesehen

Klöster am Harzrand

Diese Wanderung ist Teil des vom Kloster Wöltingerode (bei Vienenburg am Harly) über das Kloster Ilsenburg (östlich der Stadt, Benediktinerkloster, besonders sehenswert), Drübeck (Benediktinerinnenkloster), die Stelle des Klosters Himmelspforte (Augustinerkloster), das Kloster Michaelstein (bei Blankenburg, ab 1146 Zisterzienser) und das Kloster Wendhusen (ab 825, Stiftskirche, bei Thale, siehe Wanderung 15) bis nach Gernrode (ab 959, Damenstift, großartige Romanik) verlaufenden Kloster-Wanderwegs. Der wird auch Pilgerweg genannt (Markierung: lila Kreuz). Die alle in der geologischen Aufrichtungszone gelegenen Harzrand-Klöster waren im Mittelalter Zentren der Christianisierung, aber auch der wirtschaftlichen Entwicklung.

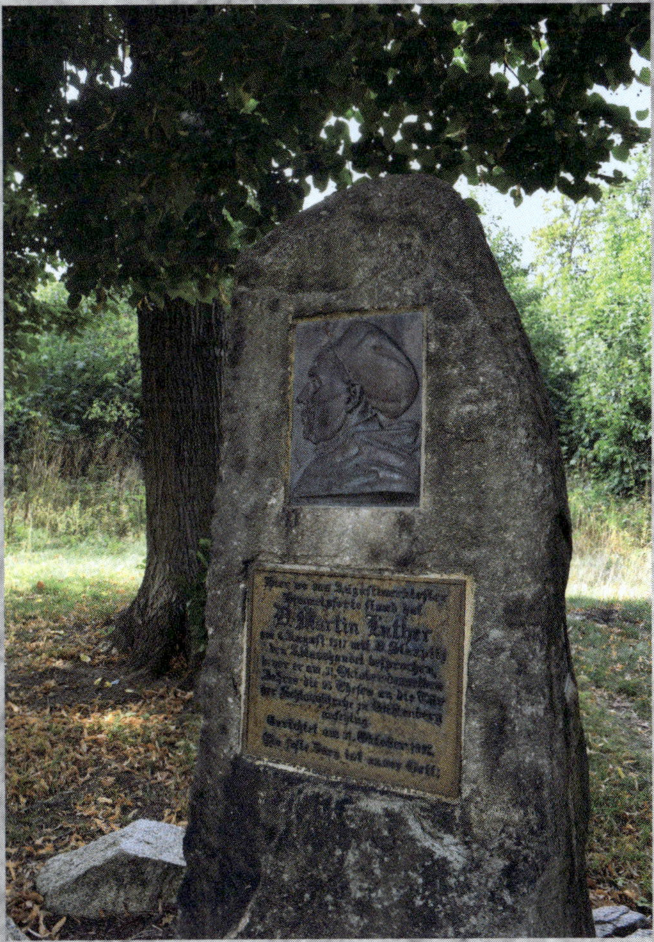

Der Lutherstein

Das **Benediktinerinnenkloster in Drübeck** gab es schon zu Ende des 9. Jahrhunderts. Die romanische Kirche St. Vitus ist eine ottonische Basilika, wurde im 12. Jahrhundert erweitert, im Bauernkrieg teilweise zerstört, war dann ein protestantisches Damenstift, später zeitweilig säkularisiert und ist heute restauriert und mit einem Café verbundene Tagungsstätte der evangelischen Kirche. Besonders sehenswert sind der Klostergarten, die restaurierte Krypta und der weite Ausblick aus den Turmfenstern.

Das im 13. Jahrhundert gegründete **Augustinerkloster Himmelspforte** bestand bis zum Bauernkrieg. Gebäudereste hielten sich noch 200 Jahre und verfielen dann völlig. Ein Besuch des Klosters durch Luther im Jahr 1517 wurde 1917 mit der Setzung eines Denksteins abgefeiert. Von den Bauten ist nur noch ein niedriger Mauerrest an der Straße zu sehen. Das Hauptgebäude ist am Rande einer Wiese als ein überwachsener Hügel zu erahnen. Die weiter unten im Tal von den Mönchen angelegten Fischteiche sind noch erhalten.

In Darlingerode zeigt die seit dem 11. Jahrhundert belegte Kirche **Sankt Laurentius** gleichfalls ottonische Romanik. Der liebevoll gepflegte Ort ist mit dem nahen Ortsteil Öhrenfeld entlang des Bachs durch einen hübschen naturnahen Park verbunden.

8 Von Feudalherren und Stadtbürgern

Von Wernigerode auf den Armeleuteberg

mittel · 8 km · 300 Hm · 3.0 Std.

Tourencharakter
Rundwanderung durch die sehenswerte Altstadt und über nahe Bergkuppen ihrer Umgebung. (Bei Ausgehen von der Mettestraße und Rückkehr am Ortsrand über Amelungsweg und Am Großen Bleek 6 km 250 Hm)

Ausgangspunkt
Parkplätze an der Einfahrt zur Stadt von der BAB Ausfahrt Zentrum (Ost), nahe dem Kreisel an der Kohlgartenstraße (Uhr).

Anfahrt
Mit dem Auto bis (P), Bahn bis Wernigerode, Bus in der Stadt verkleidet als Bimmelbahn.

Empfohlene Karten
Wandern im Harz 1:50 000, lgn mit Harzklub, Blatt Westharz, Ostharz

Einkehr
Waldgasthaus Harenburg und Armeleuteberg, auch vielfältig im Ort

Info
www.wernigerode.de, Reiseauskunft www.bahn.de

Neben den Wegen am Schloss und am Agnesberg ist dies eine ruhigere Gegend. Hierher führt von der schmucken Fachwerkstadt ein Aufstieg durch hübschen Traubeneichenwald hinauf zum Rand der weit gespannten flach welligen Harzhochfläche. Der genau hier stehende Aussichtsturm bietet weiten Blick sowohl auf Stadt und Vorland wie zu den Harzhöhen.

Zur Harenburg Wir gehen vom **Kreisel** Ⓐ südwärts im parkähnlichen Grün neben der Lindenallee hinauf und biegen mit ihr nach rechts ab und an der **Nationalparkverwaltung** ❶ und dem Aufgang zum Schloss vorbei. Nun führt uns die Einbahnstraße Burgberg hinab und dann etwas rechts versetzt in gleicher Richtung an der Autostraße rasch zum Bach. Davor führt die Promenade nach links. Über die zweite Brücke nach rechts und geradeaus an der Kreuzkirche vorbei gelangen wir in die Straße Am Großen Bleek. Hier zweigt nach links die Mettestraße ab. Diese gehen wir nun geradeaus hinauf bis zu einer Wiese. An dieser entlang führt in gleicher Richtung eine Treppe steil bergauf, zuerst gut ausgebaut, dann über bei Nässe glitschige Holzstufen. So gelangen wir vor den Wald. Wir gehen oberhalb der obersten Häuser kurz nach links zu einem Wegedreieck (**Stieglitzecke** ❷, Blick zum Schloss).

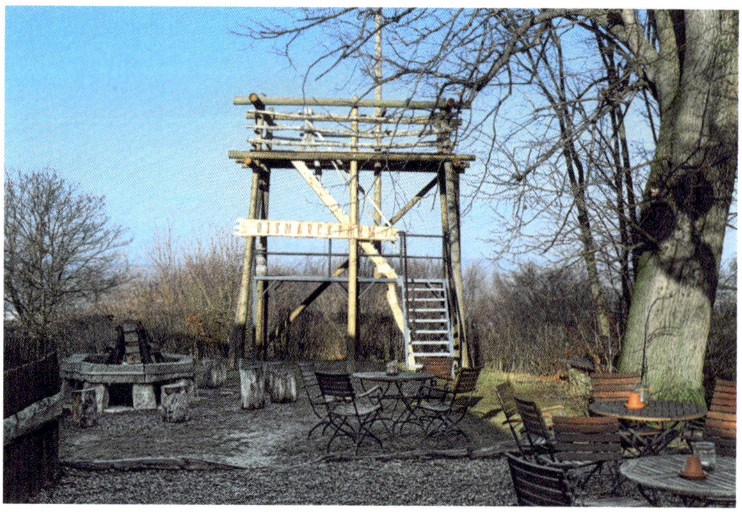

Das Aussichtsgestell auf der Harenburg

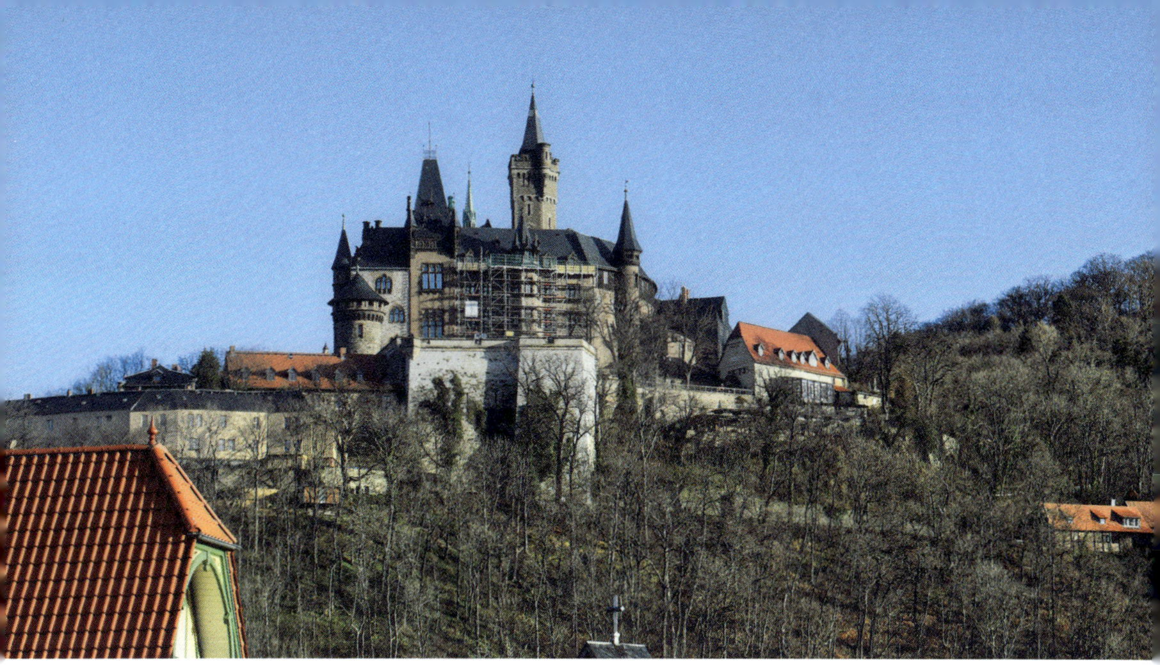

Das Schloss Wernigerode beherbergt heute ein Museum.

Nun folgen wir nicht der festen Straße, sondern im Wald dem schmalen Fußweg, bei der Gabelung gleich den rechten aufwärts. Er hält sich an den Bergrücken, wo nebenan der Rest eines alten, teils von Brombeeren eroberten Hohlweges den Fußweg begleitet. Er führt zuletzt durch hübschen Traubeneichenwald zu einem Bergsattel (wo von links der untere Weg mündet) zu einer Weggabelung. Auf dem linken Weg gehen wir weiter und zuletzt auf der asphaltierten Zufahrtsstraße zur Gaststätte **Harenburg** ❸ (438 m, gebaut 1871 im Jahr der Ausrufung des Deutschen Kaisers, davor Gedenkstein 1889 zur Pflanzung der etwas mickerigen Kaisereiche, mit hübscher Terrasse und einem übersichtlichen hölzernen Aussichtsgestell, etikettiert als »Bimarckturm«, passender wäre Bismarcktürmchen).

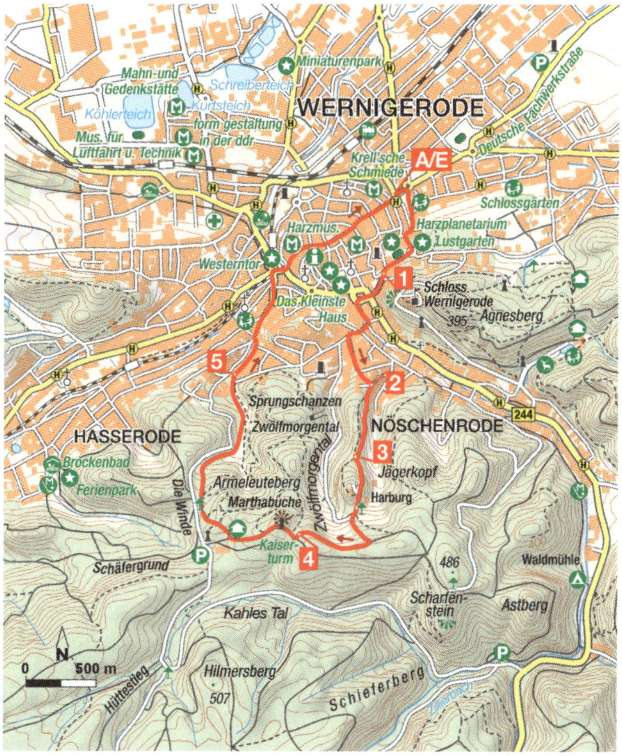

Zum Kaiserturm

Auf der Zufahrtsstraße gehen wir südwärts hinab zu einem Bergsattel und von diesem rechts nahe am Waldrand steil hinauf zum Ernst-Moritz-Arndt-Weg. Der bringt uns oberhalb der Wiesen nach rechts (westwärts) horizontal mit weitem Blick ins Zwölfmorgental und auf Wernigerode am Hang um den Kühnenkopf (481m) herum zu einem Wegekreuz. Von hier führt ein deutlicher Fußweg steil hinauf

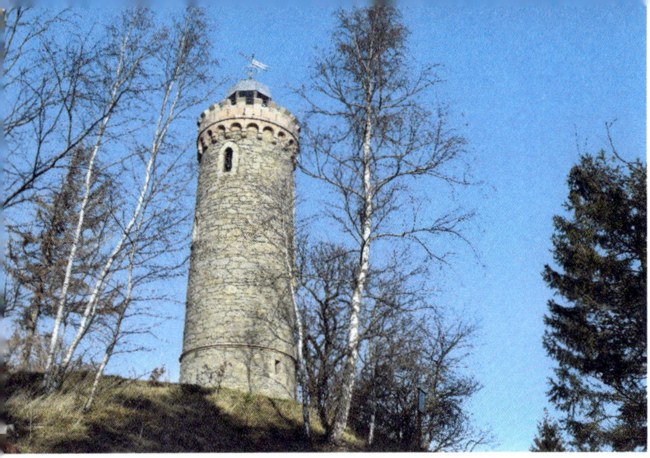

auf den Armeleuteberg (478 m) mit dem **Kaiserturm** ❹.

Abstieg durch das Salzbergtal Nach Westen gehen wir hinab zur Gaststätte Armeleuteberg und danach rechts auf dem Fußweg in den Wald. Er führt steil hinab in die Nähe der Zufahrtsstraße (Die Winde, hier einige Märchenweg-Installationen). Dann vor der Straße rechts auf dem schönen, ruhigen, breiten Weg steil hinab ins Salzbergtal. Nahe den Wiesen passieren wir eine Wegeinmündung und dann den unspektakulären Singenden Brunnen und gelangen zu den ersten Häusern. Links führt der Weg zur Straße Die Winde und zuletzt entlang der Salzbergstraße, wo wir im Ort die Autostraße und die markante Kreuzung an der B 244 und der Abzweigung der Straße nach Schierke (L 100, diagonal über die Kreuzung verlaufen die Gleise der Harzquerbahn, die hier immer mal wieder stimmungsvoll und autoverkehrsberuhigend durchfährt) erreichen. Wir gehen nun rechts durch das markante Westertor und weiter zum Markt (mit dem bekannten Rathaus, hier von links her Einmündung der Gustav-Petri-Straße) und danach an den eindrucksvollen Fachwerkhäusern der Breiten Straße vorbei zurück zum Ausgangspunkt Ⓔ.

Der Kaiserturm auf dem Armeleuteberg wird mit dem Märchen von Rapunzel abgefeiert.

Das Rathaus von Wernigerode, wo auch die Gustav-Petri-Straße mündet

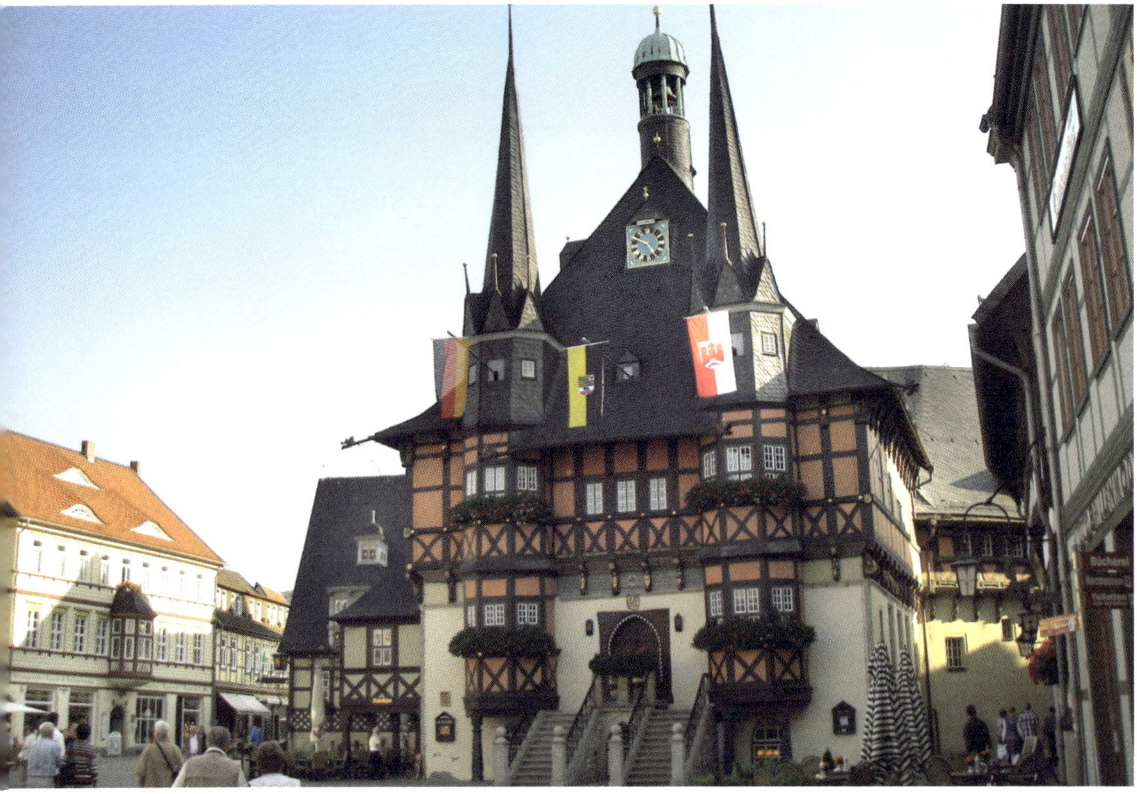

Die von einem Befehlsverweigerer gerettete Stadt

Wernigerode ist eine entzückende Harzrandstadt mit sehr gut erhaltener Altstadt und einem markigen Schloss. Der älteste Ortskern lag südöstlich vom Markt im Bereich des Klint, wo auch eine Niederungsburg (Schnakenburg) stand. Am Kreuzungspunkt von zwei Handelswegen und im Schutz der Grafenburg gedieh der Ort gut. Im 13. Jahrhundert erhielt er das Stadtrecht. In dieser Zeit entwickelte sich auch nordwestlich angelagert die Neustadt mit der romanischen Johanneskirche, der ältesten erhaltenen Kirche. Das prächtige Rathaus wurde 1277 erstmals erwähnt, es wurde jedoch daran über Jahrhunderte hin umgestaltet. Oberhalb der Stadt gab es mit der Harenburg eine kleine romanische Burganlage. Aber die wesentliche Burg des Grafen war die auf dem Bergsporn nordöstlich der Stadt. Mit dem Aussterben der Wernigeroder Grafen übernahmen hier die Stolberger Grafen die Oberherrschaft. Sie machten Wernigerode zu ihrem Sitz und bauten die Burg im 18. Jahrhundert zu einem Barockschloss um. Die Stolberger Grafen machten sich auch um die Unterhaltung einer Forstschule verdient, in der Hans Dietrich von Zanthier schon früh Ideen einer nachhaltigen Forstwirtschaft entwickelte und lehrte. Im 19. Jahrhundert wurde das Schloss nochmals zum neogotischen Repräsentationsschloss umgebaut (das in der DDR-Zeit Feudalmuseum war und jetzt für Events in noblem Ambiente zur Verfügung steht). In der zweiten Hälfte des 19. Jahrhunderts siedelte sich auch allerlei Industrie an. In diese Zeit fällt auch der Beginn der touristischen Entwicklung. Herausragend war dazu 1899 die Eröffnung der Harzquerbahn und der Brockenbahn. Damit entstand eine noch heute attraktive touristische Infrastruktur.

Während des 2. Weltkrieges erfolgte ein Bombenangriff, dessen Schäden in der Stadt jedoch nicht groß waren. Es gab auch hier (am Veckenstedter Weg) ein Außenlager des KZ Buchenwald. Das wurde später nach Steinerne Renne verlegt. Gegen Kriegsende gab es zwecks Vernichtung der Häftlinge auch hier einen Todesmarsch, den nur jeder Zehnte überlebte. In den allerletzten Kriegstagen erhielt der altbewährte Oberst Gustav Petri das Oberkommando zur Verteidigung der Stadt gegen die übermächtig heranrückenden Amerikaner. Er verweigerte diesen Befehl angesichts der Aussichtslosigkeit der Lage und der absehbaren Zerstörung der Stadt bei einem Kampf. Deswegen wurde er von der SS noch in letzter Minute bei Drei-Annen-Hohne abgeurteilt und erschossen. Aber die Stadt wurde kampflos und damit unzerstört übergeben. Mit der Widmung der auf den Markt mündenden Gustav-Petri-Straße wird an diesen Retter der Stadt erinnert. Nur ihm verdanken wir die Erhaltung all der prächtigen historischen Gebäude, die wir hier heute noch original bewundern können.

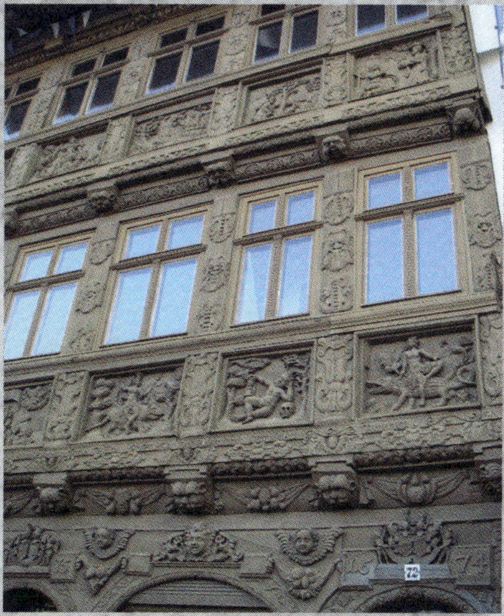

Das Krummelsche Haus ist eines der prächtigsten Gebäude in der Altstadt von Wernigerode.

9

Am Siedlungsort frühester Ackerbauer

Von Benzingerode zur Struvenburg und Heimburg

mittel | 9,5 km | 120 Hm | 3.00 Std.

Tourencharakter
Gut zu gehende bequeme Rundwanderung auf weithin naturnahen Wegen, ein Stück weit aber auch auf herber und beschallter Feldstraße. Wenn ein Wegstück mit nahen Verkehrsgeräuschen zu sehr belastet, dem wird die Rückkehr auf dem gleichen Weg über den Ziegenberg empfohlen.

Ausgangspunkt
Parkstreifen in Benzingerode

Anfahrt
Mit dem Auto bis P, Bahn bis Wernigerode, Bus bis Benzingerode und Heimburg

Empfohlene Karten
Wandern im Harz 1:50 000, lgn mit Harzklub, Blatt Ostharz

Einkehr
keine

Info
Reiseauskunft www.bahn.de

Bei der häufigsten Windrichtung liegt dieser Fleck im Lee des massigen Brockens und ist dann sonniger als das Vorland. Obendrein gibt es hier den fruchtbaren und leicht bearbeitbaren Lössboden. Diese Gunst erkannten und nutzten Menschen schon in der Jungsteinzeit. Das hinterließ bis heute sichtbare Spuren. Und wenn wir hier an einem anderswo grauen Tag in der Sonne wandern, dann können auch wir die Lagegunst spüren.

Über den Ziegenberg zur Heimburg Wir gehen in **Benzingerode** Ⓐ im östlichen Ortsteil hinter der Ziegeleistraße 11 links einen Weg hinauf und folgen dann rechts ostwärts einem der Pfade über den grasigen Bergrücken des Ziegenberges. Bald lassen sich links die alten Wälle der **Struvenburg** ❶ erkennen. In munterem Auf und Ab gehen wir weiter auf dem schmalen Bergrücken südostwärts. Nach beiden Seiten bieten sich weite Ausblicke. Schließlich leitet ein Grasweg links hinab nach Heim-

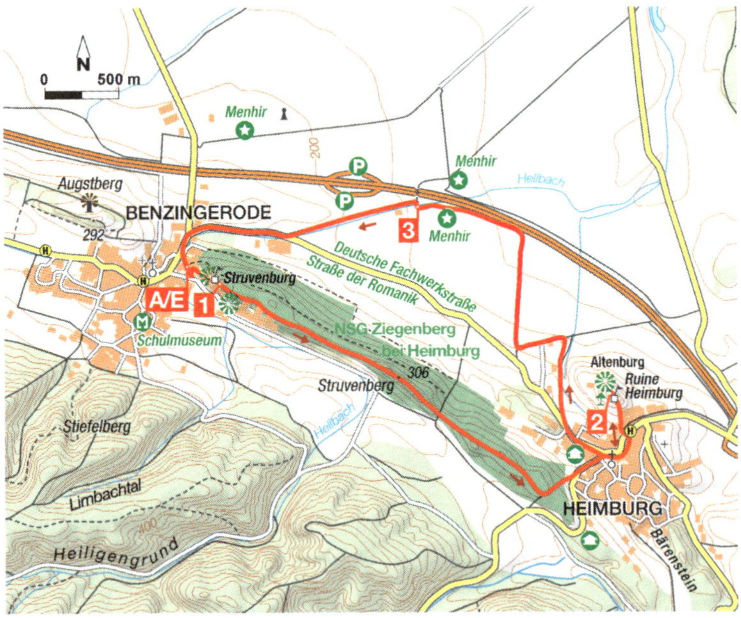

burg. Wir gehen am Fuß des Burghügels an der Infotafel des Geoparks hinauf durch einen schmalen Einlass in den Hof des Gutes, an einem Wirtschaftsgebäude entlang und geradeaus durch ein Tor hinaus. Danach führt rechts ein Weg steiler hinauf. Bei einer Kurve des Hauptweges folgen wir geradeaus dem Pfad über eine kurze Treppe und queren dann den Nordhang des Hügels zu einem markanten Wall der Westseite. Im Bogen nach links gehen wir zur Südseite, unter der Stützmauer der alten **Heimburg** ❷ durch und dann links hinauf zum oben stehenden Aussichtspavillon.

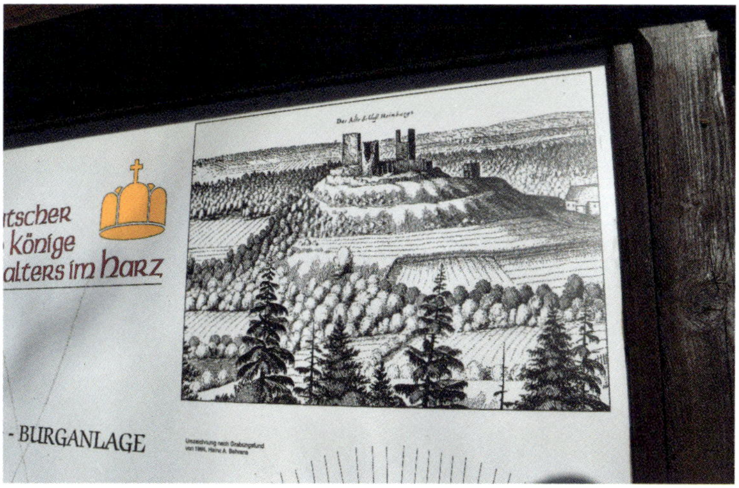

So sah die Heimburg nach Grabungsbefunden früher einmal aus.

Zu den Menhiren und nach Benzingerode Nach dem Abstieg folgen wir dem Hauptweg und gehen wieder durch das Gut und zurück zur Geopark-Infotafel. Entlang der Durchgangsstraße gehen wir zur Kurve, folgen ihr noch etwa 150 Meter und biegen dann rechts in einen Feldweg ein. Er führt an Gärten entlang zu einer quer verlaufenden Feldstraße. Wir gehen auf ihr nach links zu einem weiteren Feldweg. Diesem folgen wir nun nach rechts bis vor die nicht zu überhörende Autobahn. An dieser entlang führt die Feldstraße nach links, wo jenseits von einem Graben der **Heimburger Menhir** ❸ steht; auf der gegenüberliegenden Seite der Autobahn ist der Derenburger Menhir zu erkennen. Wir gehen weiter zur Brücke, von der in nordwestlicher Richtung, nördlich des gegenüberliegenden Parkstreifens, der auf einem Acker intakt am ursprünglichen Ort stehende Benzingeroder Menhir fern zu sehen ist. Vor der Brücke führt der Feldweg weiter zurück zur Landstraße und diese dann hinein nach **Benzingerode** Ⓔ.

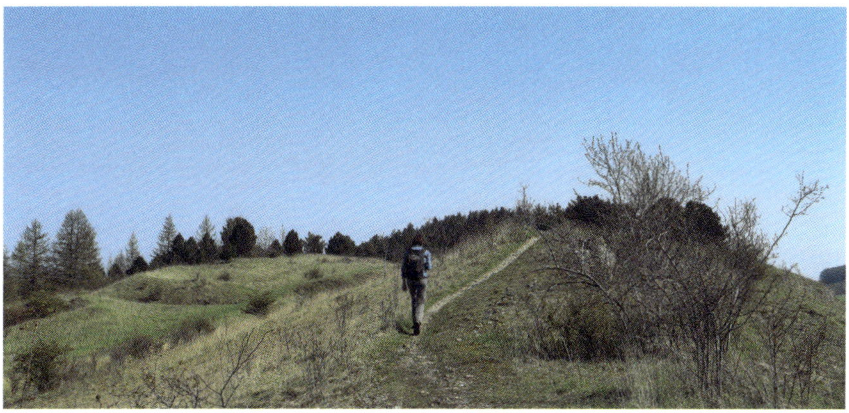

Beim Aufstieg von Benzingerode zum Kamm des Ziegenbergs sind links die Wälle der Struvenburg zu sehen.

Spuren alter Siedlungen und Befestigungsanlagen

Der Kamm des Ziegenbergs ist alter Meeresboden aus der Muschelkalkzeit. Die waagerecht abgelagerten Schichten wurden bei der Heraushebung des Harzes fast senkrecht aufgestellt. Der Bergkamm ist von Trockenrasen und überwiegend Kiefern bewachsen, das Vorland mit der späteiszeitlichen Staubablagerung Löss überzogen. Da dieser Boden fruchtbar und zugleich leicht ist, war er schon früh mit einfachsten Mitteln zu bearbeiten. So ist nur logisch, dass er hier schon seit der Jungsteinzeit besiedelt war. Beim Bau der Harzrandautobahn wurden im Bereich des Rastplatzes Regensteinblick die Reste einer Totenhütte der Bernburger Kultur (Trichterbecherkultur, 3000–2700 v. Chr.) ausgegraben. Die Menhire weisen gleichfalls auf das hohe Alter dieser Siedlungsspuren hin (siehe »Geheimnisvolle Pfade« W 7 und 8).

Die auf dem Bergrücken östlich von Benzingerode gelegenen Reste der Struvenburg stammen nach Bodenfunden wohl aus der karolingischen Zeit. Sie könnte auch schon ältere Vorläufer gehabt haben. Es war eine Wallburg, auf der jedoch nach Berichten im 18. Jahrhundert noch Mauerreste zu sehen waren.

Auf dem markanten Hügel nördlich von Heimburg stand früher gleichfalls eine Burg. Sie hieß Altenburg und wurde vermutlich im 10. Jahrhundert zum Schutz des Handelsweges über den Harz gegründet. Nach Zerstörung im 30-jährigen Krieg verfiel sie. Der Turm auf dem westlich von Benzingerode gelegenen Augstberg ist dagegen eine Warte, die zur Warnung der Stadt Wernigerode vor heranziehenden Feinden unterhalten wurde.

Rechte Seite oben: Alte Linden auf der Kuppe der Ruine Heimburg

Rechte Seite unten: Altes Hoftor in Heimburg am Aufstieg zur Heimburg

Unten: In Heimburg

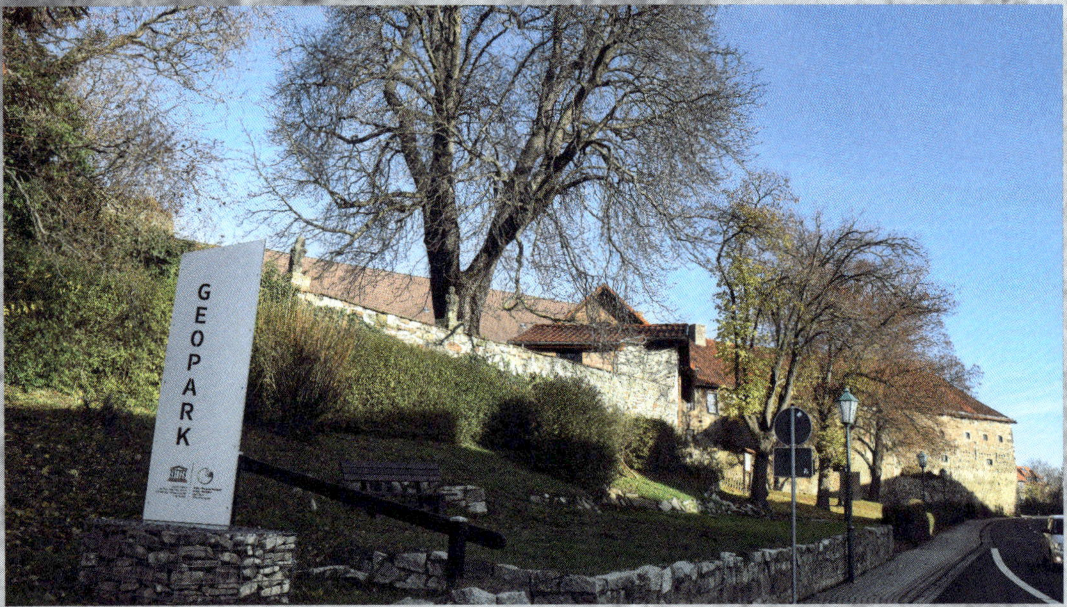

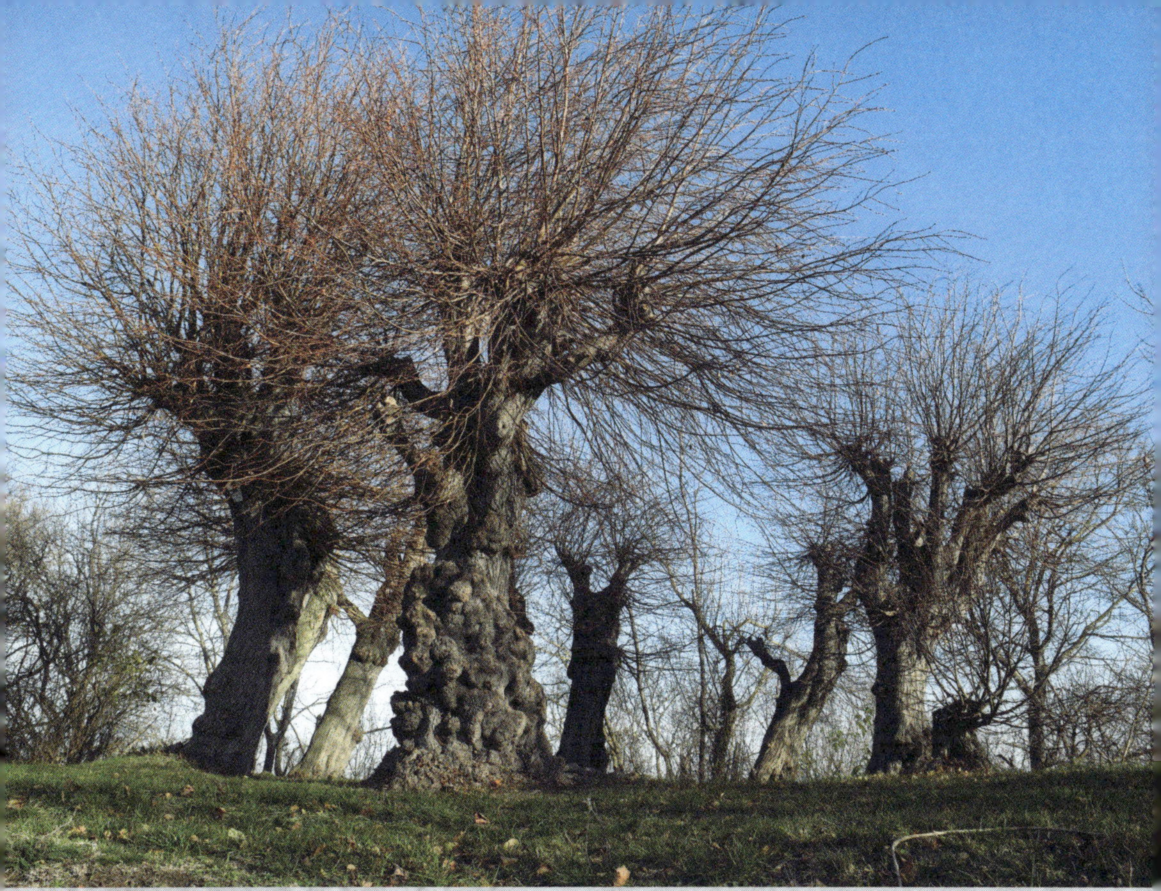

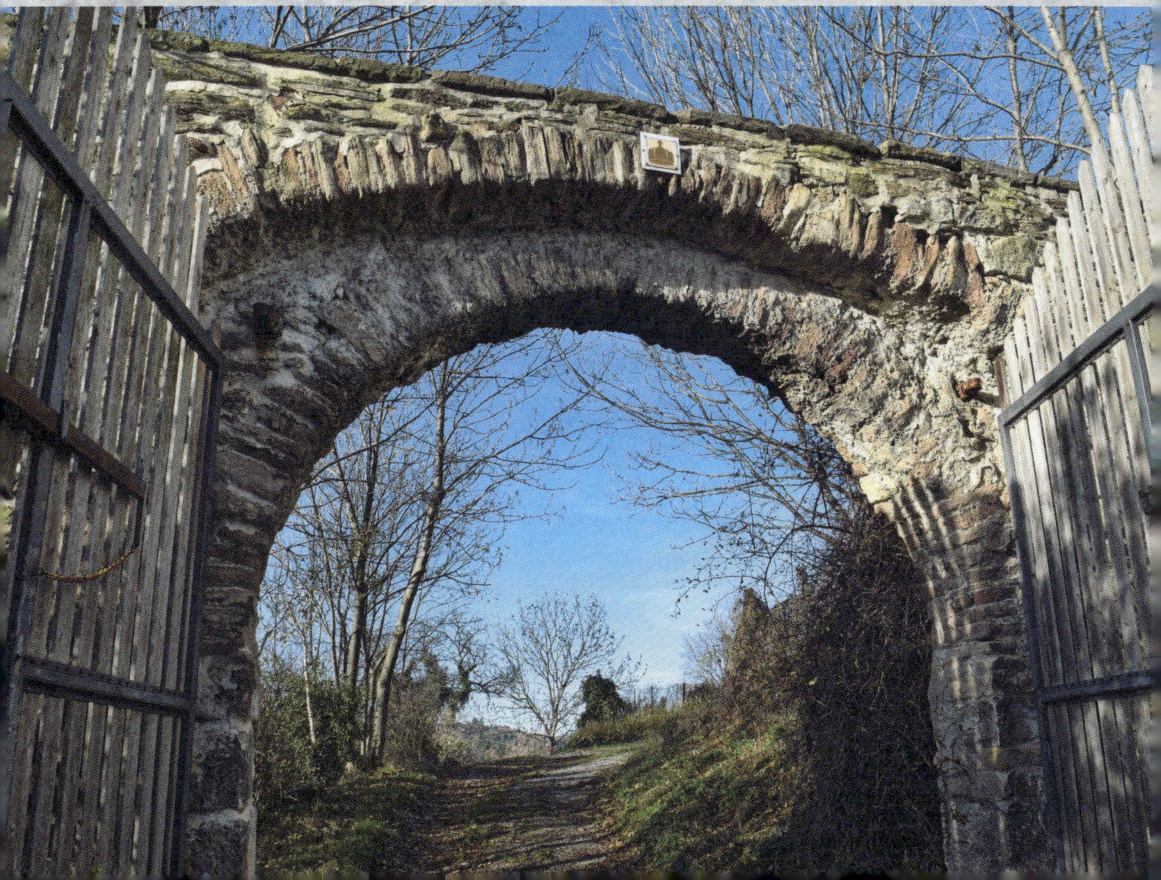

10 Zu Relikten des Strukturwandels

Vom Museumsbergwerk durch das ehemalige Bergbaugebiet Büchenberg

mittel | 12 km | 200 Hm | 3.30 Std.

Tourencharakter
Gut zu gehende Rundwanderung auf meist festen, teils auch naturnahen Wegen

Ausgangspunkt
Parkplatz des Museumsbergwerkes Büchenberg

Anfahrt
Mit dem Auto bis P, Bahn bis Wernigerode, Bus in Richtung Elbingerode

Empfohlene Karten
Wandern im Harz 1:50 000, Ign mit Harzklub, Blatt Ostharz

Einkehr
Am Besucherbergwerk Büchenberg

Info
www.wernigerode.de, www.schaubergwerk-elbingerode.de, Reiseauskunft www.bahn.de

Wo noch vor wenigen Jahrzehnten nach Erzen geschürft wurde, gedeiht jetzt wieder Wald. Die Relikte der früheren Tätigkeiten sind heute interessante Dekoration. Und die seinerzeit damit verbundenen Belastungen und Vergiftungen werden allmählich vergessen. Durch diese sich regenerierende Landschaft zu wandern, das ist keine Kasteiung mehr, sondern ein reines Vergnügen.

Vom Besucherbergwerk Büchenberg zur Zilliertalsperre Vom Parkplatz des Besucherbergwerks **Büchenberg** Ⓐ gehen wir nicht in Richtung Bergwerk, sondern westwärts an verwildertem Gelände mit großen, verfallenden Ziegelgebäuden vorbei, auf einem Sträßchen in den Wald. Wir sehen seitlich im Wald einige Pingen als Reste früheren Erzabbaus und überqueren bald die Autostraße. Gegenüber folgen wir weiter dem breiten **Eisensteinsweg** ❶. Nach einem halben Kilometer biegt die Straße nach links ab. Hier liegen

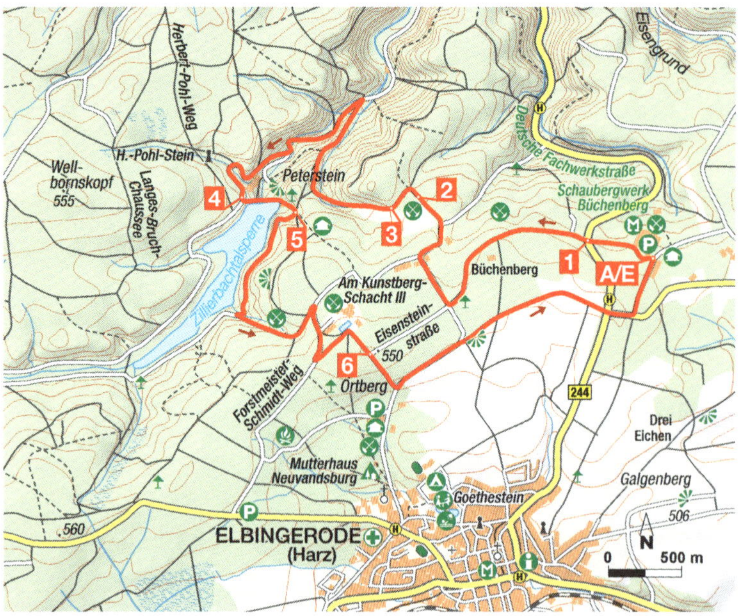

Rechte Seite unten: Trauermantel *(nymphalis antiopa)*

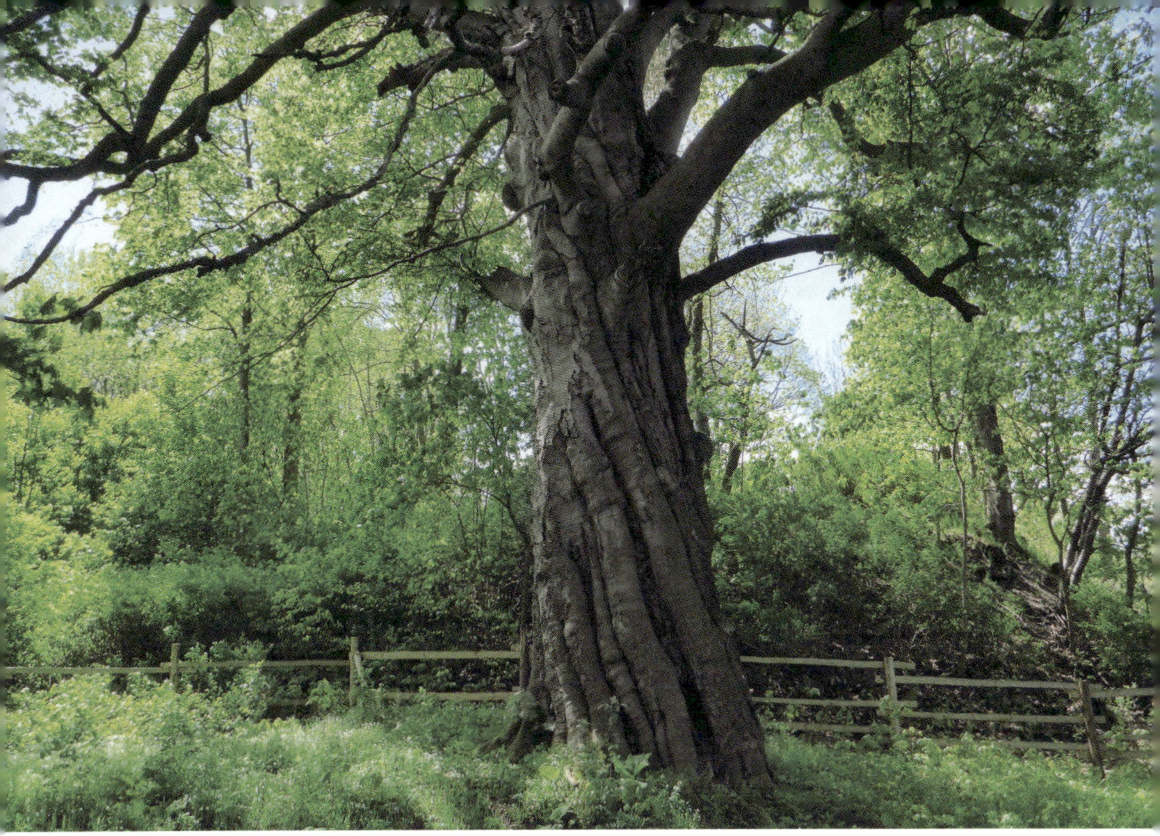

rechts die mit Beton verschlossenen Schächte ehemaliger Erzgruben. Später bietet sich einmal durch eine Schneise ein Durchblick zum Brocken. Schließlich erreichen wir ein markantes Forststraßenkreuz. Hier gehen wir rechts entlang einer Lichtung bis zu einem Querweg. Dieser führt nach rechts zu einigen kleinen, teils noch bewohnten Häusern ehemaliger Bergbauanlagen (nach rechts Abstecher zu inzwischen wieder bewaldeten Kuhlen früheren Eisenerzabbaus). Nach den Häusern führt die Straße bald zu einer Wiese, links befindet sich ein mit Infotafel erläuterter alter **Wetterschacht** ❷. Wir verlassen nun die Straße und gehen am nördlichen Rand der Wiese einen undeutlichen Weg hinab (weiter Blick zum Brocken). Nach 200 Metern bietet sich ein unbedingt lohnender Abstecher nach links zu einer mächtigen **Rotbuche** ❸. Wo die Wiese steiler

Oben: Die mächtige Linde an der großen Bergwiese unterhalb eines ehemaligen Wetterschachts

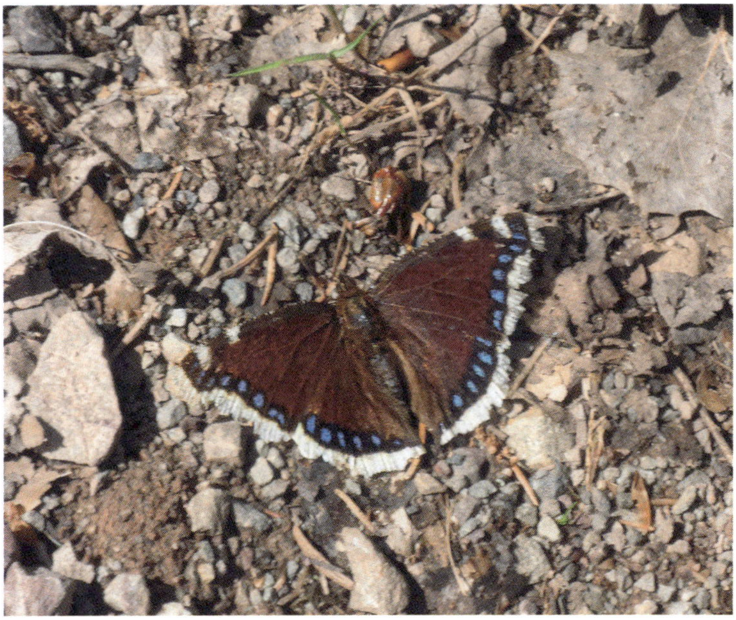

Rechte Seite: Blick vom Peterstein zum Zillierbach-Stausee

wird, wechseln wir in den Wald auf einen kleinen Weg. Der bringt uns hinab in ein kleines Tal und darin hinab ins größere Tal des Zillierbaches. Darin gehen wir nach links die Straße hinauf, weiter oben am westlichen Talhang an kleinen Felsen vorbei und über zwei markante Kehren zum **Staudamm** ❹ der Zilliertalsperre.

Zum ehemaligen Bergwerksgelände auf dem Ortberg Wir gehen über den Staudamm und drüben auf dem Weg nach etwa 100 Metern weiter hinauf. Mit einem Abstecher nach links gelangen wir zur kleinen Felsklippe **Peterstein** ❺ (Ausblick). Wir gehen zurück zum Weg und hinauf zum breiten Forstweg, der über den östlichen Talhang über dem Stausee verläuft. Diesem Weg folgen wir etwa einen Kilometer, einige Tälchen querend, zu einem deutlicheren Tal. Hier steigen wir links hinauf, passieren weitere verschlossene Schächte (teils Fledermausquartiere) und gelangen zuletzt nach links zum abgeräumten Gelände des aufgelassenen Erzbergwerks.

Über den Ortberg und zurück Nach rechts führt eine Straße zum oberen Eingangstor (jetzt Gewerbegebiet) und weiter zu einer Forststraße auf dem Bergkamm des Ortbergs. Wir gehen diese nun nach links, dann rechts an der obersten Kuppe des **Ortbergs** ❻ vorbei und dahinter hinab bis vor die Wiesen. Links folgen wir nun in nordöstlicher Richtung einer Art Allee im Wald mit hübschen Ausblicken über die Wiesen. Später leitet ein sonniger Wiesenweg vor dem Waldrand in gleicher Richtung weiter und zuletzt rechts abbiegend an einem Kleingehölz vorbei zur Autostraße Wernigerode–Elbingerode. Wir überqueren sie und gelangen auf der Zufahrt bald zurück zum **Parkplatz Büchenberg** Ⓔ.

Hinter der Kuppe des Ortbergs bei der Wiese

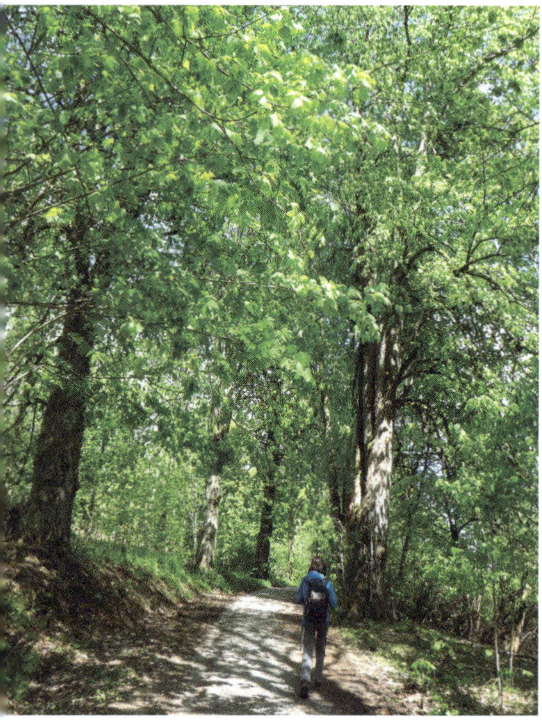

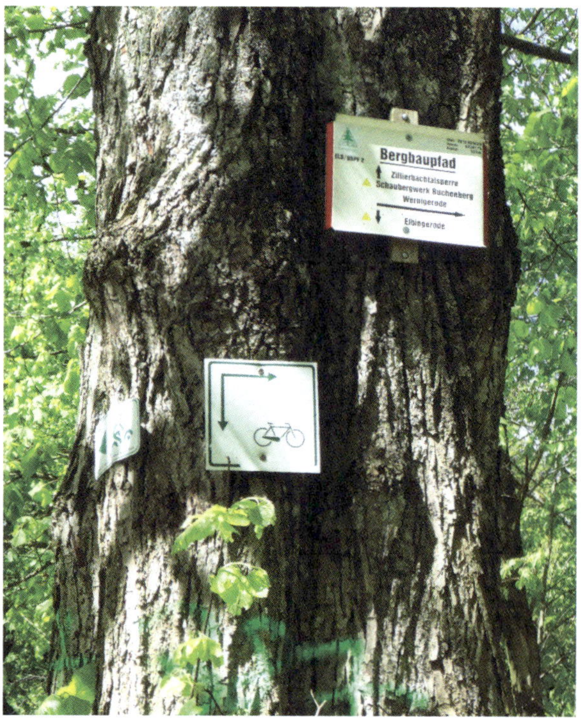

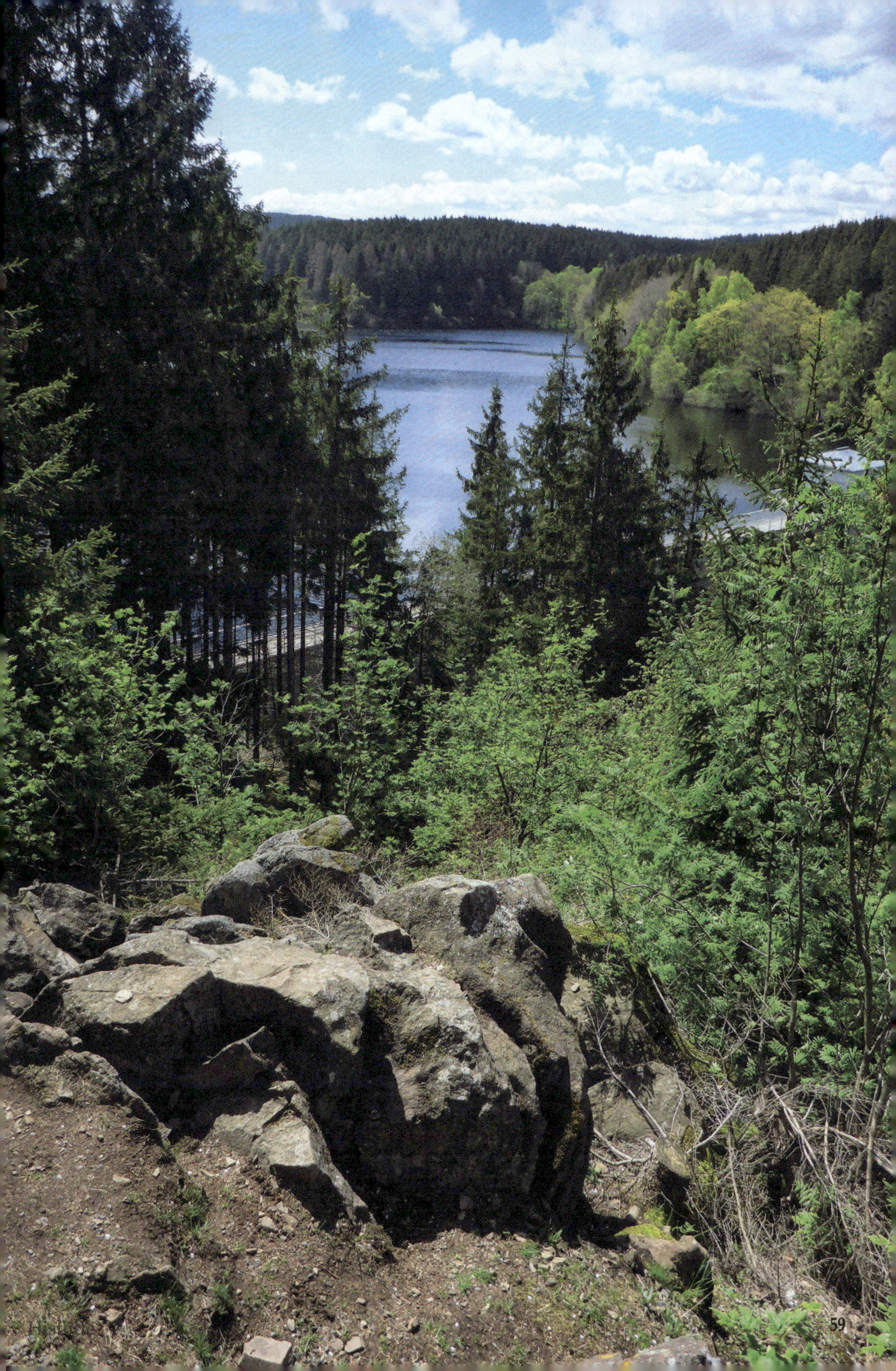

Im größten Eisenerzrevier des Harzes

Die Gegend um Elbingerode und Königshütte (der »Elbingeröder Komplex«) zeigte die größten Eisenerzvorkommen des Harzes. Sie entstanden im Mitteldevon an einem vulkanisch 1000 Meter tief aus Laven aufgebauten Meeresboden. Der wurde später mit riffbildenden Organismen wie Schwämmen und Korallen besiedelt, wo es aber immer noch Spalten mit heißen Quellen gab. An diesen bildeten sich Eisenerzlager aus Hämatit, Siderit, Magnetit und Chlorit. Die hatten zwar nur einen Erzgehalt zwischen 5 und 34 Prozent, ihre Beimischungen von Kalk halfen jedoch bei der Verhüttung. Insgesamt waren in diesem Gebiet etwa 800 Millionen Tonnen Eisen konzentriert. Sie kamen hier nicht in Gängen, sondern als mächtige Lager vor. Die waren viel leichter abzubauen als Gänge. Der Abbau begann um 1000 und erfolgte zuerst im Bereich um Mandelholz und Königshütte. Das geschah lange oberflächennah durch kleine Gruppen von drei bis fünf Bergleuten. Ab dem 18. Jahrhundert baute man auch unter Tage ab. Die Standfestigkeit des Gesteins erlaubte dabei sogar die Erstellung von Kavernen von 30 x 80 Meter Grundfläche und bis 70 Meter Höhe. Ab 1936 begann der Ausbau der Förderung am Büchenberg mit Transport der Erze per Seilbahn nach Minsleben und Verhüttung in Salzgitter. In den 1960er-Jahren beschäftigte die DDR bis 500 Bergleute und teufte im Bereich Ortberg einen 480 Meter tiefen Schacht 3 ab, um damit ein sehr ergiebiges Erzvorkommen von 200 Millionen Tonnen Erz zu erschließen. Aber die Weiterentwicklung der Verfahrenstechnik machte dessen Nutzung unrentabel, und die Förderung wurde 1970 eingestellt. Es liegen noch etwa 38 Millionen Tonnen Roherz in der Lagerstätte. Die beim Abbau entstandenen Hohlräume mit Stollen von mehr als 40 Kilometer Länge und einem Hohlraum von 1,8 Millionen Kubikmetern soffen bald ab. Sie werden jetzt in Verbindung mit der Zilliertalsperre als Trinkwasserspeicher genutzt. Der Büchenberg-Schacht 1 ist seit 1989 ein sehr sehenswertes Schaubergwerk und zum Schacht 3 hin ist ein Bergbau-Lehrpfad eingerichtet. Die nahe bei Rübeland zum Abbau von u. a. Schwefelkies (Pyrit) angelegte Grube 3 Kronen Ehrt wurde 1990 als unrentabel stillgelegt und nach 2000 als Besucherbergwerk zugänglich, ist jedoch leider zwischenzeitlich aufgegeben worden und abgesoffen.

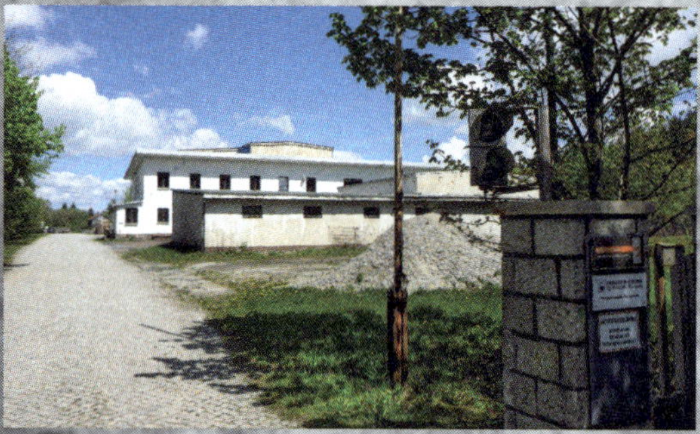

Strukturwandel auf der Kuppe des Büchenbergs: Gewerbepark am Ort des früheren Bergwerks

Die Wanderung führt durch einen Teil von diesem früher intensiv genutzten Gebirgsteil. Er zeigt eindrucksvoll die Rückeroberung durch die spontanen Naturvorgänge. Das schafft neue Naturschönheiten. Die tiefen Hauptschächte sind jetzt mit Betonplomben verschlossen. Die hier und da noch sichtbaren Vertiefungen (Pingen) sind als Gruben entstanden und enthalten besonders in ihrem Grunde unkalkulierbares Risiko. Wo dort Hohlräume nur überwurzelt sind, können diese beim Betreten einbrechen und Stürze in beachtliche Tiefen anbieten. Es kann deshalb nicht genug davor gewarnt werden, den Grund von Pingen zu betreten!

Rechte Seite oben: Im Besucherbergwerk Büchenberg

Rechte Seite unten: Die Spuren des 1970 beendeten Eisenbergbaus werden vor Ort auf Infotafeln erläutert.

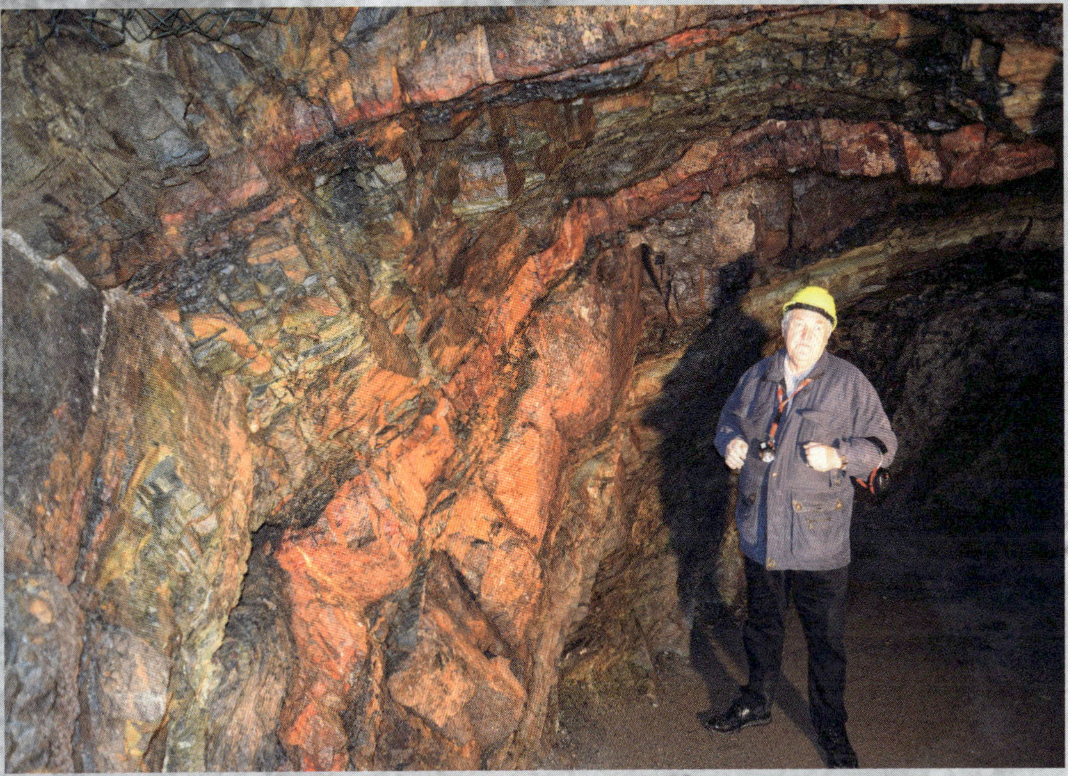

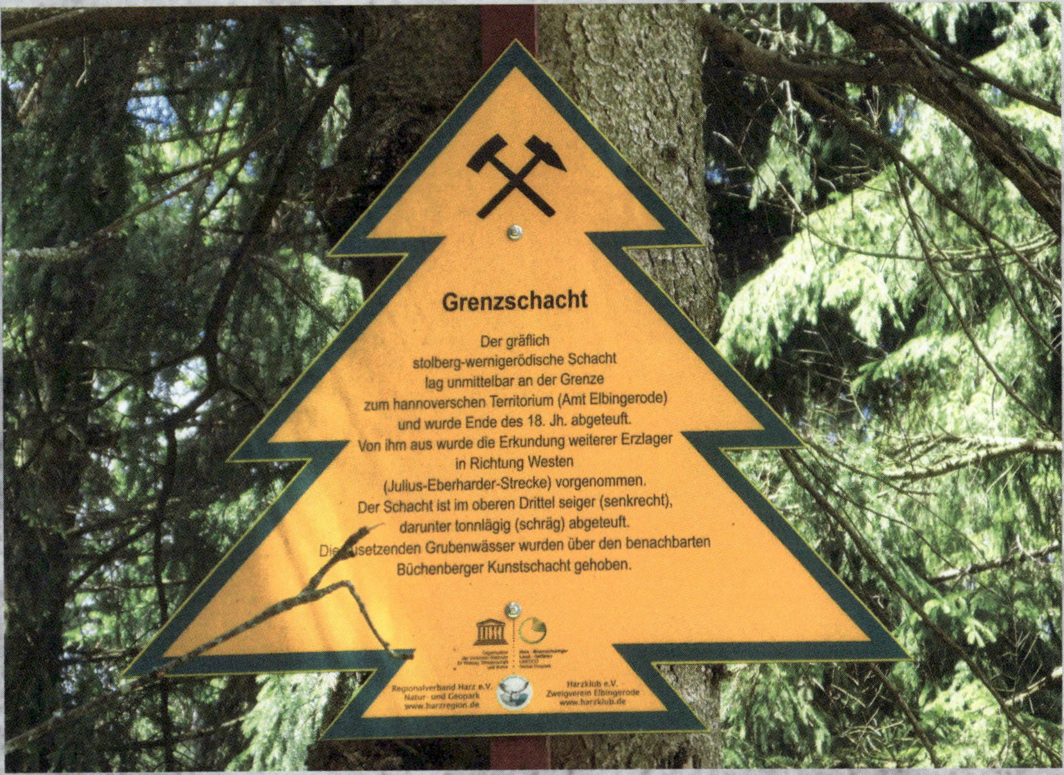
Grenzschacht
Der gräflich
stolberg-wernigerödische Schacht
lag unmittelbar an der Grenze
zum hannoverschen Territorium (Amt Elbingerode)
und wurde Ende des 18. Jh. abgeteuft.
Von ihm aus wurde die Erkundung weiterer Erzlager
in Richtung Westen
(Julius-Eberharder-Strecke) vorgenommen.
Der Schacht ist im oberen Drittel seiger (senkrecht),
darunter tonnlägig (schräg) abgeteuft.
Di setzenden Grubenwässer wurden über den benachbarten
Büchenberger Kunstschacht gehoben.
Regionalverband Harz e.V.
Natur- und Geopark
www.harzregion.de
Harzklub e.V.
Zweigverein Elbingerode
www.harzklub.de

11 Zu den Schutzburgen früher Erzhütten

Von Königshütte zur Susenburg

mittel · 10,5 km · 130 Hm · 3.00 Std.

Tourencharakter
Meist bequeme Rundwanderung auf ruhigen Wegen unterschiedlicher Qualität.

Ausgangspunkt
Parkplatz in Königshütte am Ortsausgang der Straße nach Tanne

Anfahrt
Mit dem Auto bis P, Bahn bis Wernigerode, Bus bis Königshütte

Empfohlene Karten
Wandern im Harz 1:50 000, Ign mit Harzklub, Blatt Ostharz

Einkehr
In Königshütte und Rübeland

Info
www.harzinfo.de, Reiseauskunft
www.bahn.de

Erzbergwerke und Verhüttungsstätten aller Art waren Orte von Schatzsuche und Wohlstand – für Landesherren wie für dort Beschäftigte. Natürlich bedeutete das zugleich auch Versuchung, sich dort etwas zu rauben. So zeigten die Landesherren selbst in den Bergwerksrevieren im hintersten Winkel des Gebirges schon früh Präsenz in Form von Burgen und befestigten Siedlungen, von denen aus die Bergwerke beschützt werden konnten. Spuren solcher historischer Orte sind Ziele dieser Wanderung.

Zur Königsburg und Susenburg Vom **Parkplatz** Ⓐ an der Straße nach Tanne gehen wir über die Brücke und steigen den steilen Zickzackweg hinauf zur Ruine der **Königsburg** ❶. Von dem Platz unterhalb der Burgstelle gehen wir auf dem hübschen Grasweg in östlicher Richtung schräg hinab zur Straße vor der Bode. Wir folgen dieser Straße ostwärts bis zur

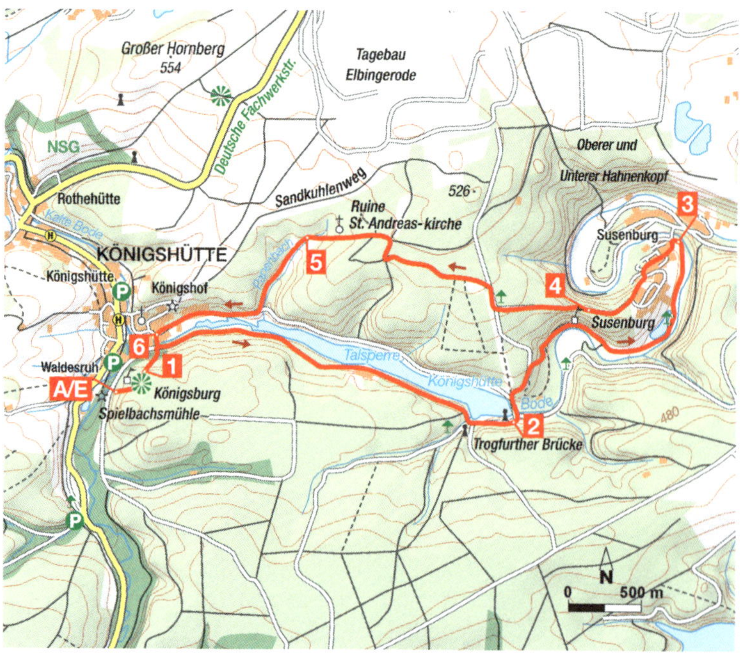

Staumauer ❷ der Überleitungssperre und überqueren diese zum Nordufer. Dort biegen von der rechts hinaufziehenden Straße nach 200 Metern nach rechts hinab ab und gehen auf grasigem Weg im unteren Teil der Talhänge weiter. Nach etwas mehr als einem Kilometer ist man in einem weiten Rechtsbogen bei am Wege liegenden Klippen unter der Susenburg angelangt. Der Weg führt zu einer Gabelung. Hier gehen wir geradeaus oberhalb von einem Graben weiter und gelangen so schließlich zu einem Wendeplatz am **Waldweg** ❸ im unteren Teil der Siedlung Susenburg. Wir gehen einige Meter in Richtung Straße, biegen aber noch vorher links ab und steigen einen Weg an Garagen vorbei auf, überqueren die Straße und folgen in gleicher Richtung einem sichtlich alten Weg neben den Häusern im Wald hinauf zu den obersten Garagen am Admiralplatz. Wir folgen nun der wieder erreichten Straße im Bogen nach links nur 100 Meter. Wo sie nach rechts abbiegt, gehen wir geradeaus einen festen Weg etwas ansteigend zu einem Wendeplatz am Bergrücken. Dann folgen wir Pfadspuren nach rechts unter niedrigen Felsen durch ansteigend hinauf zur markanten Felskanzel auf dem Südostsporn der Susenburg (eindrucksvoller Blick hinab auf die markante Wiese der Flussschleife). Ein nun deutlicher Weg führt weiter hinauf, zuletzt vom Wall über eine kurze steile Steintreppe, auf den Gipfel der **Susenburg** ❹ (479 m, Aussicht, Bänke). Wer weniger gut zu Fuß ist, kann auch auf der Straße

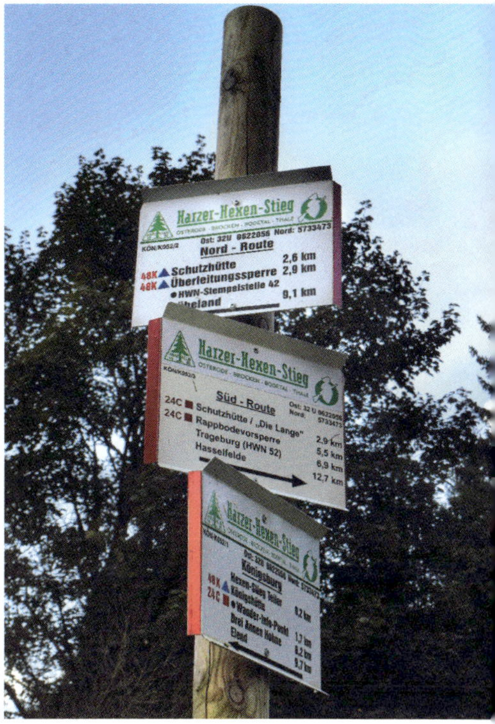

Auch wer seinen Wanderführer vergessen hat, kriegt unterwegs einige Tipps.

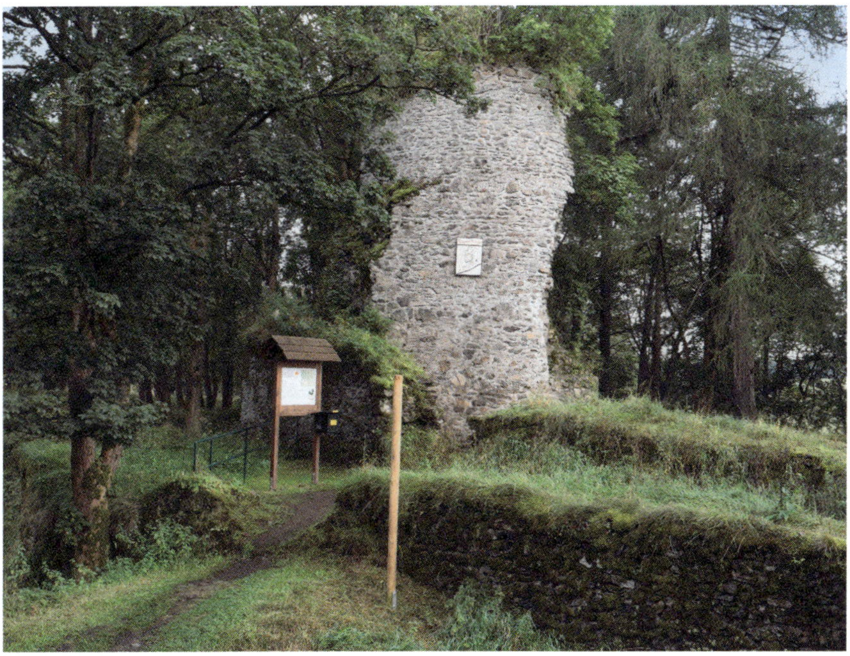

Die Reste der Königsburg bei Königshütte

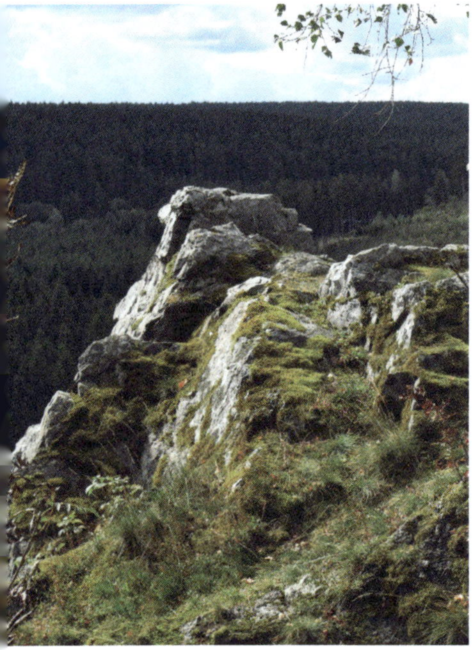

weiter aufsteigen und auf dem ausgeschilderten deutlichen Fußweg zurückgehen.

Von der Susenburg zur Andreaskirche Wir gehen auf dem Fußweg weiter und münden wieder auf die Straße. Dieser folgen wir westwärts bis zum Dreieck mit der quer verlaufenden Straße, die von der Staumauer heraufzieht. Wir folgen ihr nach rechts 150 Meter hinauf zu einem weiteren Dreieck mit Abzweigung einer festen Straße nach links. Nach 500 Metern biegt sie nach links ab. Hier gehen wir geradeaus auf dem unbefestigten, gelegentlich auch nassen Weg weiter. Er führt nach 250 Metern an einer kahlen Fläche vorbei. Nach dieser gehen wir bald im aktuell noch hohen Wald eine Schneise 100 Meter nach links und dann wieder nach rechts. Dieser Weg führt geradeaus zur Wiese mit den überwachsenen Grundmauern der **Andreaskirche** 5 (Kreuz und Tafel).

Zurück durch das Papenbachstal und nach Königshütte Vom unteren Rand der Wiese gehen wir durch Wald hinab in den obersten Teil des Papentals. Der Weg rechts des Talgrunds führt kurzweilig hinab zur Straße am Nordufer des Stausees. An diesem entlang gelangen wir nach rechts nach Königshütte. Dort führt vor dem zweiten, links stehenden Haus ein Weglein hinab zum Bach und über eine kleine **Brücke** 6 zur Straße am Südufer. Auf dieser gehen wir am Zusammenfluss der Kalten und Warmen Bode vorbei zur Brücke und links zurück zum **Parkplatz** E.

Oben: An der Susenburg

Unten: Die Reste der Andreaskirche

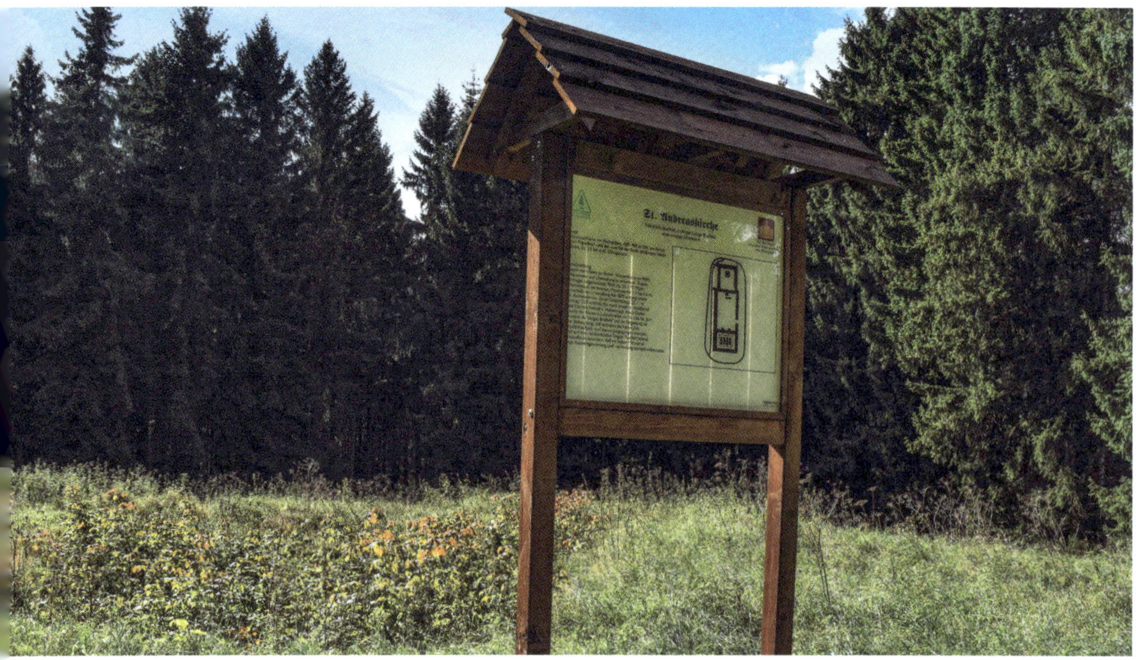

Die Stätten der frühen Eisenindustrie um Königshütte

Die in der vorigen Wanderung geschilderten Eisenerzvorkommen wurden in dieser Gegend bereits seit etwa dem 10. Jahrhundert abgebaut. Dies geschah damals meist durch kleine Gruppen von Bergleuten. Verhüttet wurden die Erze zuerst in acht Eisenhütten bei Königshütte und Mandelholz. Zum Schutz der Hütten wurde unter anderem auf einem markanten Felseck über der Warmen Bode die Königsburg gebaut. Diese Anlage entstand wohl im 13. Jahrhundert und wurde erstmals 1312 urkundlich als Königshof erwähnt; sie wurde in den 1930er-Jahren mit der Pfalz Bodfeld verwechselt, die jedoch tatsächlich nordöstlich von Elbingerode lag. Erhalten sind ein ansehnlicher, aus groben Steinen gemauerter Bergfried und ein Ring aus Gräben und Wällen.

Dagegen war die westlich von Rübeland gelegene Susenburg schlichter. Sie lag auf einem Bergsporn an der Trasse des alten Handelsweges über den Harz. Sie soll auf Heinrich I. zurückgehen und war wohl nur ein Gebäude auf einem allseits steilen, extra angeschärften Felsen aus vulkanischem Gestein, das hier von unten die Massenkalke durchschlagen hatte. Schriftlich erwähnt ist sie nur 1555 in einem Verzeichnis der Hüttenwerke, mit Erwähnung eines Bergfrieds.

Die Andreaskirche ist der Rest einer wüst gewordenen Siedlung, die vermutlich bei einer Schmelzhütte lag. Die 25 Meter lange Kirche wurde 1870 ausgegraben. Sie hatte meterdicke Mauern. Die letzten Hütten in Königshütte wurden erst nach 1990 abgerissen.

Die Felsen unterhalb der Susenburg

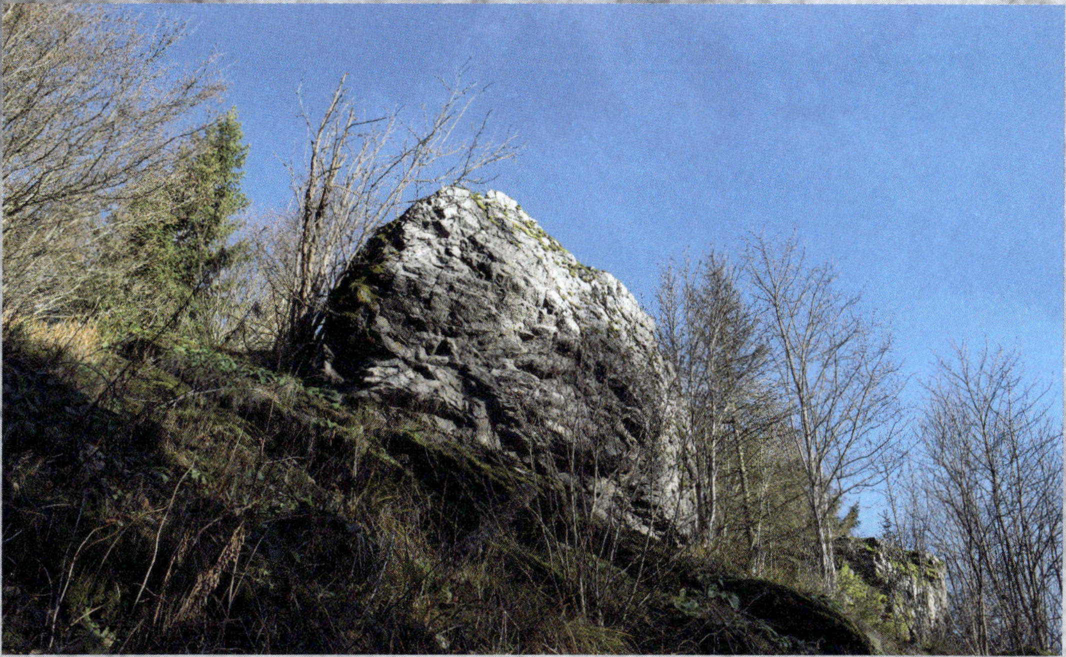

12

Schlösser und Burgen am und vor dem Harz

Von Blankenburg zu Schlössern und Aussichtspunkten

mittel 8,2 km 180 Hm 2.30 Std.

Tourencharakter
Überwiegend bequeme Rundwanderung auf meist festen Wegen

Ausgangspunkt
Parkplatz in Blankenburg am Neuen Schloss an der Straße Schnappelberg

Anfahrt
Mit dem Auto bis (P), Bahn bis Bhf. Blankenburg, von dort 800 m zu Fuß

Empfohlene Karten
Wandern im Harz 1:50 000, lgn mit Harzklub, Blatt Ostharz

Einkehr
Gaststätte unterhalb vom Großen Schloss und auf dem Ziegenberg, auch in der Stadt

Info
www.blankenburg.de, Reiseauskunft www.bahn.de

In Blankenburg hatten Adlige der Braunschweiger Herzöge ihren Sitz. Der Erzreichtum des Harzes gab ihnen das Geld, sich den hübsch zu machen. Und das taten sie hier mit von weit im Umland sichtbaren Schlössern. Nebenan bietet die Runde durch eine Verbindung von nur sparsam veränderten Waldungen und Fluren und streng geometrisch gestaltetem Park und Garten besondere ästhetische Kontraste.

Zum Schloss und auf den Ziegenberg Vom **Kleinen Schloss** ❶ gehen wir zuerst durch die terrassierte barocke Gartenanlage und dann nach links durch den oberen Teil des englischen Parks zum **Bergsattel** ❷ südlich vom Großen Schloss. Wir folgen nach links dem Weg in den Wald, dort bald den zweiten, oberen Weg nach links und gehen in einem großen Bogen um den Berg herum zu dessen Südseite. Wer hier Reserven hat, kann von hier nordwärts aufsteigen und rechts haltend steil hinauf das Gipfel-

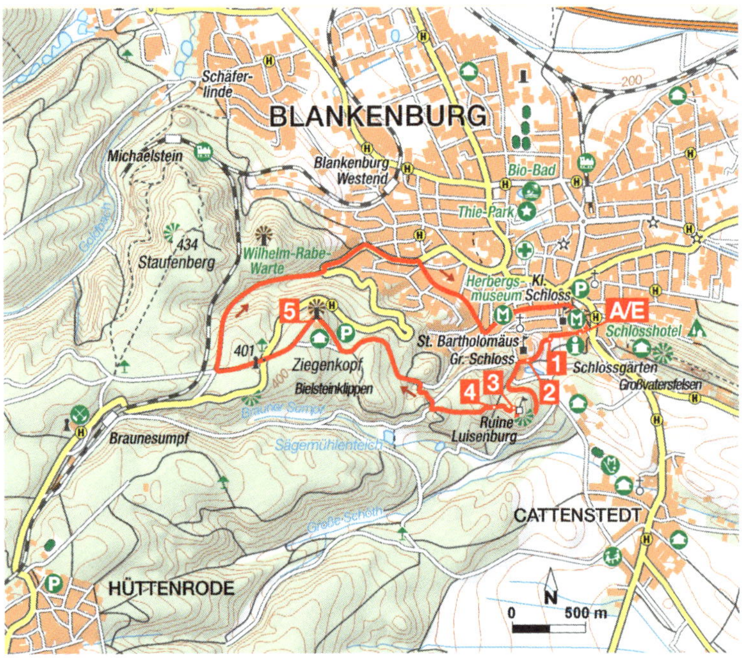

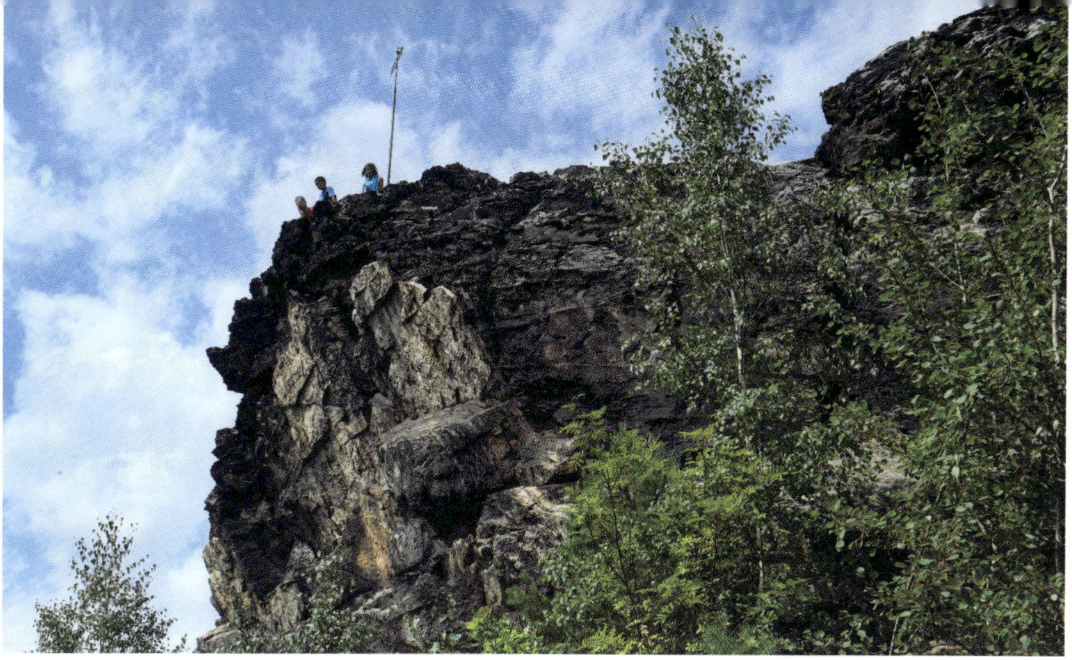

Die Sandsteinklippe Großvaterstuhl über Blankenburg

chen des **Calvinsbergs** ❸ erreichen (352 m). Hier bietet sich etwas Aussicht, denn hier stand einst als kleiner barocker Pavillon, ein Luisentempel. Westwärts hinab zum kleinen Sattel und weiter wieder ansteigend führt ein kleiner Weg auch noch auf den **Lutherberg** ❹ (357 m) und von dort weiter hinab zum breiten horizontalen Herzogsweg (Wer solchen sportlichen Ehrgeiz nicht ausleben will, kann auch von der Südseite des Calvinsberges geradeaus westwärts müheärmer hierher gelangen). Auf dem Herzogsweg gehen wir nach links (SW), bei einem Wegedreieck geradeaus weiter und in einem weiten Bogen südlich um den Schieferberg herum. Vom dahinter gelegenen Bergsattel führt ein schmalerer Weg nach rechts hinauf auf den **Ziegenberg** ❺ (Aussichtsturm, Gaststätte, auch von der B 27 her mit Auto anfahrbar).

Zurück durch die Stadt Blankenburg Wir gehen den Zufahrtsweg (Herzogweg) westwärts weiter zur B 27, überqueren diese und gehen geradeaus bis vor eine große Fußgängerbrücke über die Bahnlinie. Hier biegen wir nach rechts ab und folgen einem Weg nordwärts und vor den Eichenberg hinab zur markanten Kurve der Rübeländer Straße (B 27). Wir gehen an dieser auf dem Bürgersteig 700 Meter hinab und dann nach einer Linksbiegung der Straße schräg nach rechts in die Welfenstraße. Die führt geradeaus hinab bis zur Harzstraße. Dieser folgen wir nach links, am sehenswerten Rathaus vorbei, in die Marktstraße. Die mündet schließlich am **Kleinen Schloss** ❶ in den Schneppelberg.

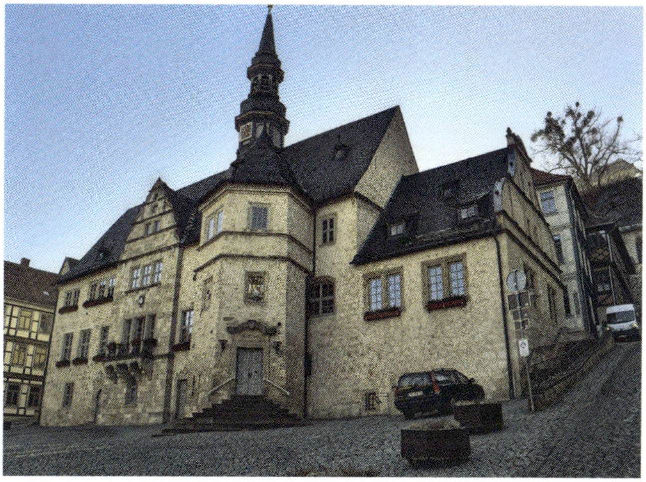

Das Rathaus in Blankenburg

Glanz einer ehemaligen Residenz und ihr Umfeld

Der nördliche Harzrand bot besonders günstigen Siedlungsraum (s. Wanderung 9). Alter Siedlungsort der Gegend war hier das nahe Harzrandkloster Michaelstein der Zisterzienser (s. »Geheimnsvolle Pfade«, Wanderung 9). 1160 wurde bereits eine Burg auf dem nördlich vorgelagerten Sandsteinfelsen Regenstein dokumentiert. Ihre Besitzer waren später als Raubgrafen verschrien. Als Stadt wurde Blankenburg 1216 erstmals urkundlich erwähnt. Es entwickelte sich auch durch die nahen Bergbaustätten von Hüttenrode und Rübeland (s. Wanderung 11) gedeihlich zu Füßen der Burg auf dem Kalkberg Blankenstein. Die Altstadt spiegelt in der Abfolge ihrer Bauten am Hang die damalige hierarchische Gliederung wider. Im 30-jährigen Krieg wurde die Stadt von Truppen Wallensteins schwer verwüstet. Mit dem Aufstieg der Braunschweig-Lüneburger zum Reichsfürstentum wurde ihnen die Stadt als Residenz zugesprochen und von Ludwig Rudolf ab 1705 unter Leitung seines Landesbaumeisters Korb entsprechend dem Stil der Zeit in Barock ausgebaut. Mit Kleinem Schloss und Großem Schloss (oben an der Stelle der historischen Burg auf dem Blankenstein, die schon ab 1500 in Richtung Renaissance-Schloss umgebaut worden war). Zwischen den beiden Schlössern liegt unten eine Gartenanlage im geometrischen französischen Stil und oben eine naturnähere im Stil eines englischen Parks. Dass dies alles so eindrucksvoll und schön entstand, sollte nicht nur als Leistung der adligen Besitzer gesehen werden, sondern auch zugleich als Ergebnis der etablierten, damals immer latent wirkenden Ausbeutungsvorgänge …

Im winterlichen französisch gestylten Park beim Neuen Schloss

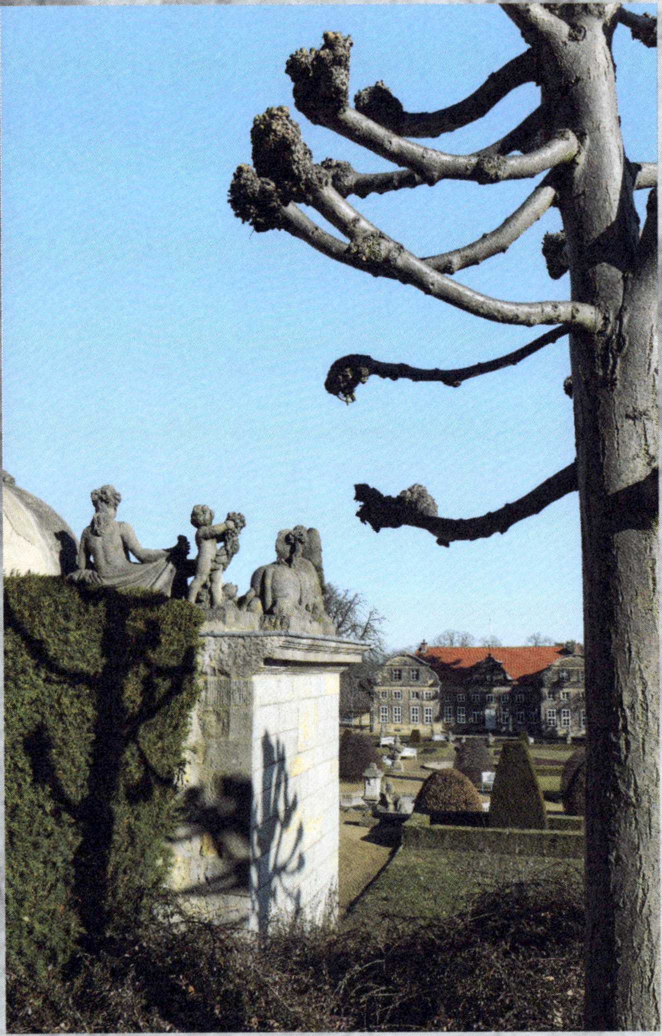

Nach 1918 wurde das Schloss vom Staat bald wieder an die Fürsten zurückgegeben. Es war dann in der Nazizeit oft Ort für repräsentative

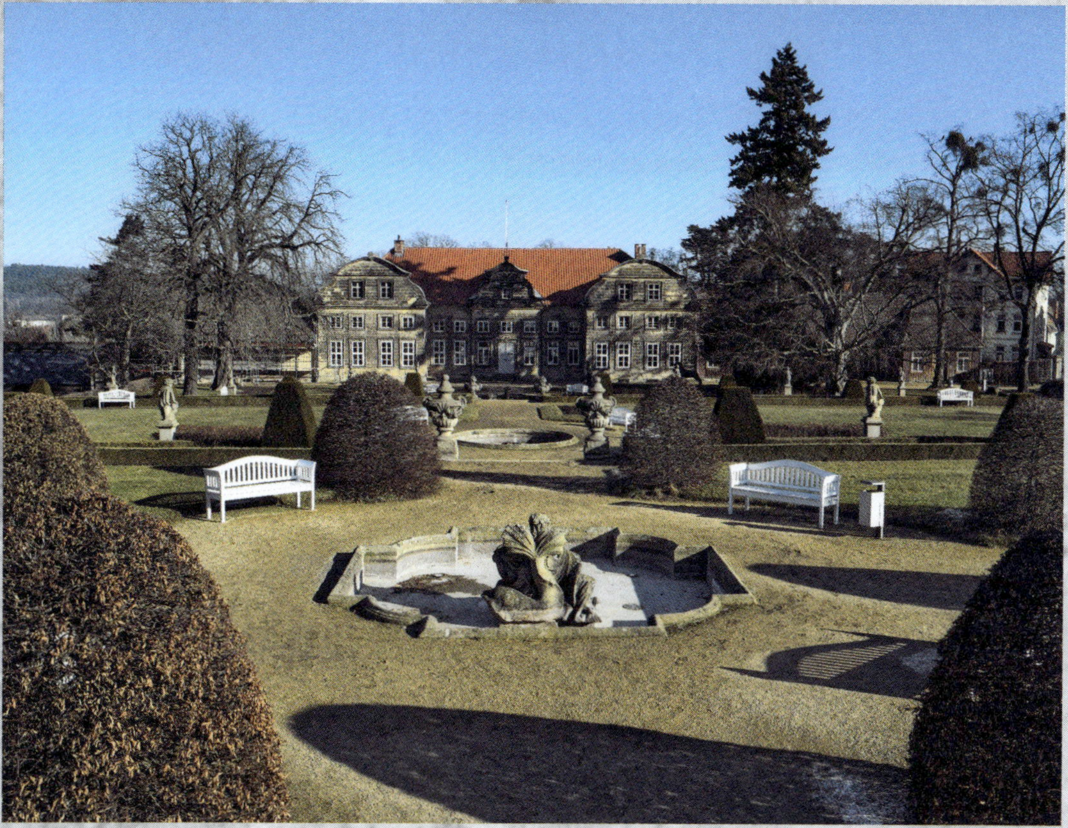

Das Neue Schloss, wo unsere Wanderrunde beginnt und endet.

Veranstaltungen elitärer Zirkel im offensichtlich guten Einklang mit den Machthabern. Während der DDR-Zeit diente das Schloss als Genesungsheim und Fachschule. Danach begann es, in der Hand eines von der Treuhand eingesetzten untätigen »Investors« zügig zu verfallen. Seit 2008 ist es jetzt in der Hand eines engagierten und kompetenten Fördervereins, der an der Erhaltung arbeitet und einige Teile des Großen Schlosses bereits wieder der Öffentlichkeit zugänglich macht. Die nördlich der Stadt gelegene Ruine auf dem Regenstein ist gleichfalls einen Besuch wert. Für sie wurden urige Kavernen aus dem weichen Sandstein ausgehauen. Nach dem Aussterben des Geschlechts der zeitweilig in der Gegend nicht sehr beliebten Regensteiner »Raubgrafen« wurde sie aufgegeben. In der Nazizeit wurde beim Regenstein und noch ausgedehnter am und nördlich vom Hoppelberg in Kavernen Waffenproduktion betrieben, mit KZ-Außenstellen des zentralen Komplexes Mittelbau Dora (s. Wanderungen 13 und 23). In der DDR-Zeit war im Inneren des Sandsteinmassivs in großen Kavernen ein atomwaffensicheres Munitionslager installiert. Heute enthalten die Innereien des Berges ein Lager von Medikamenten und sonstigen Materialien des Katastrophenschutzes.
Über die vom Felsen Großvaterstuhl nach Osten hin verlaufende Blankenburger Teufelsmauer baute man schon in der Mitte des 19. Jahrhunderts eine eisenhaltige Steiganlage. In dieser wurde bereits die Idee der heute an vielen Bergen installierten Klettersteige vorweggenommen.

13

Wo mit Sklavenarbeit eine Waffenschmiede betrieben wurde

Von Langenstein zur KZ-Gedenkstätte Zwieberge

mittel · 10,5 km · 250 Hm · 3.00 Std.

Tourencharakter
Gut zu gehende bequeme Rundwanderung auf Wegen

Ausgangspunkt
Langenstein

Anfahrt
Mit Auto bis Parkplatz beim Dorfteich, Bahn bis Halberstadt oder Blankenburg, Bus bis Langenstein

Empfohlene Karten
Wandern im Harz 1:50 000, Ign mit Harzklub, Blatt Ostharz

Einkehr
In Langenstein im Schäferhof

Info
www.harzinfo.de, Reiseauskunft www.bahn.de

Die Wanderung führt durch reizvoll kleingekammerte Harzrandlandschaft. Aber dies war in der Nazizeit ein Ort von Blut und Tränen. Mit verlogenen Begründungen wurden hier als minderwertig erklärte Menschen von sich als wertvoller erklärenden Menschen versklavt und geschunden. Nur wenn wir auch dazu genau hinsehen und das Wissen darum lebendig behalten, können wir aus dem »Nie wieder« der Nachkriegszeit auf Dauer lernen.

Von Langenstein über Hoppelberg und Thönnigsberg Am westlichen **Dorfende** Ⓐ gehen wir vom Parkplatz am Dorfteich (auch Ölmühlenteich) ein Weglein hinauf zum felsigen Westrücken des Hoppelberges. In Abstechern lassen sich eine Reihe von **Höhlenwohnungen** ❶ aufsuchen. Der

Rechte Seite unten: Höhlenwohnungen im Dorf Langenstein

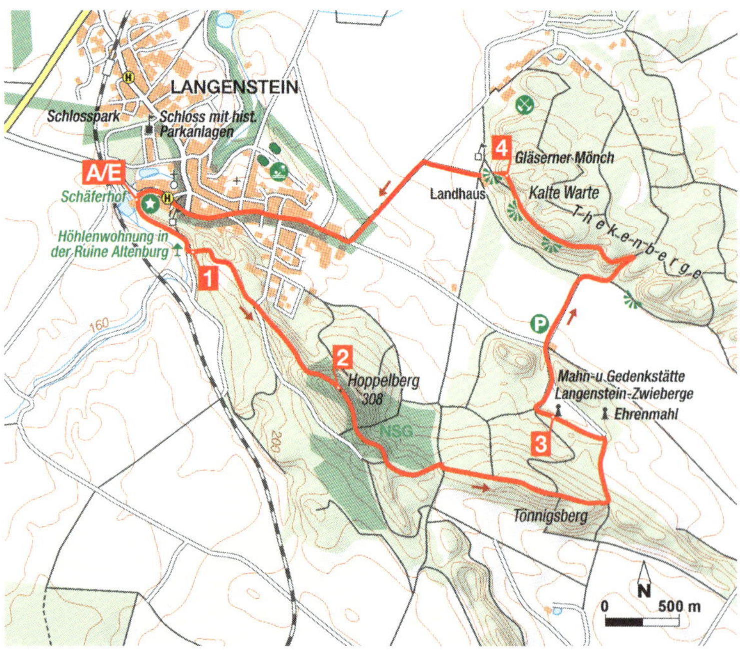

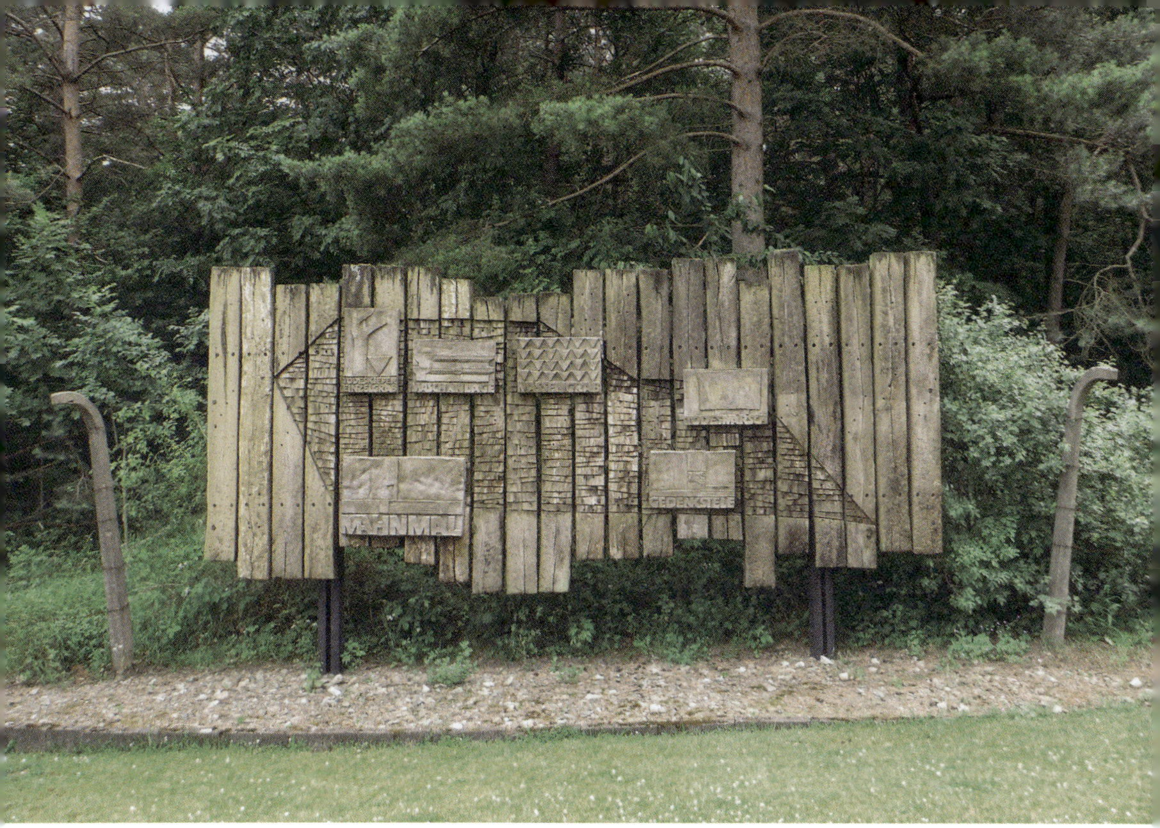

Am Ort des KZ Langenstein vermitteln künstlerische Installationen den Besuchern das Wichtigste über die einstigen Verbrechen an diesem Ort.

Weg führt dann weiter über den Bergrücken hinauf, an einem Felstürmchen mit Inschrift vorbei, und schließlich bis zum felsigen Gipfel des **Hoppelberg** 2 (308 m, Ausblick). Wir folgen dem Bergkamm nach Osten hinab zu einem Bergsattel und dem Kammweg weiter hinauf zur Kuppe des Thönnigsberg (252 m) und zum Sattel dahinter. Nun gehen wir nach links den Weg hinab zu einer im Wald gelegenen Wiese am Ort des ehemaligen **KZ Zwieberge** 3 (Mahnmal, Infotafeln).

Über die Thekenberge zurück Wir gehen weiter nordwärts, überqueren vor dem Wald eine Feldstraße und gehen weiter bis vor die Thekenberge. Am Waldrand nehmen wir zuerst den Weg nach rechts und gehen dann im Wald schräg hinauf zum flachen Kamm der Thekenberge. Wir folgen dem Weg nahe der Abbrüche westwärts und zuletzt nach rechts zum Felsen **Gläserner Mönch** 4 (Geländer, Aussicht). Eine Treppe führt steil hinab zum Waldrand und über Feldstraßen gelangen wir zurück nach **Langenstein** E.

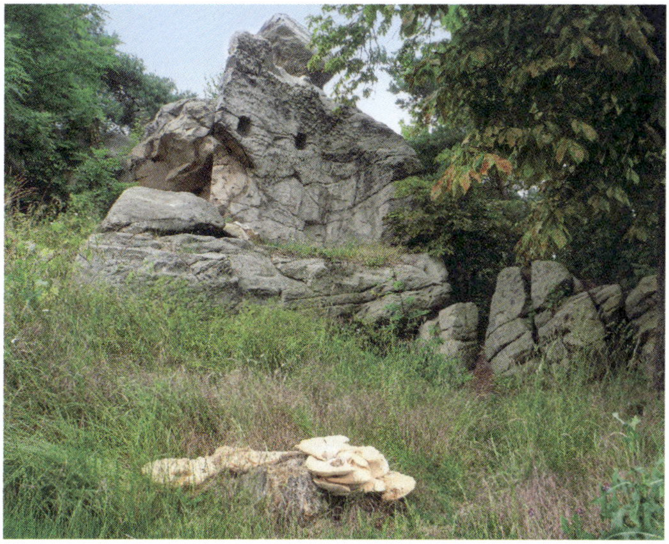

Vielfältige Geschichte am Hoppelberg

Die schmalen, parallel zum Harzrand verlaufenden Bergrücken bestehen aus bei der letzten Harzhebung aufgerichteten Gesteinsschichten des Erdmittelalters. In dem schon seit der Altsteinzeit besiedelten Gebiet bot sich der aus recht weichem Sandstein bestehende Kamm des Hoppelbergs auch für den Bau von Burgen an. Eine solche ist für Langenstein unter dem Namen Altenburg seit etwa 1150 belegt. 1645 wurde sie von Schweden zerstört. In der Folge wurden die verbliebenen ausgehauenen Kavernen auch anderweitig bewohnt und unterhalb ein Dorf gebaut. Im 18. Jahrhundert ließ eine wohlhabende Frau Maria Antonia Branconi, zeitweilig Mätresse des Braunschweiger Herzogs Karl und dann auch vom durchreisenden Goethe hofiert, beim Ort ein barockes Schloss bauen. Dem fügten spätere Besitzer einen Landschaftspark im englischen Stil an, der heute wieder gepflegt wird und zum Netzwerk »Gartenträume Sachsen-Anhalt« gehört. Das Schloss war in der DDR-Zeit Genesungsheim und ist jetzt eine auf Autismus spezialisierte Einrichtung. Während der Nazizeit wurde ab 1944 als eine Außenstelle des KZ Buchenwald zuerst beim Dorf, später etwas weiter östlich das KZ Zwieberge eingerichtet. Mit der Anlage von (nie in Betrieb gekommenen) insgesamt 13 Kilometer langen Stollen in den Thekenbergen für unterirdischen Flugzeugbau wurden die etwa 7000 Häftlinge bei Hungerrationen, praktisch ohne medizinische Versorgung und unter systematischem Terror durch öffentlich vollzogene Folter und Exekutionen (an einer »Todeskiefer«) ganz bewusst einer »Vernichtung durch Arbeit« ausgesetzt. Bis zur Befreiung durch die Amerikaner waren 2000 der Häftlinge tot. Eine Gedenkstätte und ein Museum erinnern an das Geschehen vor Ort. Auch versuchen Schüler und Schülerinnen durch Projekte die Erinnerung an dieses Grauen lebendig zu halten, damit es sich nie wiederholen kann. Wie wichtig das ist, zeigen aktuelle Versuche von einigen Politikern, Großverbrechen wie diese kleinzureden.

Rechte Seite oben: Die Gedenkstele für die Opfer des KZ Zwieberge

Rechte Seite unten: Höhlenwohnungen am Dorf Langenstein

Unten: An den Resten des Lagerzauns

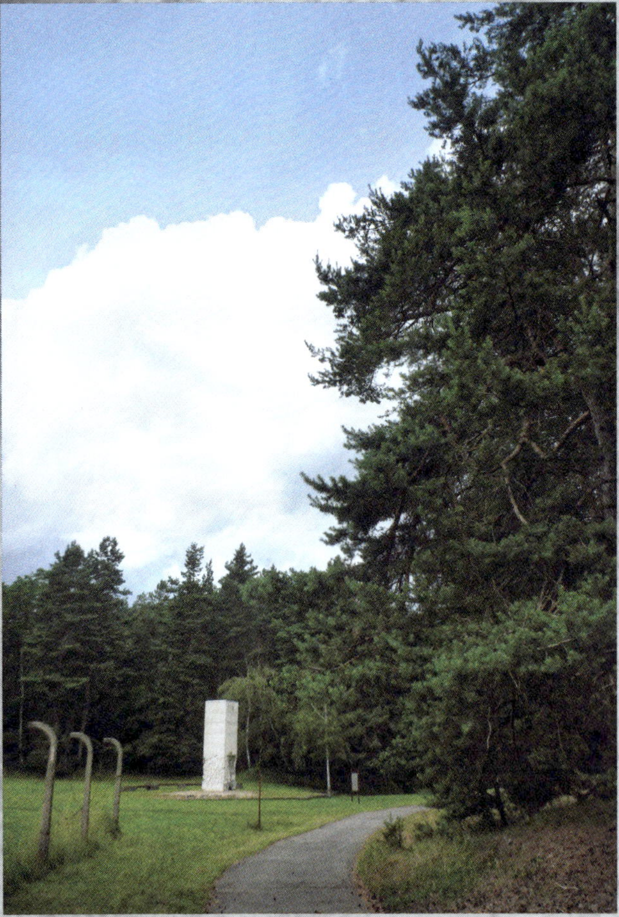

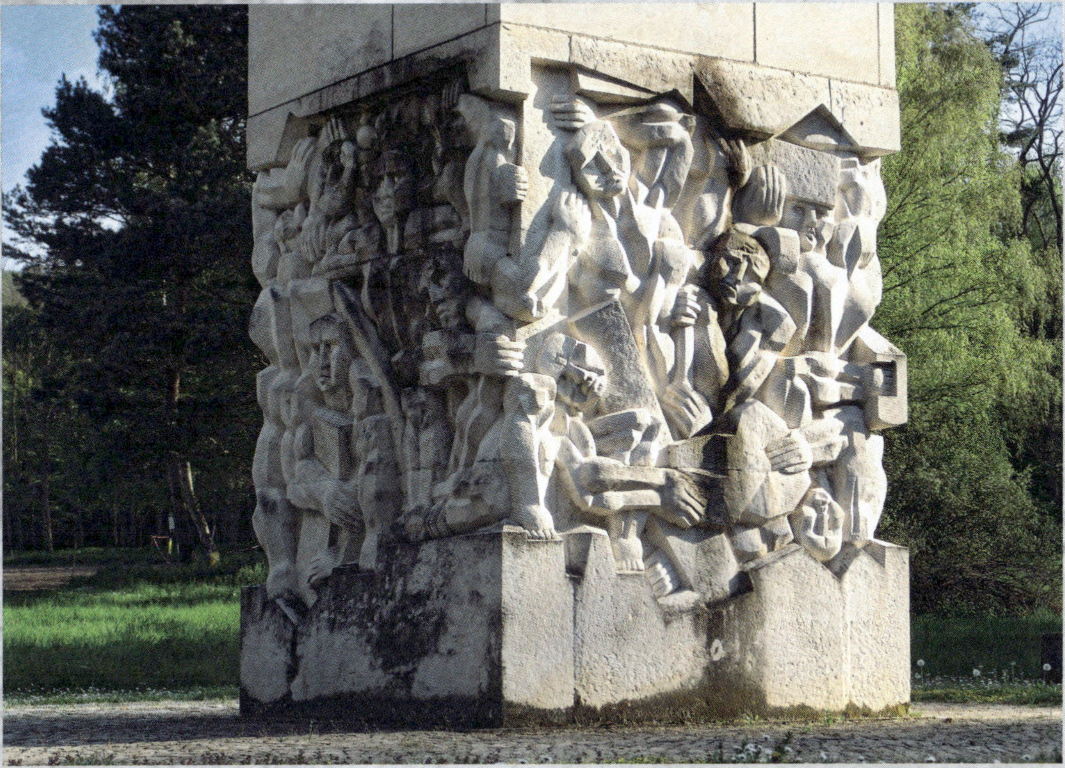

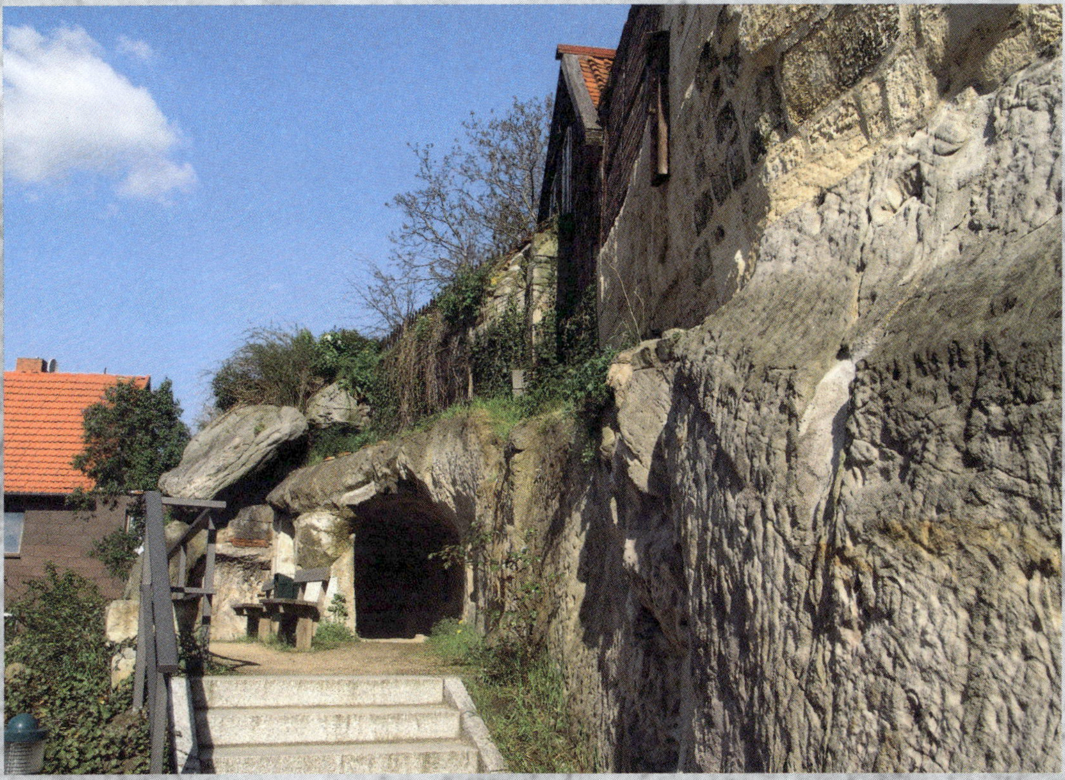

14

Am Rand der östlichen Harzer Welterbe-Stadt

Von Quedlinburg zum Brühl und zur Altenburg

leicht 8,2 km 100 Hm 2.30 Std.

Tourencharakter
Gut zu gehende bequeme Rundwanderung durch Stadt und Park und auf meist festen Wegen

Ausgangspunkt
Das Rathaus an der Nordseite des Marktes (Fußgängerzone)

Anfahrt
Per Bahn: Der Markt ist vom Bahnhof über Bahnhofstraße – Heilige-Geist-Straße – Steinbrücke zu erreichen. Per Auto Anreisende können am Parkplatz südlich der Mühlenstraße an den Gärten beginnen.

Empfohlene Karten
Wandern im Harz 1:50 000, Ign mit Harzklub, Blatt Ostharz, auch Stadtplan Quedlinburg

Einkehr
In der Altstadt vielfältig

Info
www.info@tourismus-quedlinburg.de, Reiseauskunft www.bahn.de

Gegenüber dem durch Bergbau reichen Goslar war das Gedeihen von Quedlinburg stärker in der Lage an der fruchtbaren Börde begründet. Diese Wanderung verbindet den Besuch von einigen der frühen Siedlungskerne mit einem Gang durch die wieder prächtig herausgeputzte alte Innenstadt. Zu Recht ist auch sie ebenso wie das vom Bergbau geprägte Goslar als Weltkulturerbe anerkannt.

Vom historischen Rathaus Quedlinburg Ⓐ gelangen wir durch die Fußgängerzone des Marktes in die Straße Steinbrücke. Wir gehen weiter durch die Carl-Ritter-Straße und den **Wordgarten** ❶ südwärts über Am Schiffbleek und nach Querung der Kaiser-Otto-Straße zum Ufer der Bode. Daran entlang führt der Weg an der Ruine der früheren Gaststätte vorbei und durch einen im französischen Stil gestalteten Parkteil des **Brühl** ❷ mit Springbrunnen schließlich auf einer Art Damm durch Wiesengelände. Zuletzt erreichen wir auf der festen Brühlchaussee die Brü-

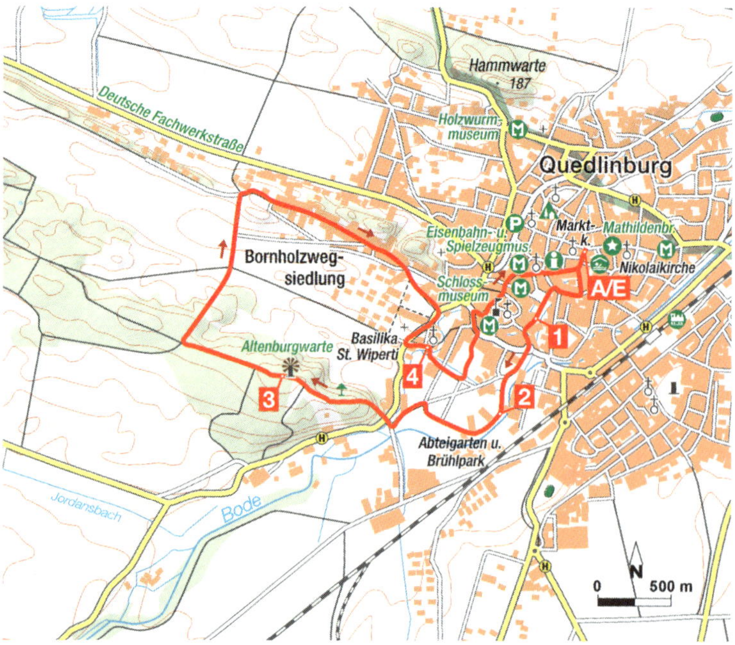

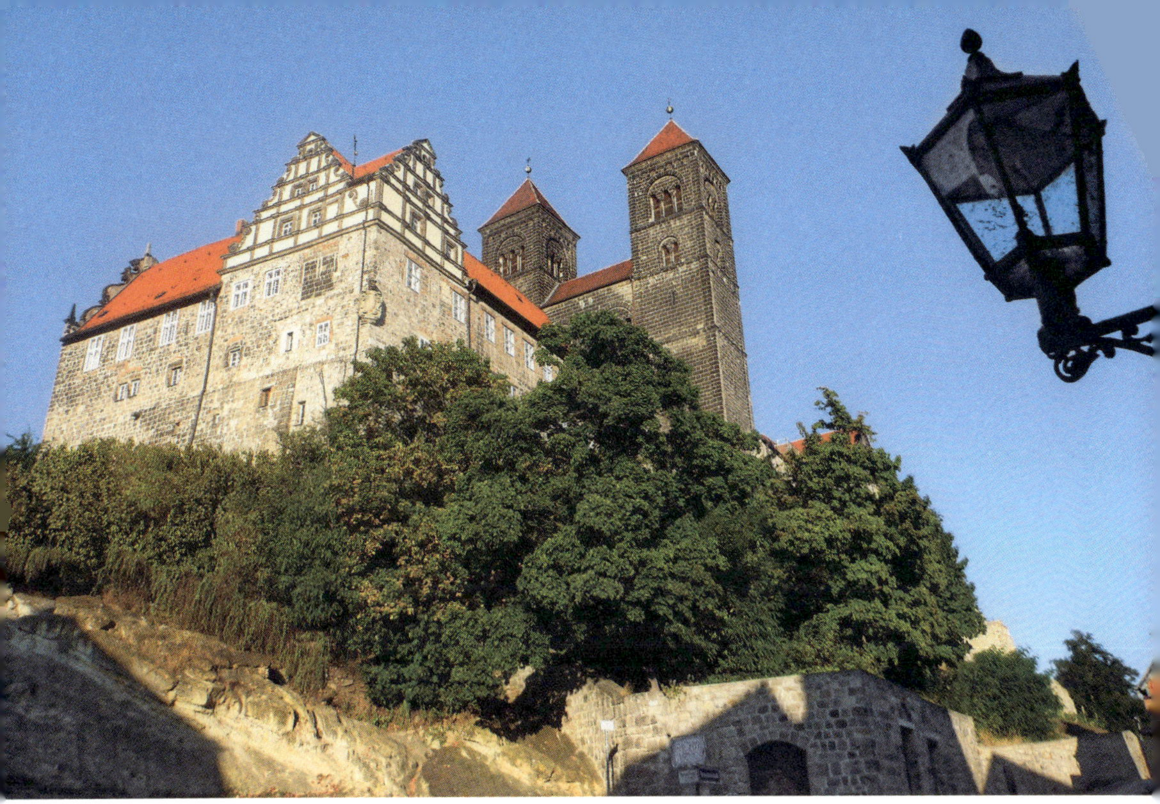

Die Stiftskirche steht auf einem Sandsteinfelsen über der Stadt.

cke vor der Landesstraße. Wir überqueren sie, gehen kurz nach links und folgen dann einem schmaleren Weg nach rechts anfangs steil hinauf und dann in lichtem Wald weiter zur **Altenburgwarte** ③. Der aus den historischen Trümmern 1889 vom Harzklub errichtete Turm bietet nach dem Aufstieg über seine 51 Stufen einen eindrucksvollen Blick auf die Stadt und die Stiftskirche.

Über die Wipertikirche zurück in die Altstadt Wir gehen dann weiter westwärts bis zu einem Querweg. Diesem folgen wir nach rechts durch lichten Wald und dann mit offenem Blick zur Stadt über ein Wegekreuz weiter zu einem zweiten Wegekreuz. Hier biegen wir nach rechts ab in den Grüntalsweg und diesen ostwärts hinab zu einer Gabelung vor einer Wiese. Wir gehen rechts weiter auf dem Bornholzweg hinab zur Landesstraße. Dort kurz nach rechts erreichen wir die in den Anfängen der Stadt begründete altehrwürdige Wipertikirche . Danach folgen wir der Landesstraße (noch Wipertistraße) stadtauswärts rasch zur Abzweigung links ostwärts in die Hüttenstraße. Sie führt vorbei an der ehemaligen Villa Baensch (jetzt Fachschule für Landwirtschaft, Gartenbau und Hauswirtschaft) zur Brühlchaussee. An dieser entlang erreichen wir mit eindrucksvollem Blick auf die Stiftskirche den Eingang der Gärten. Links gehen wir geradeaus an einem großen Rondell vorbei zu einem Parkplatz und durch die Mühlenstraße und über den Schlossberg an der Stiftskirche vorbei zurück in die Altstadt Ⓔ.

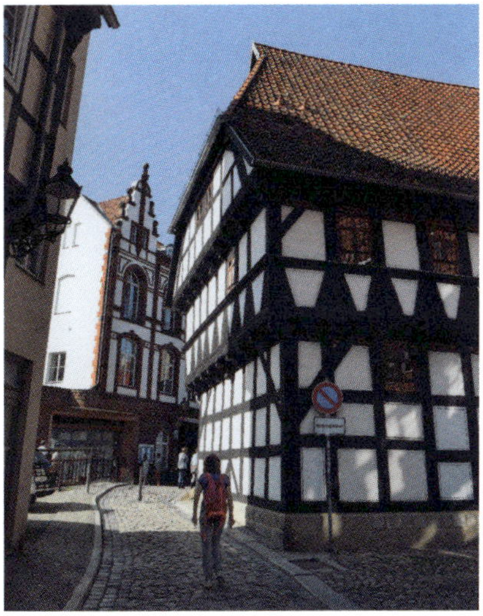

Eines der zahlreichen alten Fachwerkhäuser

Welterbe-Stadt Quedlinburg

Quedlinburg liegt in der seit der Jungsteinzeit mit Ackerbau genutzten Börde des nördlichen Harzvorlandes. Aus dieser Zeit konnte auch bei der westlich der Stadt ausgegrabenem Wüstung Marsleben ein Kalenderbau in Form einer Kreisgrabenanlage (wie in Goseck nachgebaut) nachgewiesen werden. Bereits um 835 wurde die Wipertikirche begründet. Vom 10. bis ins 12. Jahrhundert war Quedlinburg Kaiserpfalz und kulturelles Zentrum der Region. Aus dieser Zeit stammt auch das Damenstift und die grandiose Stiftskirche Sankt Servatius auf dem Schlossberg. Die Stadt gedieh mit ihren Gewandschneidern und Keramikbrennern (Altetopfstraße!) und als Handelsplatz. Als ein Symbol für die dadurch gewonnene Unabhängigkeit der Stadt stellten die Gewandschneider am Rathaus eine Rolandstatue auf (die nach zeitweise unsanfter Behandlung jetzt wieder am originalen Ort steht). Aus dieser Zeit stammt auch die Altenburgwarte. Sie war als eine von fünf ursprünglich runden, um die Stadt herum gelegenen Warten (besetzt mit Beobachtern und bereitgehaltenem Feuerholz für Rauchsignale) Teil eines Frühwarnsystems vor heranziehenden Feinden. Im Mittelalter bewährte sich lange ein Städtebund mit Halberstadt und Aschersleben, später auch die Mitgliedschaft in der Hanse. Rückschläge brachten der Bauernkrieg, der 30-jährige Krieg und einige Großfeuer. Aber insgesamt gedieh die Stadt weiter, ab dem 18. Jahrhundert auch wegen ihrer Lage in der Region mit intensiver Saatgutzucht. Den südlich der Stadt an der Bode gelegenen Wald Brühl gestaltete man als Landschaftspark.

Markt und Rathaus in Quedlinburg

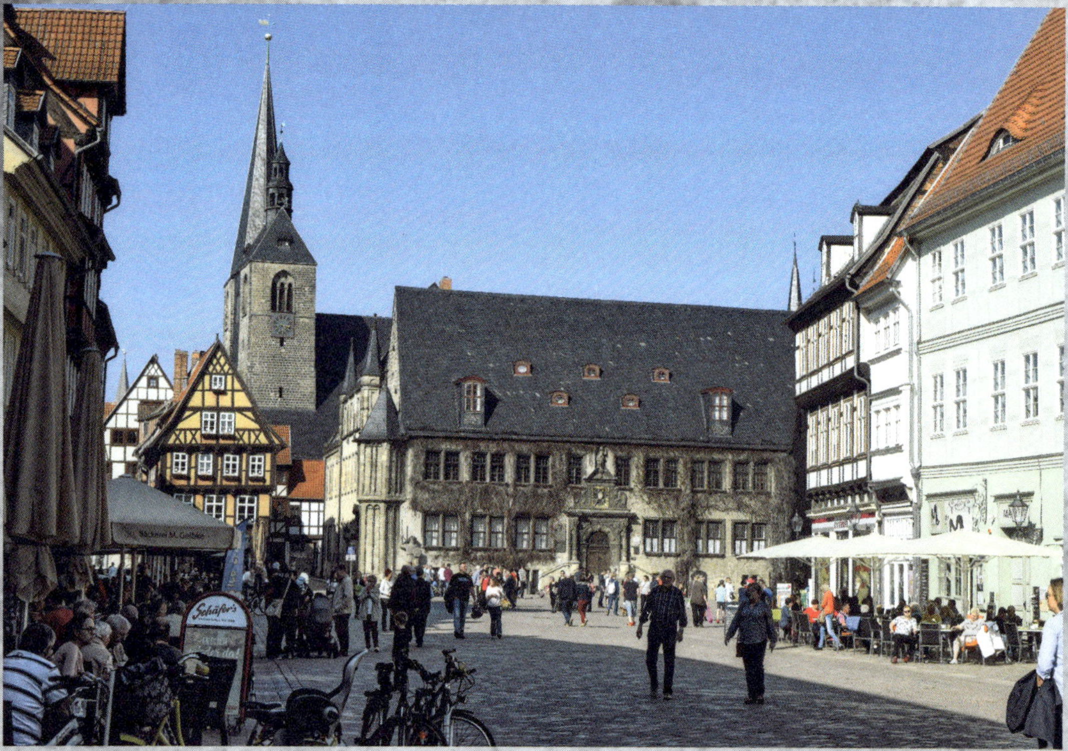

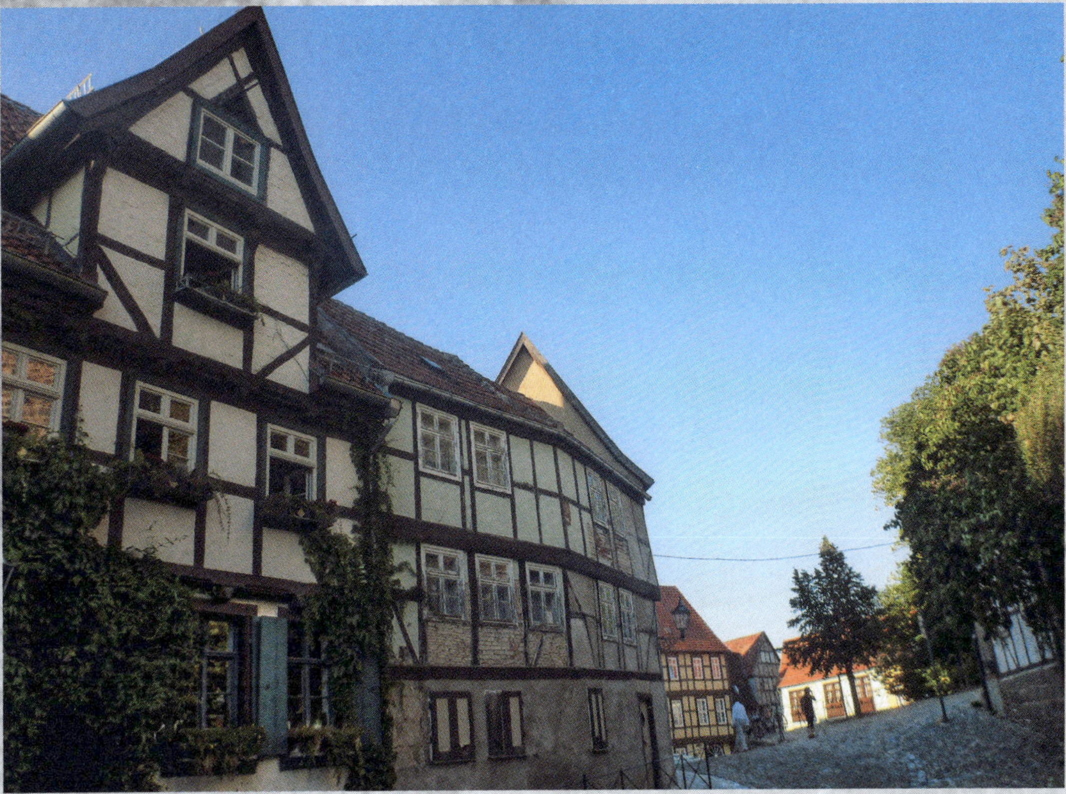

Auch weniger prächtige Fachwerkhäuser wurden liebevoll restauriert.

Unter der Naziherrschaft wurden in Quedlinburg kirchliche Bauten wie die Stiftskirche und die Wipertikirche zu Inszenierungen der SS profaniert und auch für das Platzieren geschichtsfälschender Requisiten missbraucht. Mit drei nahen Konzentrationslagern und sonstigen Einrichtungen gab es weitere Infrastruktur des auf völkischer Denke basierenden Systems. Und die Nähe und Zahl der Lager an so dicht besiedelten Orten strafen auch alle hinterher vorgetragenen Behauptungen Lügen, man hätte nicht gewusst, was dort für Verbrechen geschahen.
Nach 1945 wurden die Kirchen wieder zu Kirchen. Auch der nach dem Krieg geraubte Domschatz kehrte schließlich weitgehend zurück. Die während des Bestehens der DDR zeitweilig entwickelten Pläne für einen Abriss der im Krieg kaum zerstörten, aber verfallenden Altstadt wurden aus Geldmangel nicht angegangen. Es kam dann sogar schon zur Restaurierung einiger der prächtigen Fachwerkhäuser. Nach 1989 konnte die breitere Sanierung der Altstadt beginnen. 1992 wurden ausländerfeindliche Aktionen durch ein breites Bündnis der Bürger zurückgewiesen. Seit 1994 ist Quedlinburg als UNESCO-Weltkulturerbe anerkannt und eine gastliche Stadt mit Atmosphäre und zu Recht intensivem, teils sogar internationalem Tourismus. Das historische grobe Straßenpflaster der Kernbereiche ist auf einigen wichtigen Linien abgeschliffen und dort auch für Kinderwagen, Rollstühle und Fahrräder gut passierbar. Unter den vielen reichhaltigen Angeboten an Gastronomie, Kirchen und sonstigen historischen Gebäuden und Museen auszuwählen, sei der eigenen Findigkeit überlassen – suchet, so werdet ihr finden!

15 Zu einem Ausgangspunkt der Christianisierung

Von Thale zur Teufelsmauer und zurück zum Kloster Wendhusen

mittel · 7 km · 100 Hm · 2.30 Std.

Tourencharakter
Landschaftlich reizvolle Rundwanderung auf guten Wegen

Ausgangspunkt
Parkplatz beim Kloster Wendhusen

Anfahrt
Mit dem Auto bis P, Bahn bis Thale, Halt Musestieg, von dort zu Fuß 700 m

Empfohlene Karten
Wandern im Harz 1:50 000, lgn mit Harzklub, Blatt Ostharz

Einkehr
In Thale verschiedene Möglichkeiten

Info
www.harzinfo.de, Reiseauskunft
www.bahn.de

Die vor dem Harzrand mauerartig wuchtig aufragenden Felsturmreihen aus hartem Quarzit sind Blickfang und Wunderwerke der erdgestaltenden Kräfte. Die Wanderung führt sowohl zu diesen Naturschöpfungen als auch zum Ort der Auseinandersetzung zwischen den Ideen alter Göttermythen und denen eines christlichen Heilszuspruchs an alle Menschen.

Vom Kloster Wendhusen Ⓐ gehen wir auf der Kantorstraße nordwärts. Nach einer Rechtsbiegung zweigt an der Straße **Knieberg** ❶ nach links in Richtung Warnstedt ein schmaler asphaltierter Weg ab. Er führt steil hinauf zum Bergrücken und dann geradeaus als Feldweg weiter bis vor einen kleinen mit Gras und Buschwerk bestandenen Rücken. In Richtung Teufelsmauer gehen wir nun schräg rechts auf dem schmalen Weg hinauf und dann auf dem Rücken ostwärts weiter. Auf dieser Strecke ist offensichtlich, dass hier früher Steine gebrochen wurden und hier früher of-

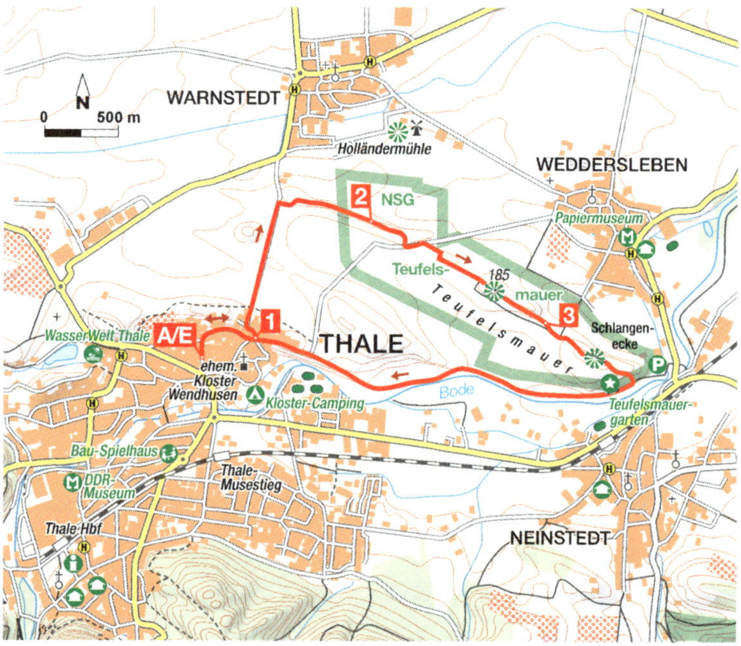

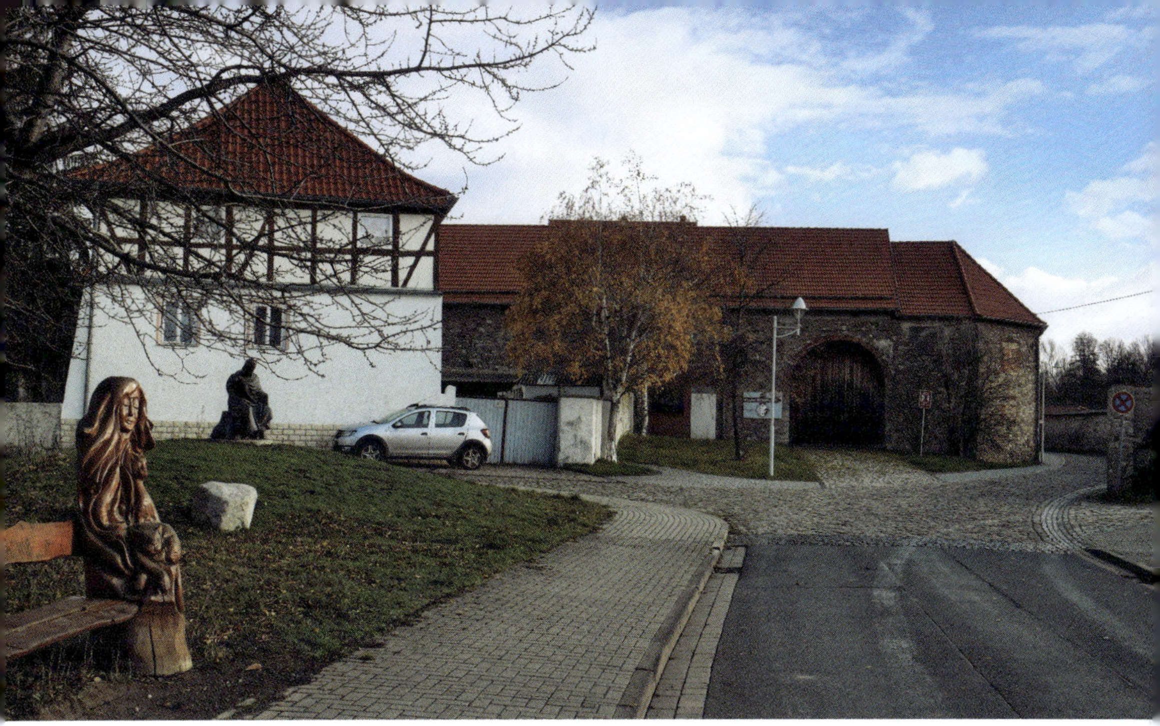

fenbar weitere Felsen standen. Danach passieren wir die vielgestaltigen mehrere Meter hohen Türmchen und Wandscheiben der **Warnstedter Teufelsmauer** ❷ (auch Papenstein). Der Weg führt kurz nach rechts hinab und dann als Sträßchen wieder links zum Bergrücken. In munterem Auf und Ab, teils mit Treppenstufen, führt er an den Felsen des Schmalen Klink und des Mittelsteins entlang zur besonders hohen und eindrucksvollen Türmereihe der **Wedderslebener Teufelsmauer** ❸ (auch Neinstedter Teufelsmauer oder Königsstein) und danach hinab vor die Bode. Nun folgen wir dem Weg am Flüsschen entlang und dem es begleitenden ruppigen Erlen- und Weidenwalds westwärts, später etwas rechts nochmals ansteigend, zurück zum Kloster Wendhusen und nach **Thale** Ⓔ.

Beim Kloster Wendhusen

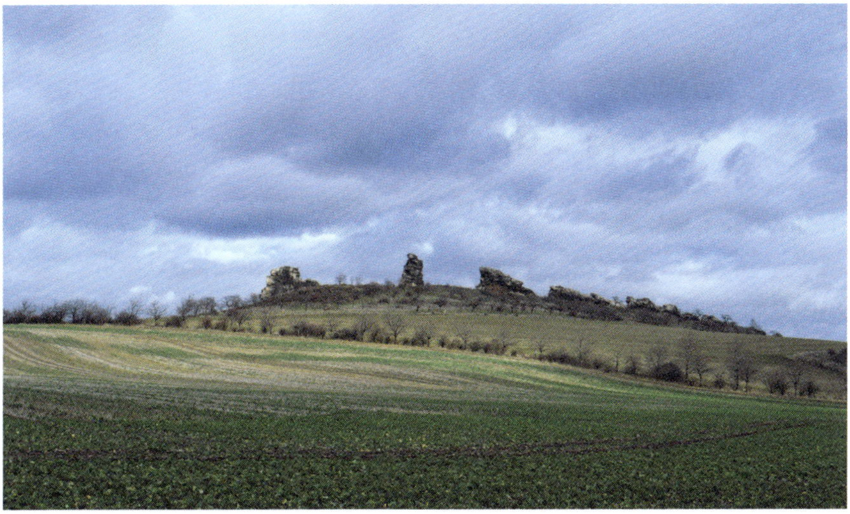

Die Wedderslebener (auch Neinstedter) Teufelsmauer, von der Bode aus gesehen

Ein altes Kloster und schroffe Felstürme

Das Kloster Wendhusen wurde bereits in karolingischer Zeit nach den mit massenhaften Zwangstaufen endenden Sachsenkriegen als eine der Maßnahmen der Herrschaftssicherung 825 mit einer kleinen romanischen Kirche gegründet. Es war das erste Kloster im Bereich des Harzes und als Stiftskirche für adlige Frauen angelegt. Das Ringen zwischen der neuen Religion und den alten Vorstellungen dauerte Jahrhunderte. Es lief zu einem guten Teil auch über Legenden, in denen die frommen Protagonisten natürlich immer über den bösen und dummen Teufel und seine Hilfskräfte siegen. Nach der Zerstörung durch Heinrich den Löwen (1180) wurde das Kloster rasch wieder aufgebaut und erhielt nun den großen, bis heute erhaltenen dreistöckigen Wehrturm. Im Bauernkrieg wurde das Kloster 1525 wieder zerstört und 1540 im Zuge der Reformation in ein Rittergut umgewandelt. Heute ist der Turm mit einem Museum über die wechselvolle Geschichte des Ortes ausgestattet und kann auch in seinen oberen Etagen besichtigt werden. Das Kloster ist wesentliches Ziel im Nordharzer Pilgerweg von Goslar bis Gernrode.

Die Wanderung führt durch die Aufrichtungszone entlang der großen Harzrandverwerfung. Sie entstand bei der zweiten Hebung des Harzes an dessen Nordrand. Die im Erdmittelalter ursprünglich als horziontaler Meeresboden abgelagerten Schich-

Die schroffen Türme der Wedderslebener Teufelsmauer

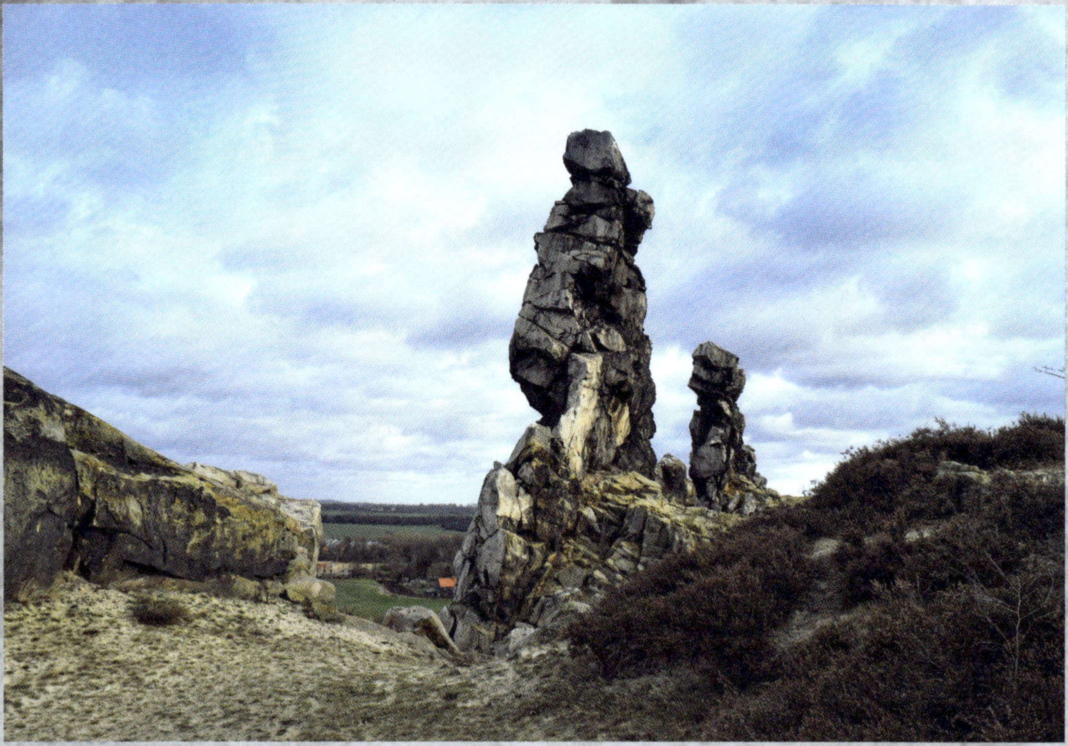

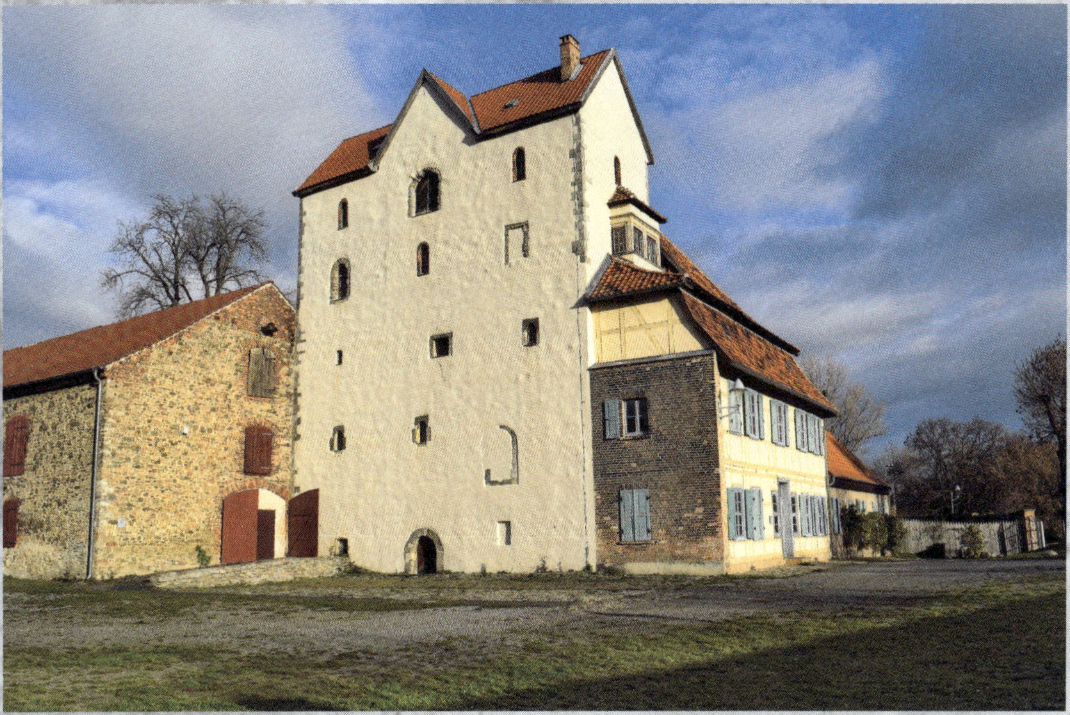

Der dreistöckige Wehrturm des früheren Klosters beherbergt jetzt ein reichhaltiges Museum.

ten wurden dabei hochgeschleppt und senkrecht aufgebogen. Danach griff die Abtragung die härteren Gesteinsschichten weniger an und sie blieben stehen, während die weicheren Schichten stärker zerlegt und abtransportiert wurden. Die bizarren, bis 20 Meter hohen Felstürme der Teufelsmauer bestehen aus verkieselten Sandsteinschichten der Kreidezeit. Nur ein Teil der ursprünglich weit zahlreicheren Felsen ist erhalten. In früheren Jahrhunderten wurden sie als vielerorts gut zugängliches Baumaterial abgebaut. Das sah man in der Romantik zunehmend kritisch. Nachdem bereits 1836 am Drachenfels der Abbau eines markanten Felsens untersagt wurde, kam es auch für die Teufelsmauer 1852 zur Unterschutzstellung mit Beendigung des Gesteinsabbaus. Aus dieser Idee von Schutzmaßnahmen gegen Gesteinsabbau entwickelte sich später der Naturschutzgedanke breiter, hin auf den Schutz seltener Tiere und Pflanzen und schließlich auch zum Schutz von Lebensgemeinschaften und Lebensräumen.

Östlich von Warnstedt ist noch eine alte Windmühle erhalten, die die hier günstigen Windverhältnisse schon vor langer Zeit nutzte. In Weddersleben wird die seit 1549 belegte alte Tradition der Papierherstellung in einer Papiermühle mit einem Papiermuseum von der Lebenshilfe weiter gepflegt (Quedlinburger Str. 2, Di. und Do. 10.00 bis 14.00 Uhr). Im nahen Thale war die Eisenindustrie mit großen Werken und im Jahr 1989 noch 6000 Beschäftigten heimisch. Sie war zwar technisch nicht auf dem modernsten Stand, hatte aber keinerlei Absatzprobleme. Sie wurde jedoch dann rasch zusammen mit all ihren vielen Liegenschaften und Anlagen unter der Ex-Wirtschaftsministerin Breuel als Treuhand-Chefin in einem skandalösen Vorgang für eine Mark an ihren Ex-Ministerpräsidenten privatisiert …

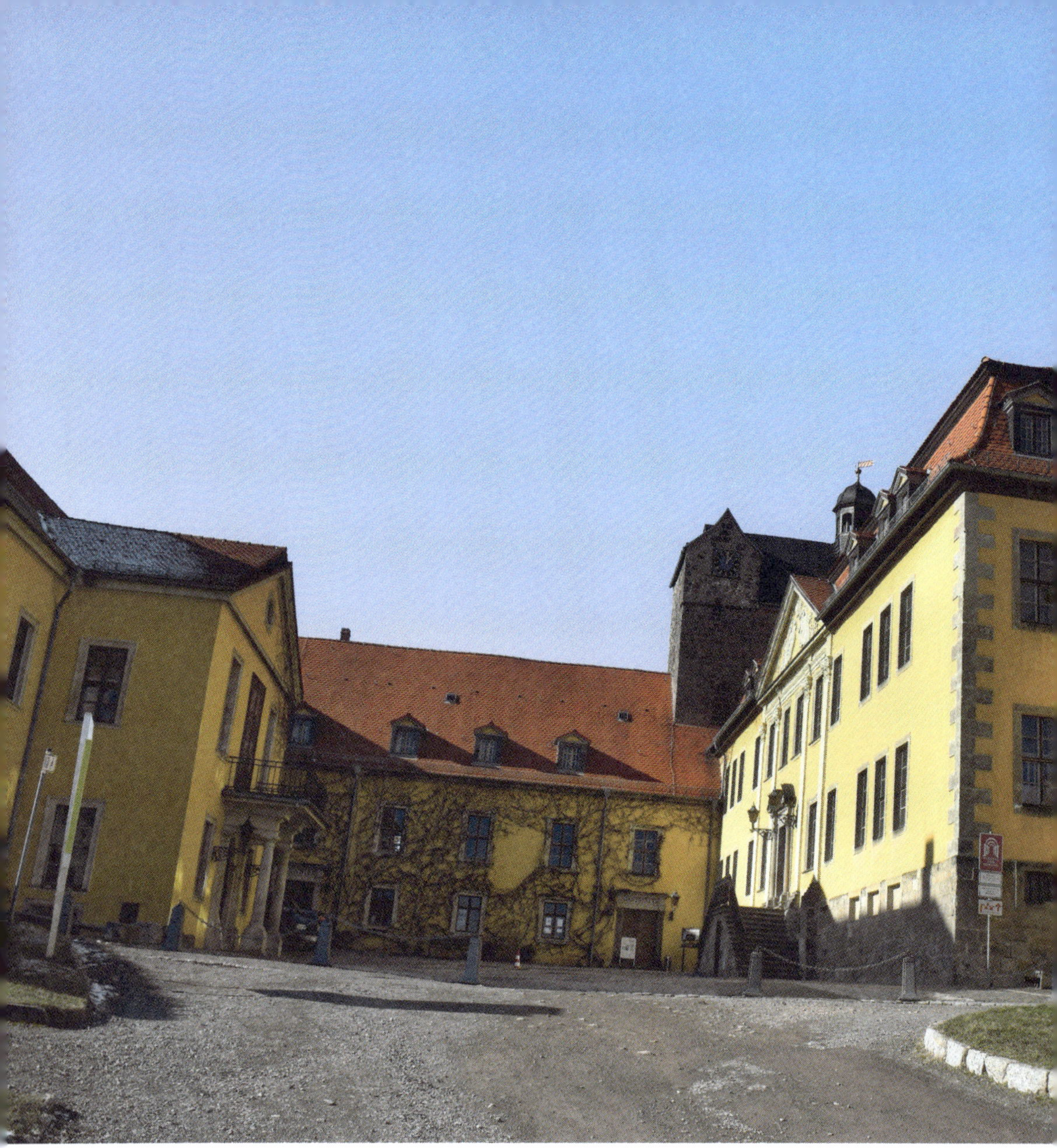

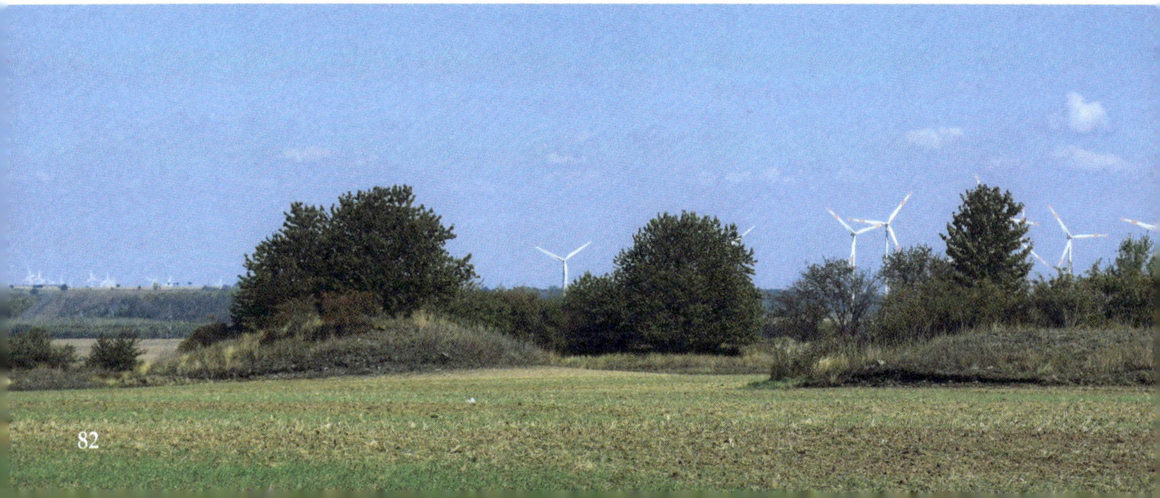

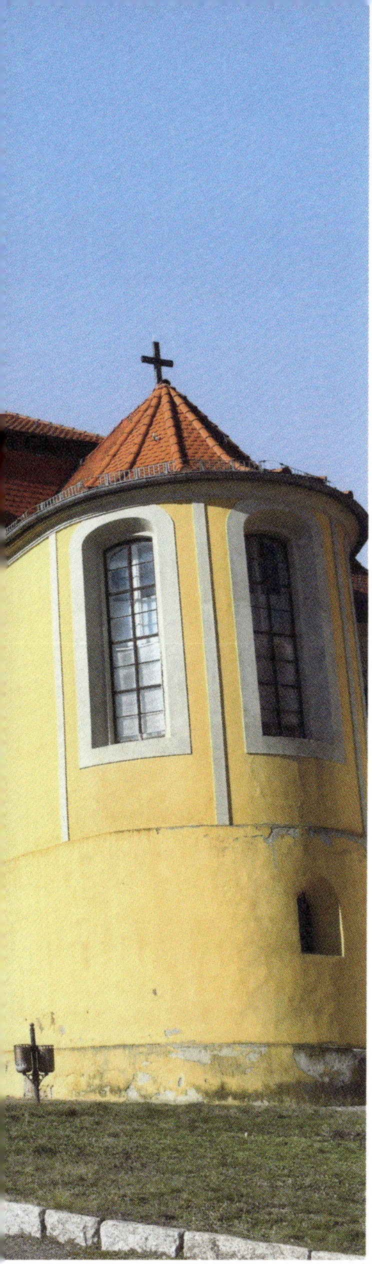

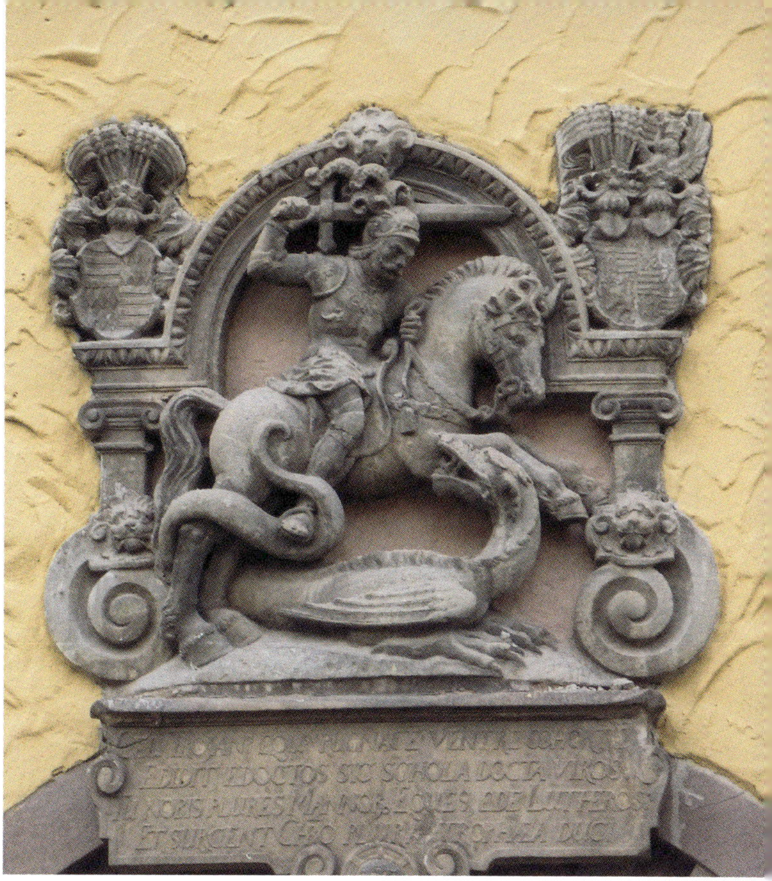

Ostharz

Oben links: Schloss Ballenstedt (Tour 16)
Oben rechts: Wappen Mansfeld (Tour 18)
Unten links: Abraumhügel alter Pingen zum Abbau von oberflächennahem Kupferschiefer (Tour 18)
Unten rechts: Blick von der Feldstraße zum Friedrichshohenberg auf Meisdorf und den fernen Ziegenberg

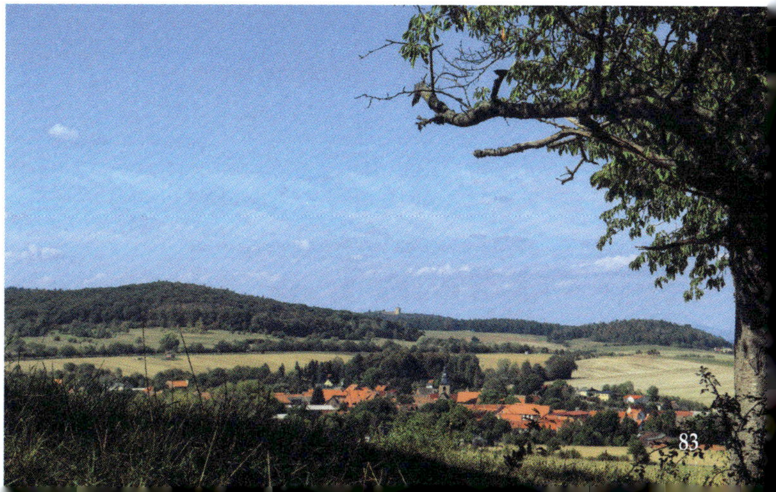

16

Askaniersitz und NS-Kaderschmiede Napola

Vom Schloss um den Ballenstedter Kreml zum Bismarckturm

mittel 8,5 km 100 Hm 3.00 Std.

Tourencharakter
Bequeme Rundwanderung auf angenehmen Wegen mit reizvollem Kontrast zwischen gepflegtem Park, Wald und offenem Gelände und einigen prächtigen und teils auch düsteren Bauten

Ausgangspunkt
Parkplätze beim Schloss

Anfahrt
Mit dem Auto bis Schloss, Bahn bis Quedlinburg, Bus bis Ballenstedt

Empfohlene Karten
Wandern im Harz 1:50 000, lgn mit Harzklub, Blatt Ostharz

Einkehr
Im Schloss

Info
www.ballenstedt.de, Reiseauskunft www.bahn.de

Im Osten des Harzes ist der Gebirgsblock Harz deutlich weniger aus dem Umland herausgehoben. So ist er hier niedriger und das massige gelbe Schloss wirkt deshalb durchaus beherrschend. In herbem Kontrast zu diesem zugänglichen und heiteren Barock und dem Wald steht das düstere Relikt der Nazi-Kaderschmiede NAPOLA. Der gibt der Wanderung eine besondere Note.

Zum Bismarckturm Wir gehen vor dem markanten **Schloss** Ⓐ nordwärts in den **Schlosspark** ❶ und gehen an eindrucksvollen Wasserkaskaden vorbei im Bogen nach links hinauf zum Schlossteich. Zwischen diesem und dem Glockenteich gehen wir hindurch und dann auf oder neben dem einen breiten Weg zurück in Richtung Schloss. Vor diesem folgen wir der Straße **Am Brauberg** ❷ den Gebäuden entlang nach links und dann schräg rechts auf der Heinestraße am Wald entlang zu einem Teich. Um diesen gehen wir nach rechts herum und danach gegenüber der Ro-

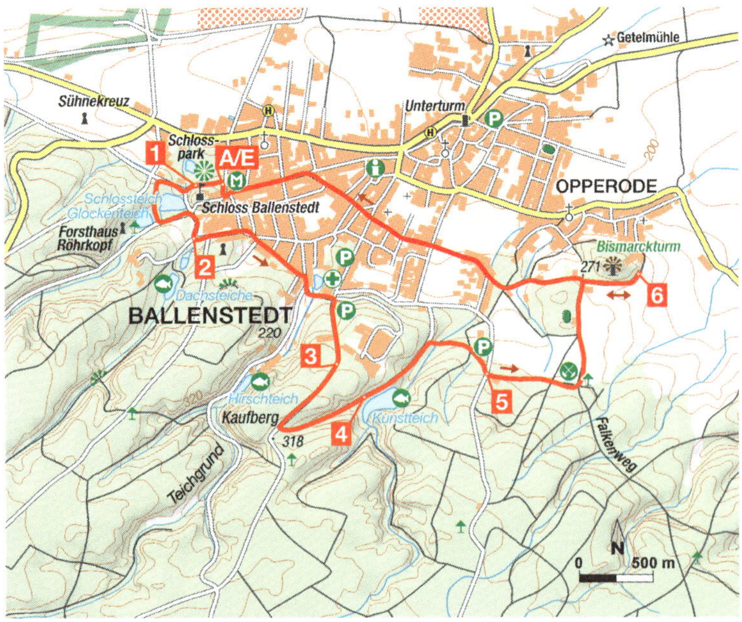

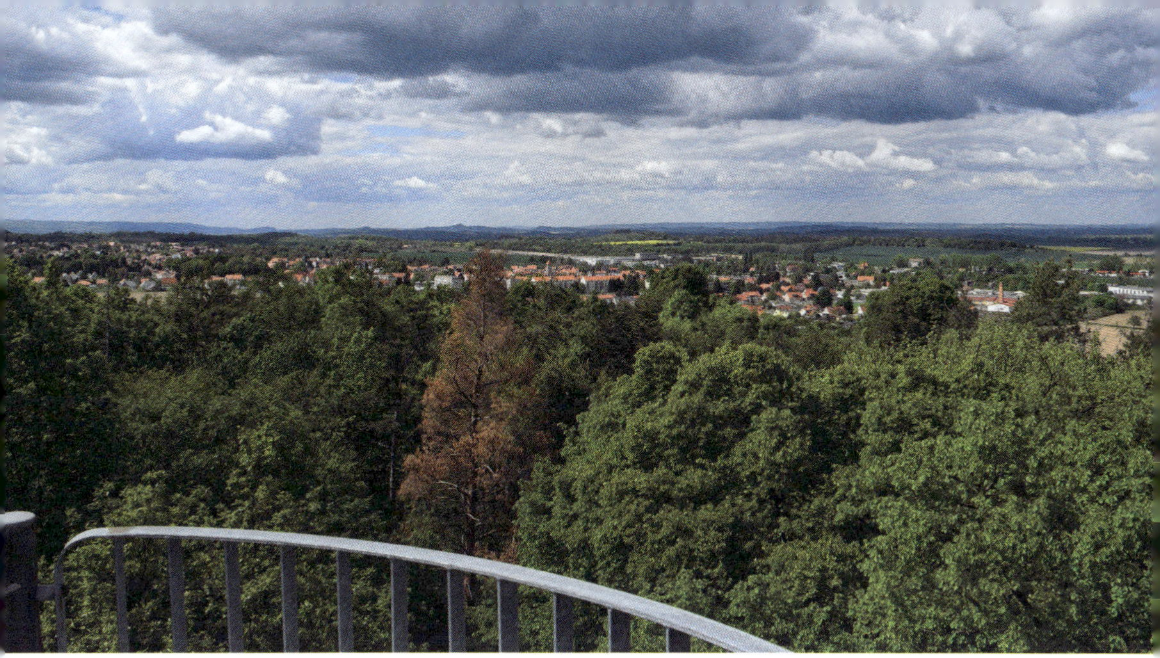

bert-Koch-Straße in den Wald. Dieses Sträßchen führt am eingezäunten Gebäudekomplex **Ziegenberg** ③ vorbei und schließlich hinab zu einer festeren Straße im Tal. Wir folgen hier der Straße scharf nach links, am idyllischen **Kunstteich** ④ vorbei. Danach nehmen wir den Weg hinab zum Abfluss des Teiches und biegen kurz vor dem Waldrand nach rechts. So gelangen wir zum **Forsthaus Kohleschacht** ⑤. Wir folgen dem Weg weiter ostwärts bis zu einer Wanderhütte am Waldrand. Hier biegen wir links ab, gehen den Weg über eine Wiese und später an einem Waldstück entlang bis zum Wegekreuz, wo der Weg steiler abwärts führt und rechts der Wald beginnt. Hier folgen wir rechts dem Weg am Waldrand entlang und dann links im Wald steiler hinauf zum **Bismarckturm** ⑥ (359 m, Aussicht).

Blick vom Bismarckturm auf Ballenstedt, am linken Bildrand der Hang des Brockens, in der Bildmitte der Hoppelberg

Zurück zum Schloss Ballenstedt Wir gehen den gleichen Weg hinab zum Wegekreuz. Hier folgen wir dem Weg am Kiefernwäldchen entlang und weiter zu einem Wegekreuz. Schräg rechts führt die Straße Am Sauerbach bis zum Ende der Bebauung. Hier biegen wir nach links in den Ziegeleiweg ein, gehen später auch an einer malerischen, verfallenden Ziegelei vorbei und folgen dann weiter geradeaus der Thomas-Mann-Straße. Weiter geradeaus führt sie zur querenden Robert-Koch-Straße und danach weiter geradeaus gelangen wir durch die Straßen Anger und Stieg auf die markante, zum Schloss hinaufführende Allee und auf dieser zurück zum Ausgangspunkt Ⓔ.

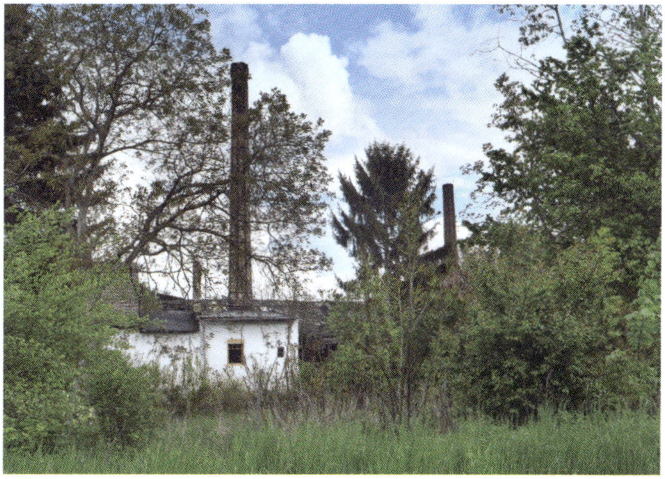

Die alte Ziegelei wird sanft renaturiert.

Ballenstedt

Im 11. Jahrhundert wurde auf dem heutigen Schlossberg ein Kollegiatenstift gegründet. Darin lebten die Angehörigen ein frommes Leben, ohne jedoch Mönche zu sein. Albrecht der Bär aus dem Geschlecht der Askanier wandelte das Stift 1123 in ein Benediktinerkloster um. In dessen Klosterkirche wurde er auch bestattet. In der Umgebung entstand die Siedlung Ballenstedt. Im Bauernkrieg wurde sie teilweise zerstört. Im Zuge der Reformation säkularisierte Fürst Wolfgang von Anhalt 1525 das Kloster und baute es als Residenz aus. Die Stadt erhielt 1551 eine Befestigung. 1626 wurde sie jedoch von Wallensteins Truppen erobert und verwüstet. 1765 erklärte Friedrich Albrecht die Stadt formell zu seiner Residenz und baute nun das Schloss weiter repräsentativ aus. Er verjubelte jedoch nicht nur Gelder, sondern wirkte auch intensiv für die wirtschaftliche Entwicklung des Landes. So wurde ab 1573 unter anderem bei Oppenrode am Forsthaus Kohleschacht die durch Anteile von Vulkanasche wenig wertvolle Steinkohle der Permzeit gefördert, um sie in Salinen zu verwenden. Der Ballenstedter Kunstteich wurde zur Bereitstellung von Energie für die Gruben des Kohleschachts angelegt. Bergbau und Industrie im Selketal gediehen, und Friedrich Albert erwarb sich damit bei seinen Leuten hohes Ansehen (s. Wanderung 19). Im 19. Jahrhundert entwickelte sich der Ort zum Pensionärssitz und zum Fremdenverkehr hin.

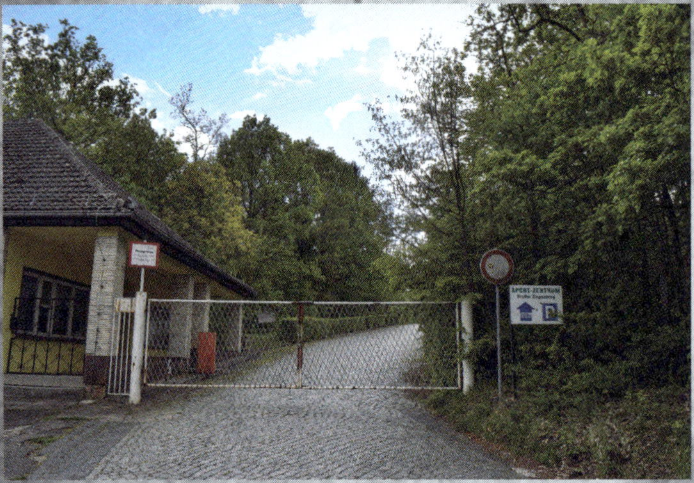

Das Eingangstor zum »Ballenstedter Kreml«

1936 wurde auf dem Ziegenberg der gewaltige Baukomplex der NAPOLA (= Nationalpolitische Anstalt, auch NPEA Anhalt) hingeklotzt. Das war eine Kaderschule der SA und später SS zum systematischen Heranziehen von rassistisch gepoltem Führungsnachwuchs. In der DDR-Zeit fand der mit Stacheldraht umzäunte Gebäudekomplex dann Verwendung als Bezirksparteischule der SED und erhielt den Beinamen »Ballen-

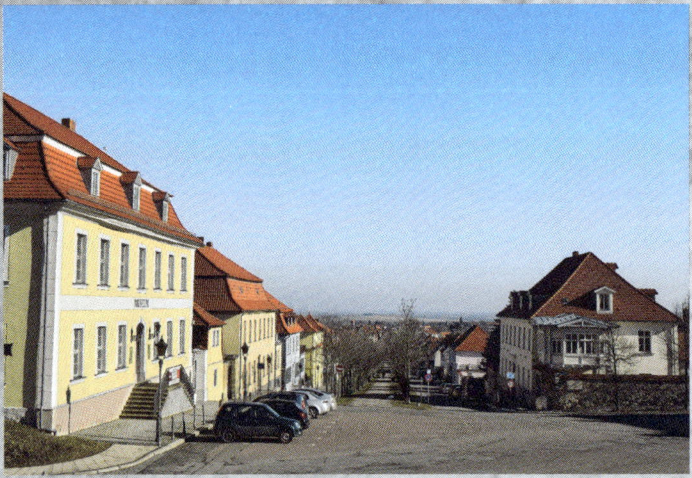

Blick vom Schloss die Allee hinab

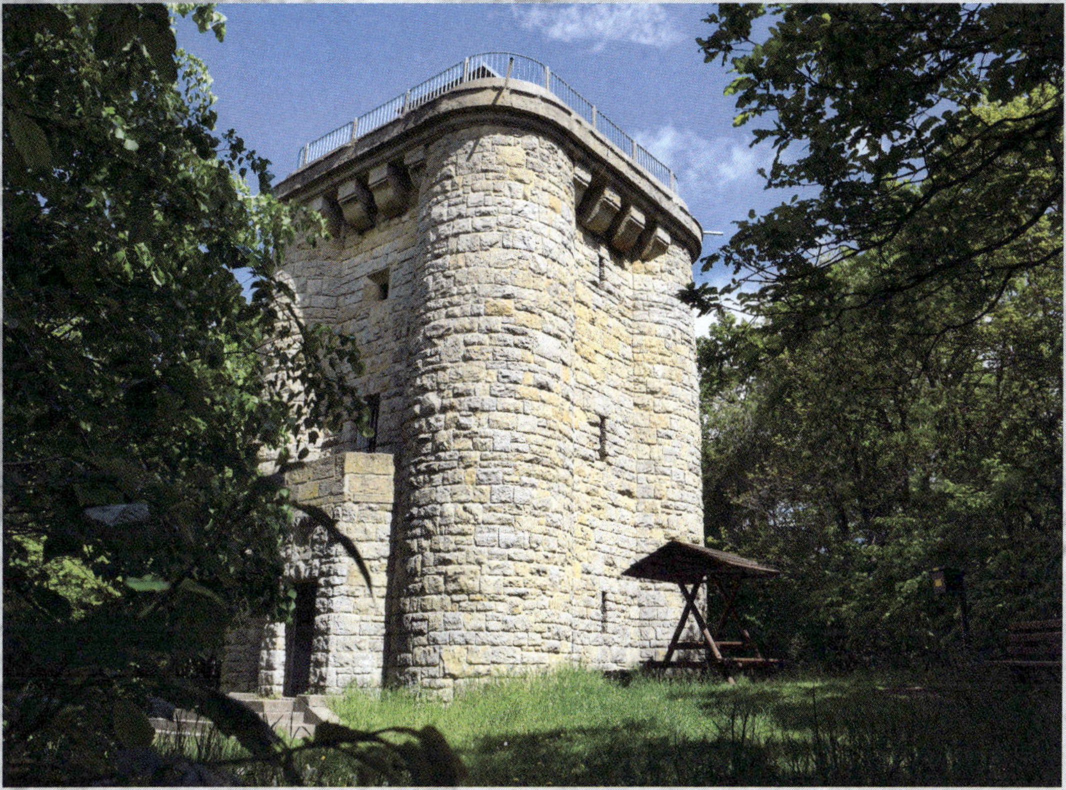

stedter Kreml«. Böse Zungen behaupten, dies sei vor der Wende eines der zur Internierung für Oppositionelle vorgesehenen Lager gewesen. Derzeit steht der gespenstisch anmutende Riesenbau als »Sportstätte« etikettiert und ohne Kommentierung seiner historischen Rollen leer und gammelt vor sich hin. Was vielleicht nicht die schlechteste Entwicklung ist.

Oben: Der Bismarckturm oberhalb von Oppenrode

Unten: Das Schloss vor dem winterlichen Schlossteich

Der Bismarckturm oberhalb von Oppenrode ist einer von mehr als 200 während der Kaiserzeit nach dem Reichskanzler benannten Aussichtstürme und bietet nach Renovierung einen weiten Rundblick. Im ansehnlichen Schloss Ballenstedt sind ein Askaniermuseum und das traditionsreiche Schlosstheater, aber auch ein Filmmuseum und eine gediegene Gaststätte zu finden. Vor dem Schloss kann man ein liebevoll gestaltetes Modell der im Selketal auf einer Bergkuppe als Ruine gelegenen Burg Anhalt besichtigen.

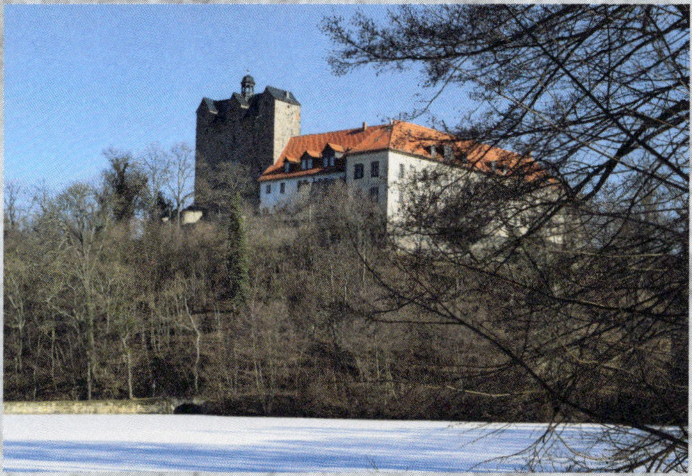

17

Burgrest im romantisch-einsamen Harzvorland

Von Meisdorf zum Friedrichshohenberg und zur Konradsburg

mittel 11,5 km 170 Hm 3.00 Std.

Tourencharakter
Naturnahe einsam-idyllische Wanderung am Ostrand des Harzes auf naturnahen, im letzten Drittel auch auf festen Wegen

Ausgangspunkt
Meisdorf

Anfahrt
Mit dem Auto bis Meisdorf, Bahn bis Aschersleben, Bus bis Meisdorf

Empfohlene Karten
Wandern im Harz 1:50 000, lgn mit Harzklub, Blatt Ostharz

Einkehr
In Meisdorf

Info
www.forsthaus-harz.de, harzlife.de, Reiseauskunft www.bahn.de

Dies ist eine weltentrückte Wanderung über eine Waldkuppe und stille Wiesen vor der weiten Ackersteppe. Sie führt durch reizvoll klein gekammerte Landschaft zu einem in einem geräumigen Gut versteckten romanischen Sakralbau. Hier herrschen Stille und Naturgeräusche. Und die Wahrscheinlichkeit, dass einem unterwegs viele Leute begegnen, ist gering.

Von Meisdorf auf den Hohenfriedrichsberg Von der **Dorfkirche** Ⓐ an der Hauptstraße gehen wir nordostwärts zur Ermslebener Straße bis zu einem rechts liegenden weiten Platz. Nach rechts an diesem vorbei gehen wir auf der kleinen Straße **Schieberg** ❶ hinauf zur Landesstraße. An dieser entlang nach links, nordostwärts gelangen wir nach 200 Metern zur Abzweigung einer **Feldstraße** ❷. Diese führt allmählich ansteigend nach rechts, von Bäumen begleitet und mit hübschen Nah- und Fernblicken, zum Wald und geradeaus weiter, zuletzt auf Fahrspur über eine Wiese zur Einmündung eines Feldweges in die links vor einigen **Häusern** ❸ verlaufende kleine Autostraße.

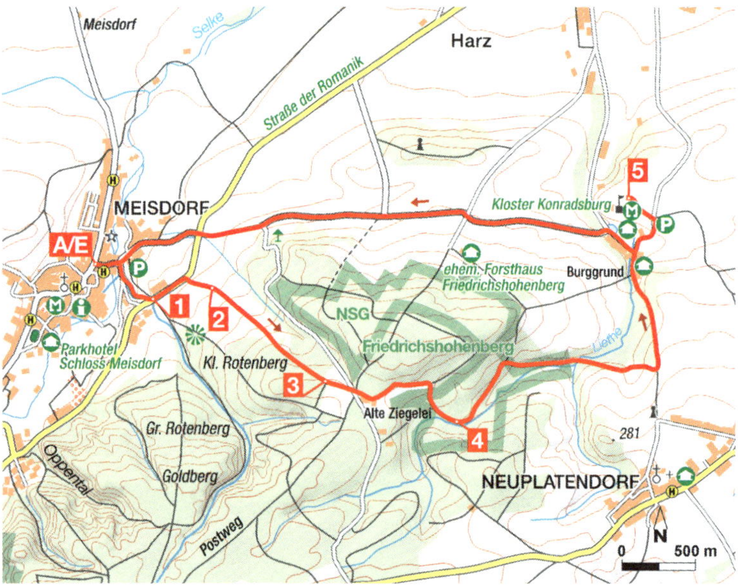

Weiterweg zur Konradsburg An dieser Straße entlang gehen wir 250 Meter nach rechts und biegen dann nach schräg links in eine breite Waldschneise ein. Dieser folgen wir südostwärts 750 Meter bis vor eine große Ackerfläche. Vor einem technischen **Häuschen** ❹ biegen wir hier links ab, zweigen gleich wieder schräg rechts ab und gehen einige Minuten bis zu einem schrägen Weg. Er bringt uns nach links vor eine Ackerfläche. Entlang von dieser führt der Weg geradeaus nordostwärts. Bald ist er wieder beidseitig von jungem Wald begleitet. Bei einer Wiese gehen wir gerade weiter an ihrem Rand auf einer Fahrspur hinab in ein Tälchen. Unten führt die Spur vor dem Wald nach rechts auf der Spur ostwärts weiter hinab. Wir umgehen ein vorspringendes Wäldchen und folgen weiter ostwärts dem nun deutlicheren Weg an hübschen Eichen entlang, durch einen kleinen Talanfang und dann wieder hinauf zu einem quer verlaufenden Feldsträßchen. Dieses bringt uns nach links, nordwärts nach 750 Metern zu einer Häusergruppe. Danach biegen wir rechts ab und nehmen dann den hübschen Fußweg direkt hinauf zur Einfahrt zur **Konradsburg** ❺.

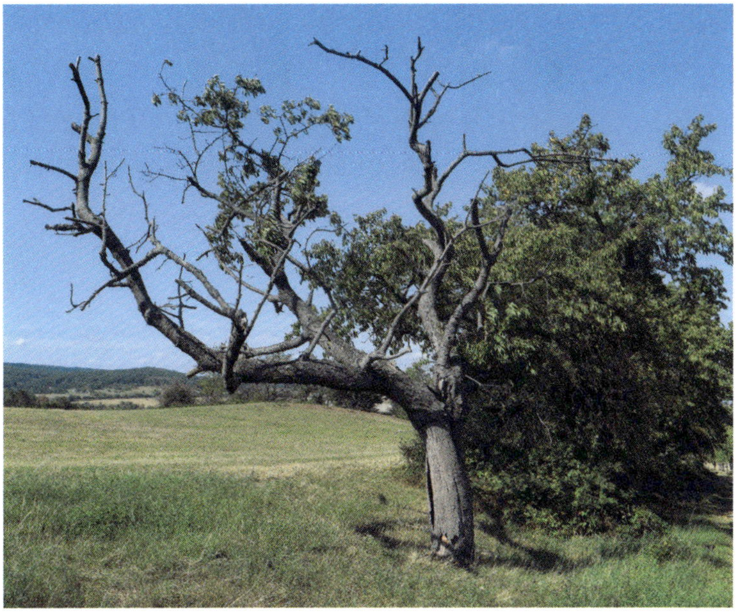

Alter Kirschbaum am Feldweg gegen die Kuppe des Friedrichshohenbergs

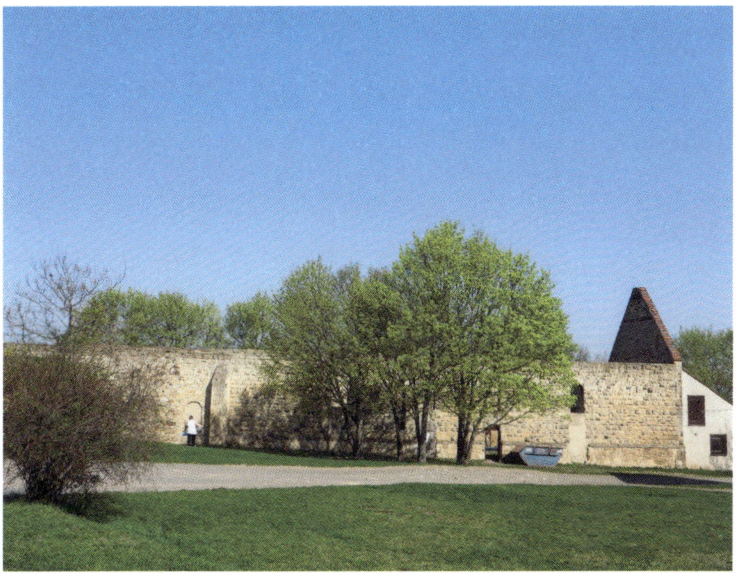

Die Konradsburg

Zurück nach Meisdorf Wir gehen auf dem gleichen Weg zurück zur Häusergruppe und dort nach rechts zum Beginn einer westwärts führenden geraden Feldstraße. Diese führt geradeaus, an der Herberge und Tagungsstätte Forsthaus Friedrichshohenberg vorbei, mit weitem Ausblick über die Ebene, zur Landesstraße und zuletzt auf der Ermslebener Straße hinab nach Meisdorf Ⓔ.

Die Konradsburg

Die Konradsburg liegt vor dem östlichen Rand des Harzes auf einer Kuppe über der fruchtbaren Ebene. Sie war zuerst Sitz von Adligen. Die siedelten zu Beginn des 13. Jahrhunderts auf die Burg Falkenstein um und machten als Folgenutzung aus der Konradsburg ein Benediktinerkloster. Das war für lange Zeit, später als Kartäuserkloster, kultureller Mittelpunkt der Gegend. Im Bauernkrieg wurde es zerstört, später als landwirtschaftlicher Betrieb genutzt. Seit den 1980er-Jahren bemüht sich ein Förderkreis um die Erhaltung und heute ist es eine Station in der Straße der Romanik. Sehenswert ist der erhaltene Teil des Chores und eine eindrucksvolle Krypta.

Rechte Seite oben: Die Konradsburg von Südosten

Rechte Seite unten: Die erhaltene romanische Krypta

Das Altarkreuz von St. Sixtus

Das seit dem 12. Jahrhundert urkundlich belegte Meisdorf wird durch mehrere große Ringhöfe (Vierseitenhöfe) charakterisiert. Sie wurden offenbar zugleich als Verteidigungsanlagen gebaut. Der Ort war lange Besitz der Herren der Burg Falkenstein. Die wohl aus dem 14. Jahrhundert stammende, barock ausgestaltete Kirche war Patronatskirche der Falkensteiner und zeigt noch heute eine extra Grafenloge. Die nie eroberte und bis heute gut erhaltene Burg Falkenstein gibt heute auch den Namen für die Samtgemeinde bis jenseits Ermsleben und Pansfelde. Von ihren Herren wurde in Meisdorf im 18. Jahrhundert ein Schloss errichtet, das heute als Parkhotel betrieben wird. Der zeitweise hier betriebene Zeltplatz wurde wieder aufgegeben.

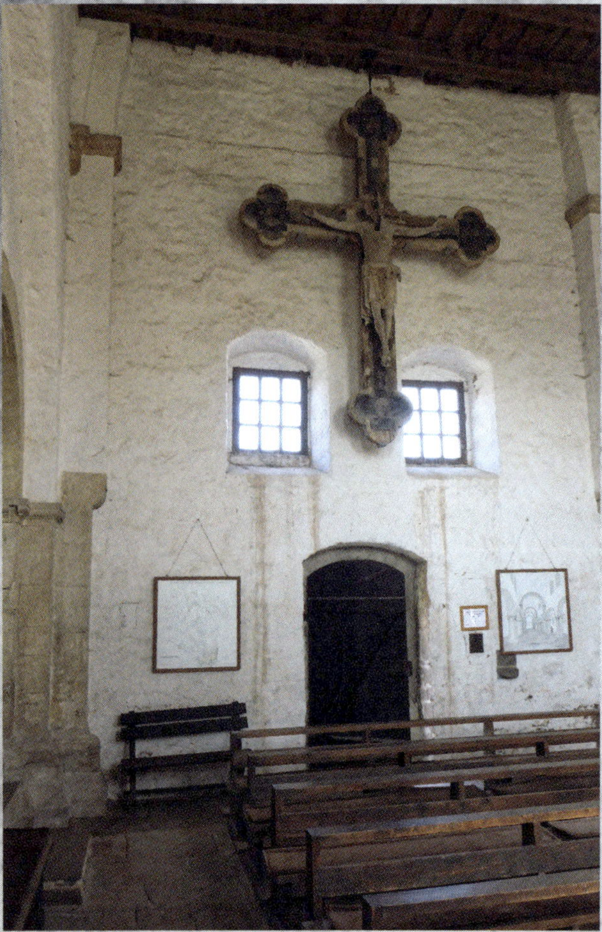

Eine günstige Unterkunft, auch für Gruppen und Kurse, bietet das zu neuem Leben gebrachte historische Forsthaus Friedrichshohenberg. Die darin bestehende gediegene Herberge Friedrichshohenberg bietet Ausflüge ins umgebende Naturschutzgebiet mit urigem Laubwald und Wiesen, einer Einführung in Grundlagen naturnaher Landwirtschaft und freitags einen Hofladen mit regionalen Produkten.

Die Schneise hinter dem höchsten Punkt der Wanderung ist ein Relikt eines jüngeren großräumigen Eingriffs in die Landschaft. Sie entstand beim Bau einer Fernwasserleitung vom Harz her zur Versorgung vor allem der durch Industrialisierung, Schlamperei und Kriegsfolgen nur mit eingeschränkten eigenen Wasservorräten ausgestatteten Gebiete um Halle und Leipzig.

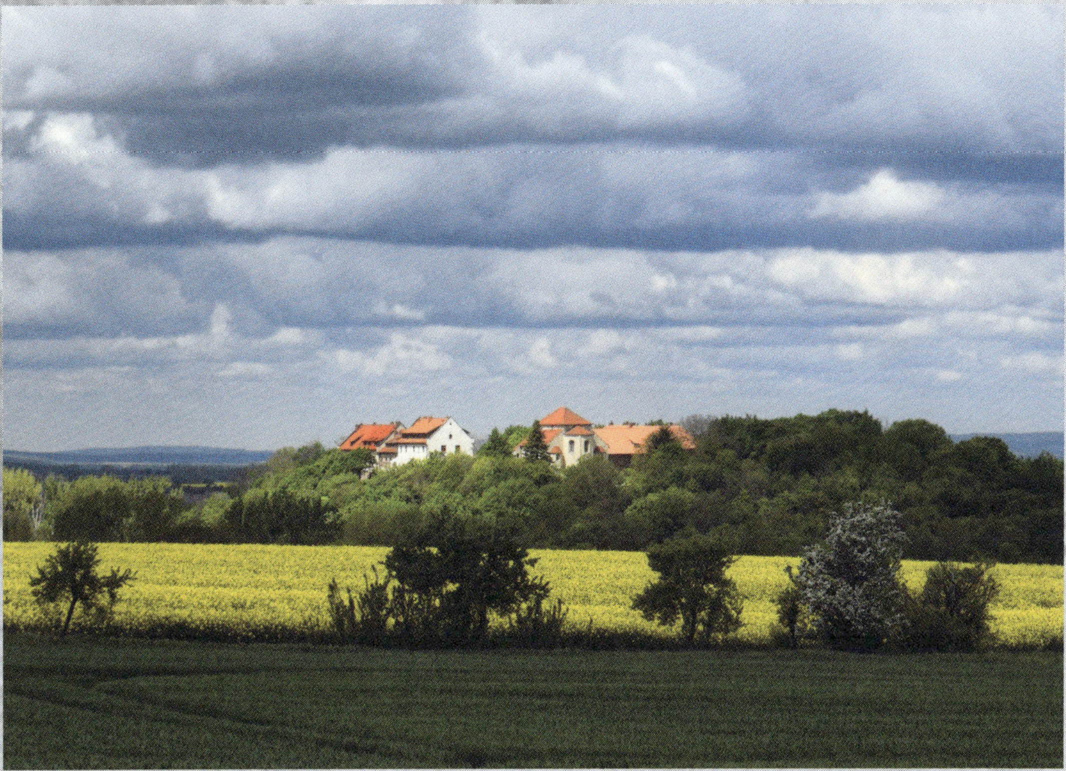

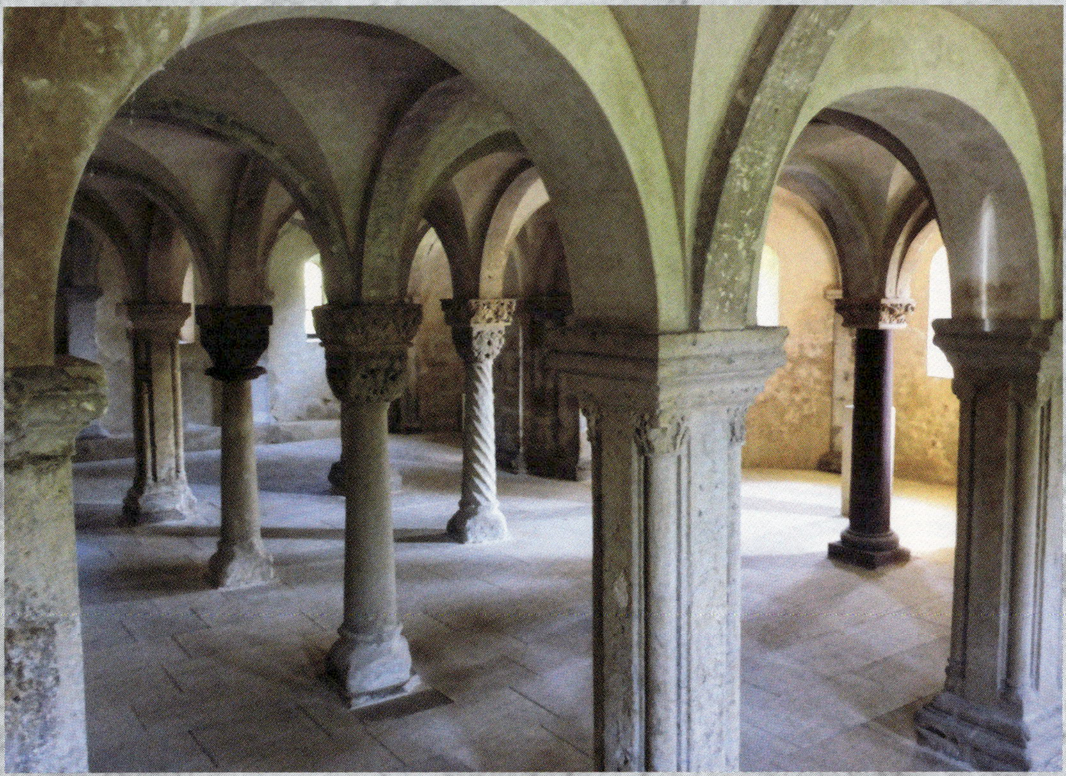

18

Zu uralten Pingenfeldern des Kupferbergbaus

Von Mansfeld zu alten Halden und einer klotzigen Burg

leicht 5,5 km 100 Hm 2.00 Std.

Tourencharakter
Rundwanderung auf teils unbefestigten Feldwegen und Sträßchen, zuletzt ein schmaler mit Treppen durchsetzter Weg hinab

Ausgangspunkt
Parkplatz in Mansfeld u. a. beim Luthermuseum und der Kirche

Anfahrt
Mit dem Auto bis Mansfeld, Bahn bis Klostermansfeld, Bus bis Mansfeld

Empfohlene Karten
Wandern im Harz 1:50 000, Ign mit Harzklub, Ostharz

Einkehr
Im Schlosscafé, auch im Ort

Info
www.mansfeldsuedharz.de, www.schloss-mansfeld.de, www.harz-urlaub.de, Reiseauskunft www.bahn.de

Wo der Harz nun wirklich ostwärts fast unmerklich in die flache Weite der fruchtbaren sachsen-anhaltischen Ackersteppe übergeht und wo hier und da Windräder Energie fangen, da wurde seit der Bronzezeit Erz aus dem Boden geholt. Das können wir nicht nur am alten Städtchen Mansfeld ablesen, sondern auch an allerlei selbst aus dem Weltraum erkennbaren Grubenrelikten. Wo wir uns sogar noch Stückchen original Mansfelder Kupferschiefer als Souvenir einstecken können.

Von Mansfeld zu den alten Pingenfeldern Von der **Durchgangsstraße B 86** Ⓐ gehen wir über die Brücke und (gegenüber der Straße nach Klostermansfeld) südwärts auf der Straße **Flutgraben** ❶. An ihrem Ende folgen wir oberhalb vom Friedhof dem links ansteigenden Weg. Er biegt nach einigen Minuten nach links ab und führt nun in einem flachen Tälchen ostwärts weiter; im felsigen Weganschnitt gibt es links einen **Aufschluss** ❷,

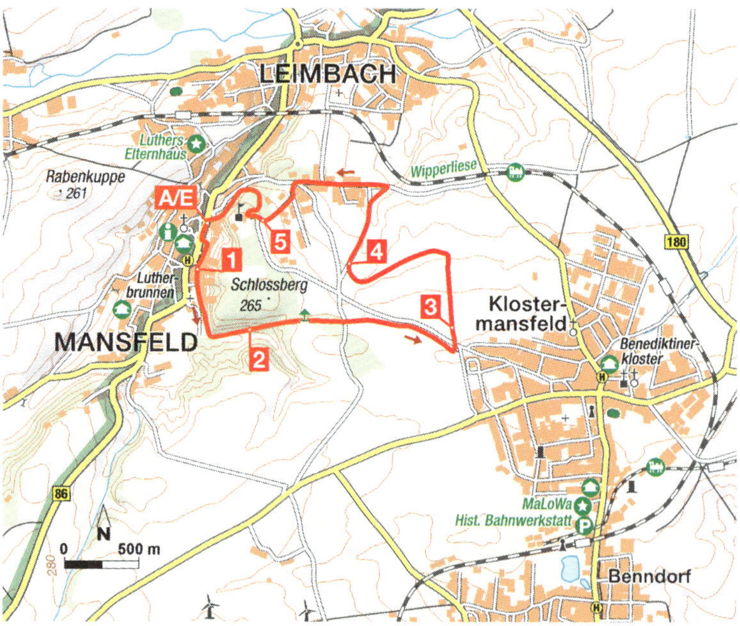

in dem wir den Kupferschiefer sehen und anfassen können. Immer geradeaus weiter gelangen wir so zur Autostraße. Wir gehen von einer betonierten Feldeinfahrt über die Straße und gegenüber auf einem undeutlichen **Grasweg** ❸ abwärts. Rechts sehen wir hier nebenan und auch als bewachsene Hügel im Acker verstreut die Reste alter Kupfergruben. Diese gehörten zum von Hans Luder (siehe auch Kasten »Historie«) verwalteten Bereich, vom Grasweg gut erreichbar, im herumliegenden Schutt findet man immer wieder grün angelaufene Stücke mit Kupferschiefer. Der Weg wird bei einer links verlaufenden Buschreihe etwas steiler. Danach gehen wir geradeaus weiter über den Grasweg hinab zu einem zweiten Gebüsch. Vor diesem folgen wir nun einer Fahrspur nach links und gelangen mit dieser in einem weiten Bogen, zuletzt nach rechts biegend, einen etwas eingetieften **Feldweg** ❹. Auf diesem gehen wir nordwärts hinab bis vor einen landwirtschaftlichen Betrieb. Der Weg führt nach rechts hinab daran vorbei zu einem Querweg.

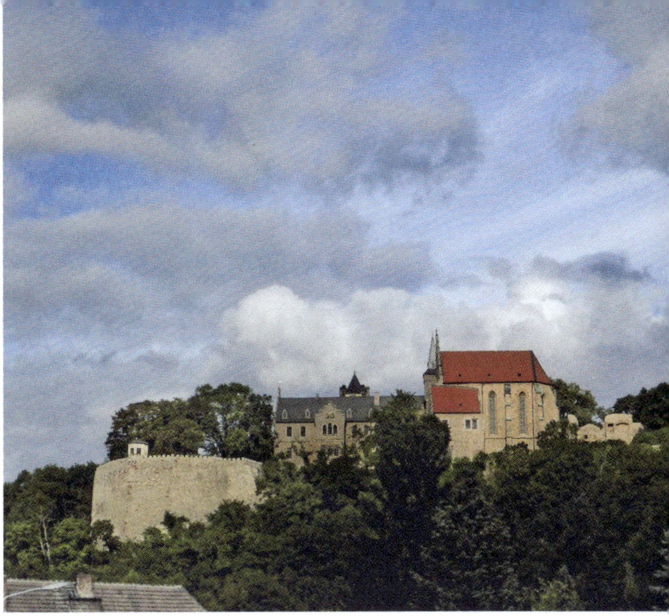

Schloss Mansfeld

Zum Schloss und nach Mansfeld Auf diesem gehen wir nun nach links, westwärts (rechts im Acker weitere verbuschte Hügel) bis zur Autostraße. Gegenüber beginnt die Schlossstraße. Sie führt südwestwärts im Bogen zur Einmündung einer schönen Lindenallee und rasch vor das **Schloss Mansfeld** ❺. Nach dem vielseitig interessanten Rundgang gehen wir wieder durch das Tor und kurz danach nach links. Ein deutlicher, aber teils steiler Weg führt unterhalb der hohen Stützmauern der Festung in Wald hinab zur Brücke vor der **B 86** Ⓔ.

An den in Mansfeld geborenen Martin Luther wird mit mehreren Denkmälern erinnert.

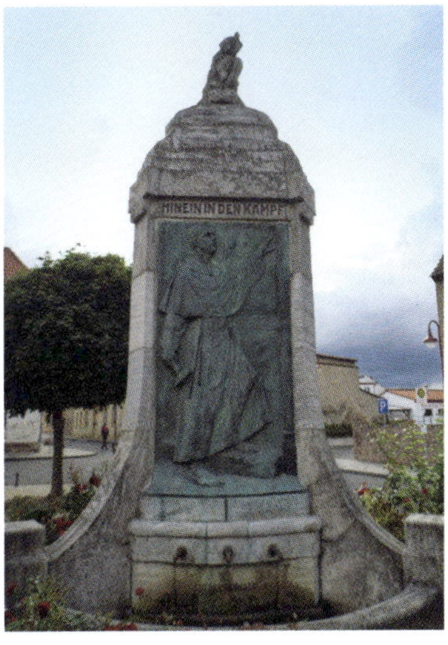

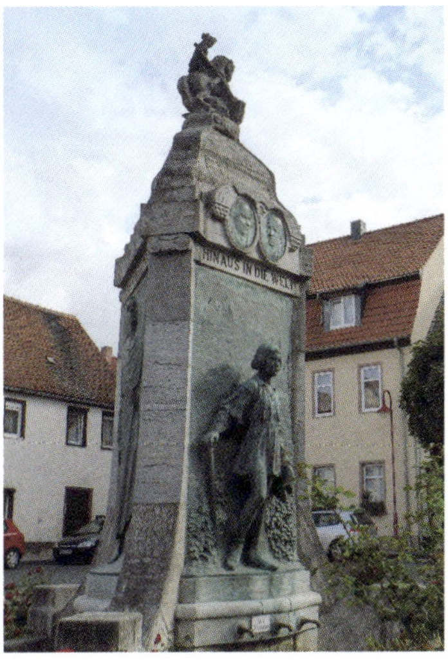

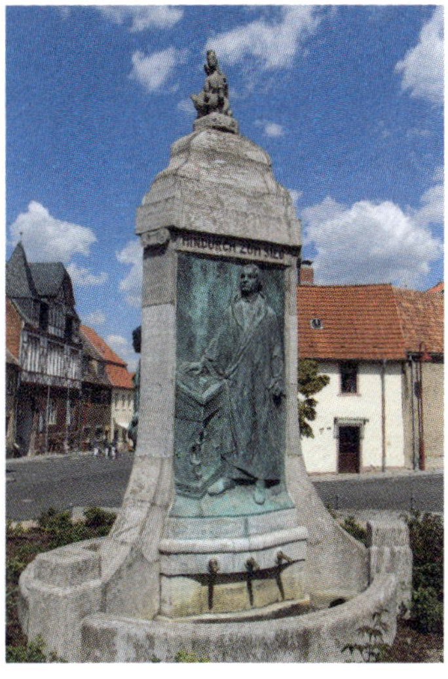

Im Mansfelder Kupferrevier

Der Kupferschiefer entstand am Grund des Zechsteinmeeres durch Faulschlämme. Deren Bakterien fällten die im Meerwasser stark verdünnten Metalle als Sulfide aus. Die geschichtete Ablagerung ist insgesamt nur wenige Zentimeter dick, aber über eine Fläche von vielen Quadratkilometern verbreitet. Das hiesige Kupfer-Blei-Zink-Vorkommen (mit Beimischungen von Vanadium, Molybdän, Nickel, Kobalt, Silber und Rhenium) ist deshalb eins der reichsten der Erde. Es ist schon seit der Bronzezeit bekannt. Zuerst erfolgte die Gewinnung noch in kleinen Gruben, aber sie ist an den Ablagerungen der Flüsse seit 1500 v. Chr. nachgewiesen (s. Wanderung 3). Ab 1200 wurde der Abbau intensiver. Er erfolgte zunächst noch oberflächennah in von Hand gehackten Löchern (Pingen). Die prägen das Land mit zahllosen, meist bebuschten Auswurfhügeln. Das geförderte Erz wurde aufgekauft und der Verhüttung zugeführt. Das wurde in Mansfeld im 16. Jahrhundert unter anderen von einem dadurch wohlhabenden Hüttenmeister namens Hans Luder organisiert. Dessen Sohn wurde dann später als Bibelübersetzer und Reformator Martin Luther bekannt. Das Luthermuseum in Mansfeld zeigt dazu vielfältige Funde und Details. Die Landesherren verdienten am Bergbau am intensivsten und konnten deshalb hoch über dem Ort eine besonders solide Burg errichten. Die überstand im 30-jährigen Krieg sogar intensive Angriffe. Aber nach Belagerung wurde die Burg 1639 an die Schweden übergeben. Den durch die Belagerung ausgepowerten Bürgern war die Unterhaltung der Anlagen allerdings bald zu teuer. Auf eine Petition der Stände

Das Schloss Mansfeld

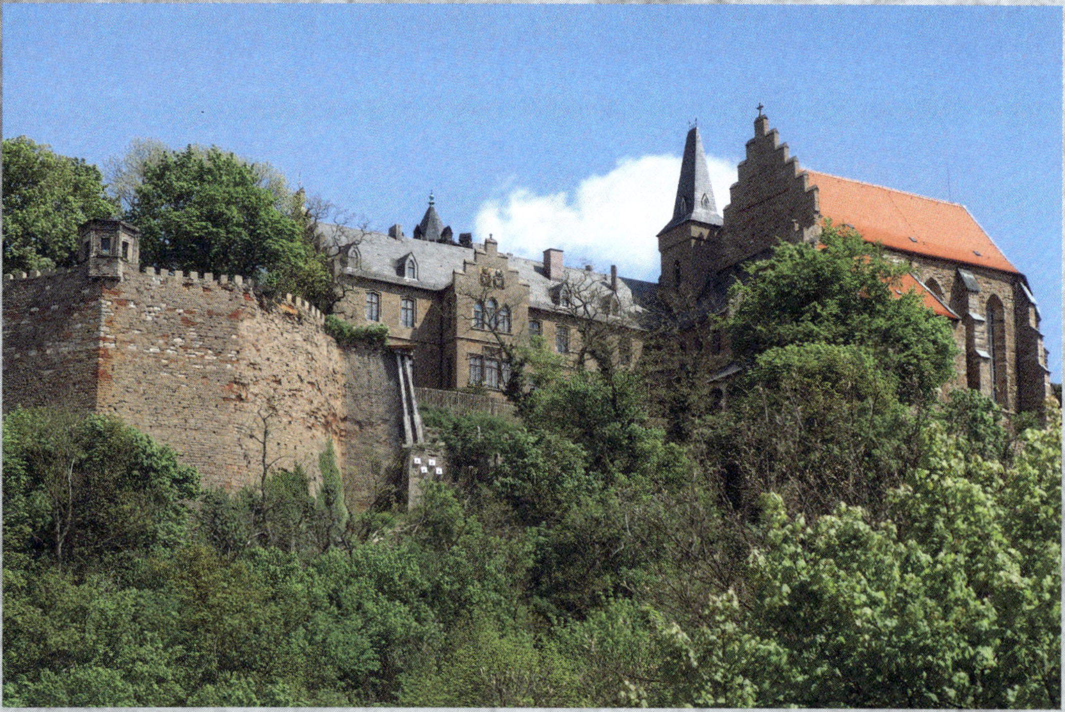

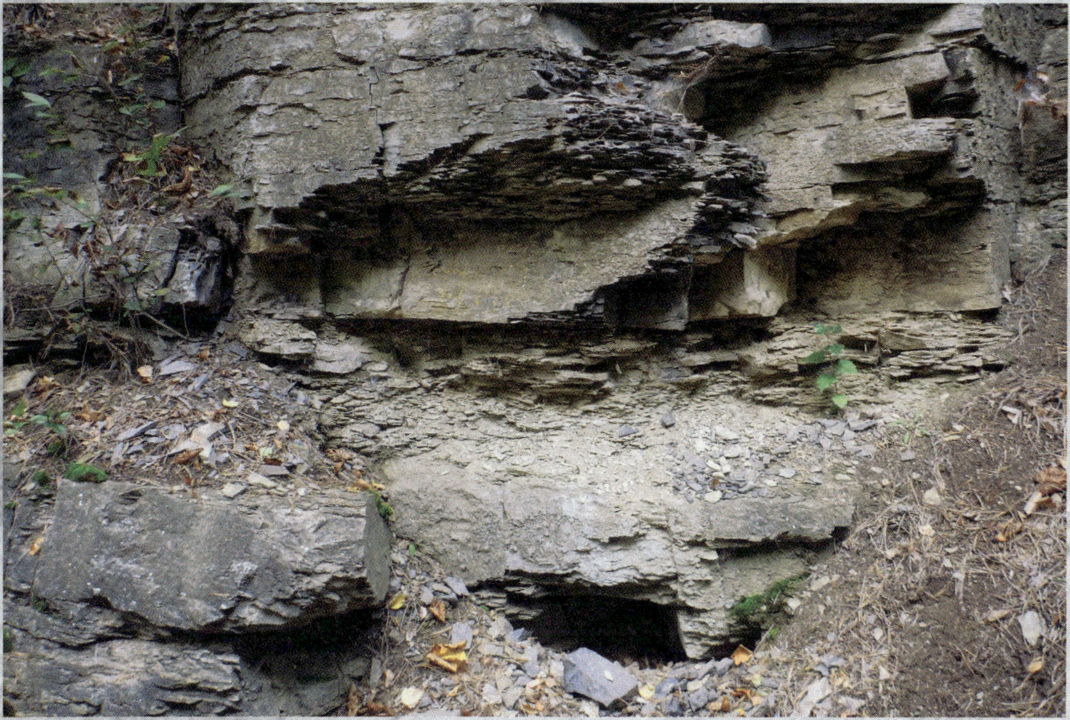

des Landes Mansfeld hin wurde die Festung ab 1675 geschleift. Wegen des Aussterbens der Grafenlinie fiel das Land 1780 an Preußen. Die ansehnlichen Schlösser sind erhalten und dienen heute als kirchliche Begegnungsstätte.

Am Wege aufgeschlossener Kupferschiefer

Die Verhüttung der Erze erfolgte mit Holzkohle. Dies schuf eine stetige intensive Nachfrage und daraus folgend wüsten Raubbau an Wald bis hinauf nach Stiege. Und intensiven Verkehr auf den Kohlewegen, besonders auf dem Hohen Weg, etwa entlang der Linie der heutigen B 242. In der Folge verkauften die Grafen auch großflächig die ruinierten Waldflächen an die Kupferschiefergesellschaft, woraus der heute dominierende Staatsforst entstand. Der Kupferbergbau (immer verbunden mit Gewinnung von u. a. Silber) ging später weiter in die Tiefe. Besonders um Sangerhausen entstanden auf Dutzende Kilometer unterirdische Strecken und über Tage riesige Halden. Wegen Unrentabilität wurden die Schächte 1990 stillgelegt. Wer mehr darüber erfahren will, fahre nach Wettelrode ins Besucherbergwerk; siehe dazu auch »Wandern für Langschläfer«, Tour 18, »Vergessene Pfade«, Tour 24 und 25 und »Geheimnisvolle Pfade«, Tour 22.

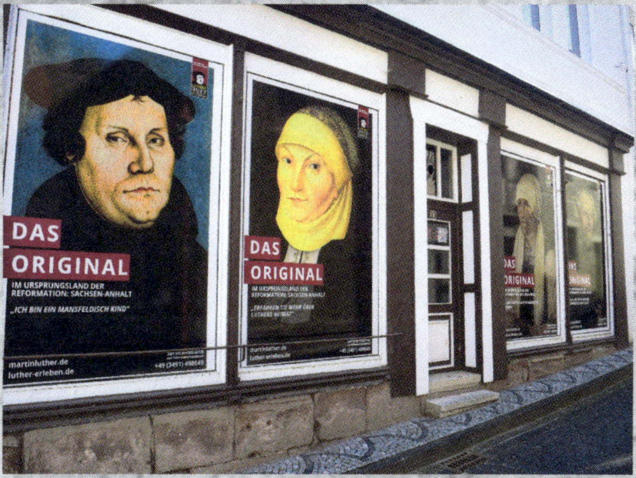

Der Eingang zum Martin-Luther-Museum

19

Auf den Spuren der Eisenindustrie im Selketal

Von Alexisbad nach Mägdesprung zum Carlswerk

mittel 12 km 200 Hm 3.00 Std.

Tourencharakter
Gut zu gehende bequeme Rundwanderung auf Wegen

Ausgangspunkt
Parkplatz westseitig, etwas nördlich vom Bahnhof

Anfahrt
Mit dem Auto bis (P), Bahn bis Alexisbad

Empfohlene Karten
Wandern im Harz 1:50 000, lgn mit Harzklub, Blatt Ostharz

Einkehr
In Harzgerode

Info
www.harzgerode.de, Reiseauskunft www.bahn.de

Zwischen Mägdesprung und Harzgerode waren die für Alltagszwecke wichtigen Eisenerze schon früh Grundlage von Verhüttung und Verarbeitung. Bei einer Wanderung durch ein Stück Selketal begegnen wir einigen Relikten davon – und reizvoller Landschaft mit Buchen- und Eichenwald und Wiesentälern.

Nach Mägdesprung Vom **Bahnhof Alexisbad** Ⓐ gehen wir über die Straße und eine Brücke zur am Ostufer der Selke gelegenen **Petruskapelle** ❶. Wir folgen links dem breiten Weg neben der Selke unter Grauwacke- und Tonschiefer-Felsen durch den Talgrund nordwärts. Ein aus dem Felsen gehauener Stollen ist noch Relikt der Wasserableitung zur historischen Klostermühle. So gelangen wir, immer am Talgrund bleibend, zum Bergsporn gegenüber der Talmühle.
Nun folgen wir dem allmählich ansteigenden Weg am Hang in Richtung Pionierweg weiter. An einer Gabelung führt nach oben ein in die Felsen eingeschnittener Hohlweg weiter hinauf. Wir gehen hier links auf dem unteren Weg weiter, queren bald danach ein Tal und erreichen wenig spä-

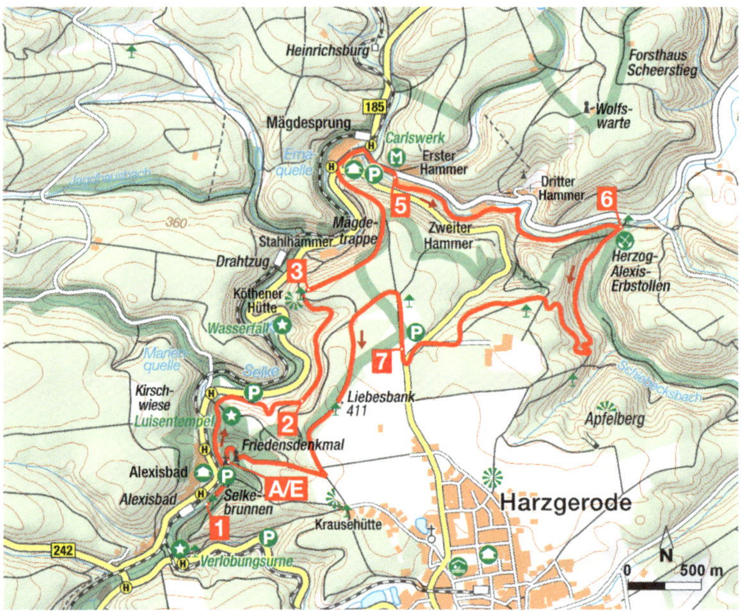

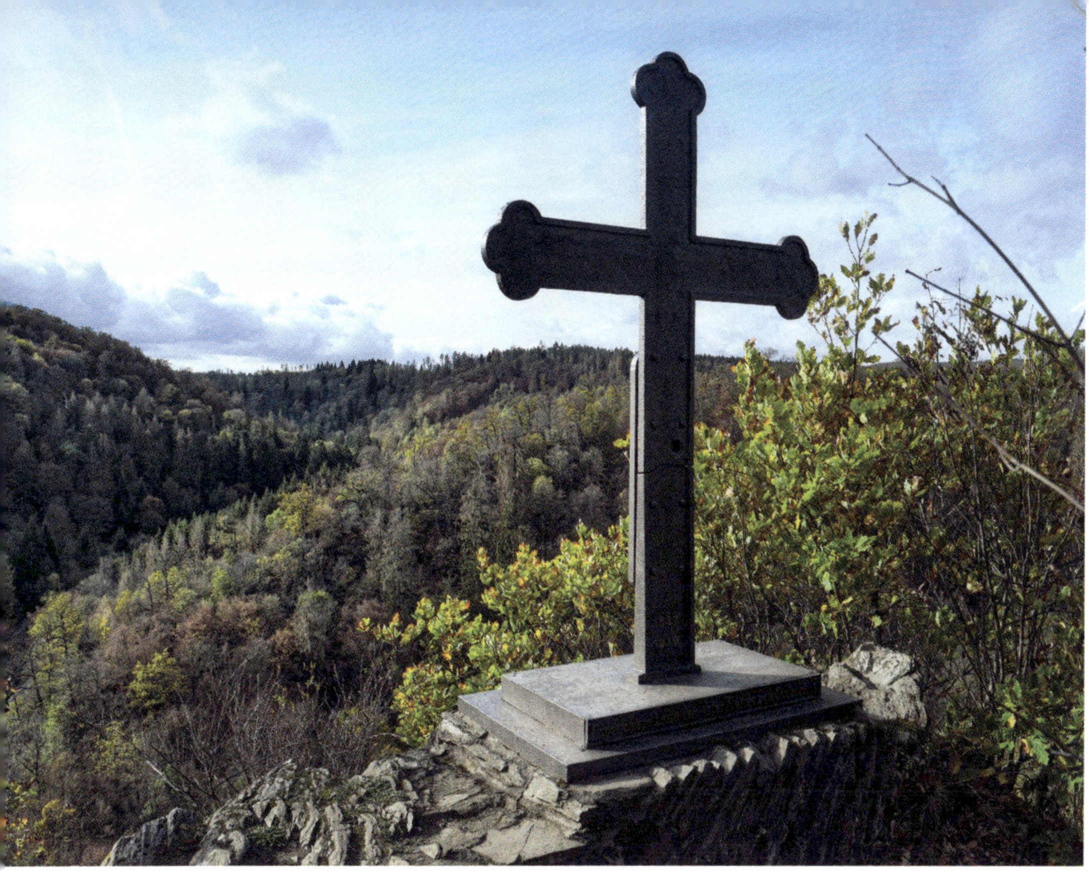

Das Kreuz auf der Mägdetrappe

ter einen kleinen **Felstunnel** ❷. Nach diesem führt der Weg durch steiles felsiges Gelände und dann ansteigend weiter quer durch ein Tal und zur an der Oberkante des Hanges stehenden **Köthener Hütte** ❸. Die bietet einen milden Tiefblick über das Tal. Nun gehen wir nicht auf dem direkt weiterführenden, sondern auf einem 30 Meter höher verlaufenden Weg weiter. Der bringt uns rasch zu einem gusseisernen Kreuz mit einem Aussichtspunkt. Nun führt der Weg abwärts weiter, an der felsigen Kanzel der Mägdetrappe vorbei und hinab zur Autostraße und nach **Mägdesprung** ❹.

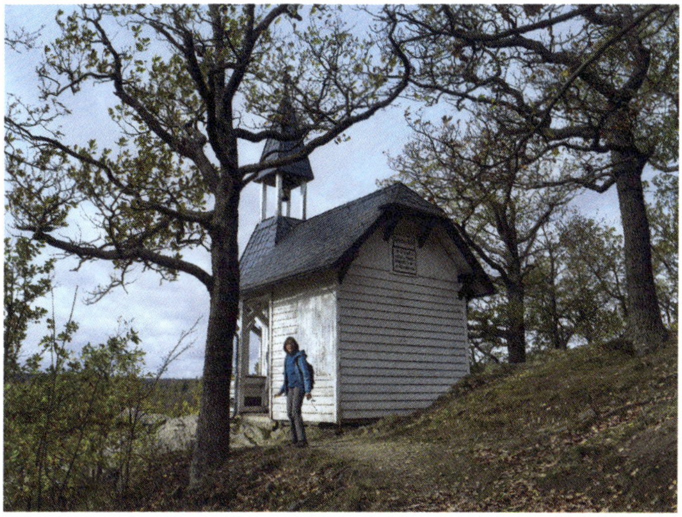

Die Köthener Hütte

Im Selketal zum 4. Hammer Im Ort biegen wir beim zusammenbrechenden Hirsch neben dem großen ehemals schlicht eindrucksvollen Verwaltungsgebäude nach rechts (ostwärts) ab und gehen die Straße neben der Selke hinunter zum **Industriemuseum Carlswerk** ❺. Danach überqueren wir auf hölzerner Brücke den Fluss und folgen nun entlang dem südlichen Ufer dem

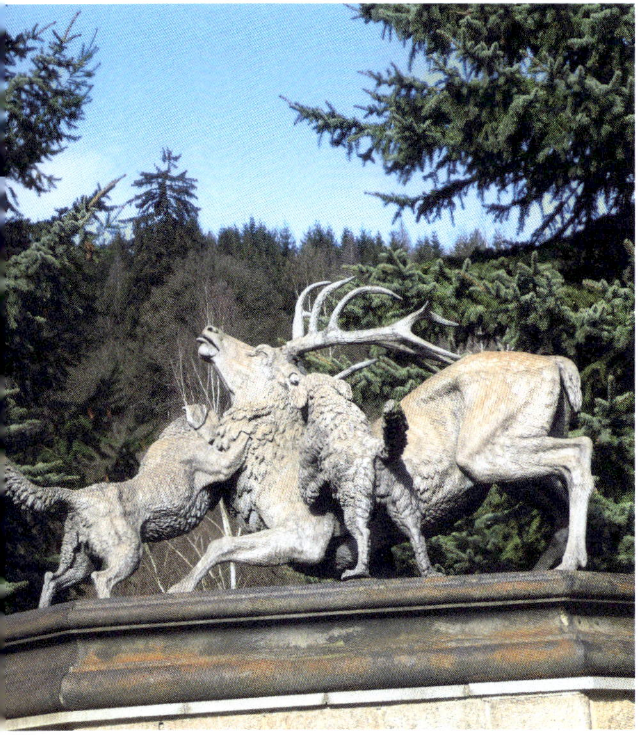

»Der besiegte Hirsch«

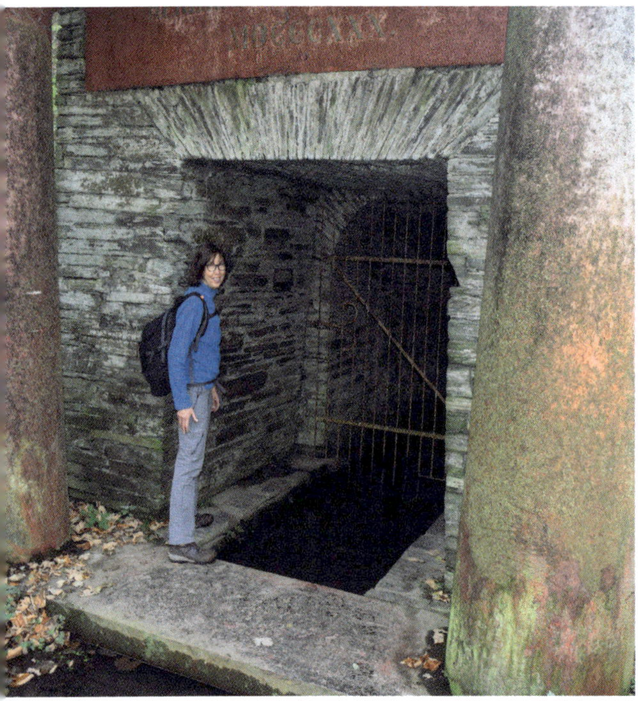

Am Portal des Erbstollens

schmalen, aber guten Weg. Auf der gegenüberliegenden Seite sieht man die Gebäude des ersten Hammers. Nach der Umrundung eines markanten felsigen Bergsporns (gegenüber vom 3. Hammer) gelangen wir schließlich zu einem kleinen, hübsch überwurzelten Felstunnel. Gleich danach erreichen wir eine Steinbrücke über die Selke (bei der ehemaligen Scheerenmühle).

Zurück über den Berg Hier biegen wir nach rechts in ein Seitental zum nahen Portal des **Herzog-Alexis-Erbstollens** ❺. Wir folgen nun nicht weiter dem Weg im Talgrund, sondern gehen rechts einen anderen Weg auf der Westseite des Seitentales. Er steigt stetig an und mündet nach einem kurzen Steilstück schließlich in einen horizontalen Hangweg. Diesen gehen wir nun nach rechts in einem weiten Bogen um einen großen Bergsporn (mit der Wanderhütte »Auf der Lampe«) herum. Er mündet schließlich in einem kleineren Seitental auf die Kreisstraße Mägdesprung–Harzgerode.

Wir überqueren sie und gelangen etwas links zu einer markanten Allee zwischen Wiesen. Der folgen wir nach rechts bis zum Wald. Dort gehen wir entlang von Hecken nach links in den hintersten Winkel der Wiese und dort in den Wald zu einem Wegekreuz. Nach links führen zwei Wege weiter. Wir folgen dem unteren breiten Weg am oberen Ende der Talhänge. Er bringt uns zuletzt um einen deutlichen Bergsporn herum zu einem Wegekreuz (bei einer rechts im Wald erkennbaren Schar paralleler alter Hohlwege). Hier gehen wir rechts immer nahe der steileren Talhänge weiter. Der Weg führt nun sachte abwärts, später an der mit Geländer ausgestatteten Aussichtskanzel Luisenklippe vorbei, hinab zum markanten, gusseisernen Luisentempel. Danach bringen uns steilere Wege nach links hinab in den Grund des Haupttales und zurück zur Peterskirche und zum **Bahnhof Alexisbad** Ⓔ.

Eisenindustrie im Selketal

Die erste technische Anlage im Tal war die Klostermühle. Sie lag bei der Lokalität Talmühle, und außer den urkundlichen Hinweisen erinnert daran nur noch ein zur Ableitung von Wasser ausgehauenes Stollenloch und ein zwischen Harzgerode und dem Ort der früheren Mühle von den Rädern der Lastkarren tief in die Felsen eingefahrener Hohlweg.
Neben dem Bergbau nach dem kostbaren Silber erfolgte er auch nach dem vielseitiger nutzbaren Eisen. Eisenerz gab es in den Gesteinen des Erdaltertums häufig in den Diabasen und den aus ihnen bei Abtragung und Umlagerung entstandenen Gesteinen, so auch im Selketal. Der munter fließende Selkebach bot neben der Holzkohle eine nahe Energiequelle für die Bergwerke und die Hammerwerke der Schmieden. Zur Entwässerung der Gruben des Gebietes wurde ein kilometerlanger Wasserlösestollen angelegt; sein Wasser entlässt er beim 4. Hammer in die Selke. Dort kann auch heute noch sein fast bombastisches Portal besichtigt werden. Unter den Landesherren der Gegend trat Friedrich Albrecht von Anhalt-Bernburg ab 1765 im Gegensatz zu den meisten seiner Vorgänger nicht nur als parasitär in Luxus schwelgender Feudalherr auf. In Mägdesprung entwickelte sich unter seiner umsichtigen und stetigen Initiative, geleitet von seinem kompetenten Bergamtsleiter Johann Jakob Büchting, die Eisenverarbeitung und die Kunst des Eisengießens. Nach seinem Tode würdigte sein gleichfalls konstruktiv tätiger Sohn die Tätigkeit seines Vaters durch die Errichtung eines Obelisken. Auch Büchtings Nachfolger arbeiteten

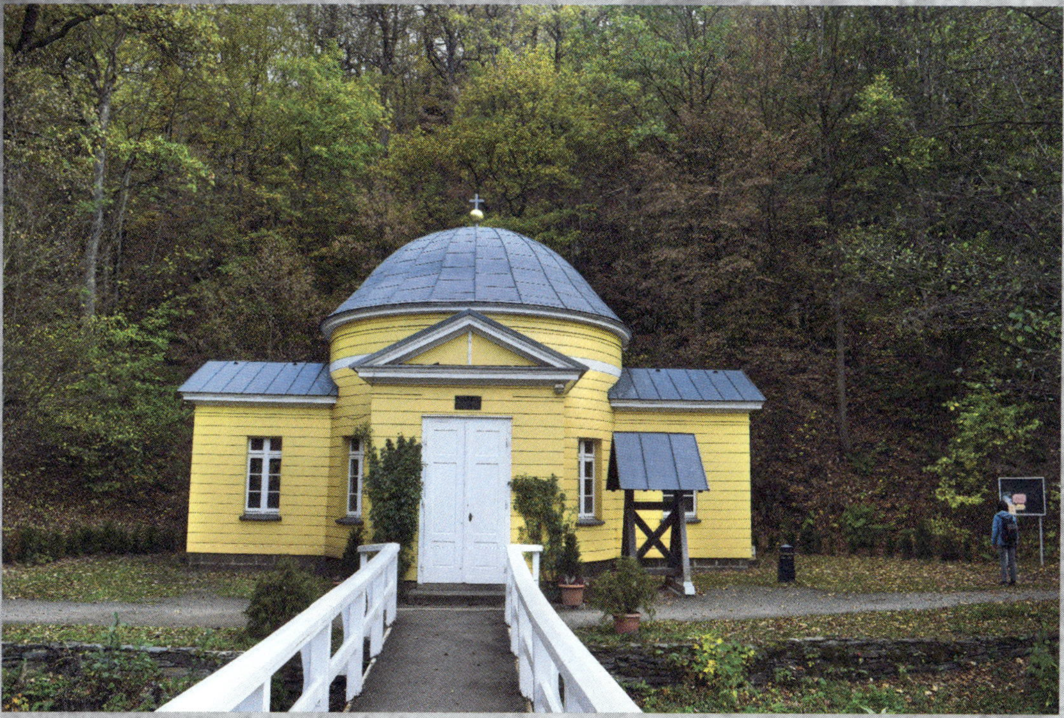

Die Petruskapelle bei Alexisbad

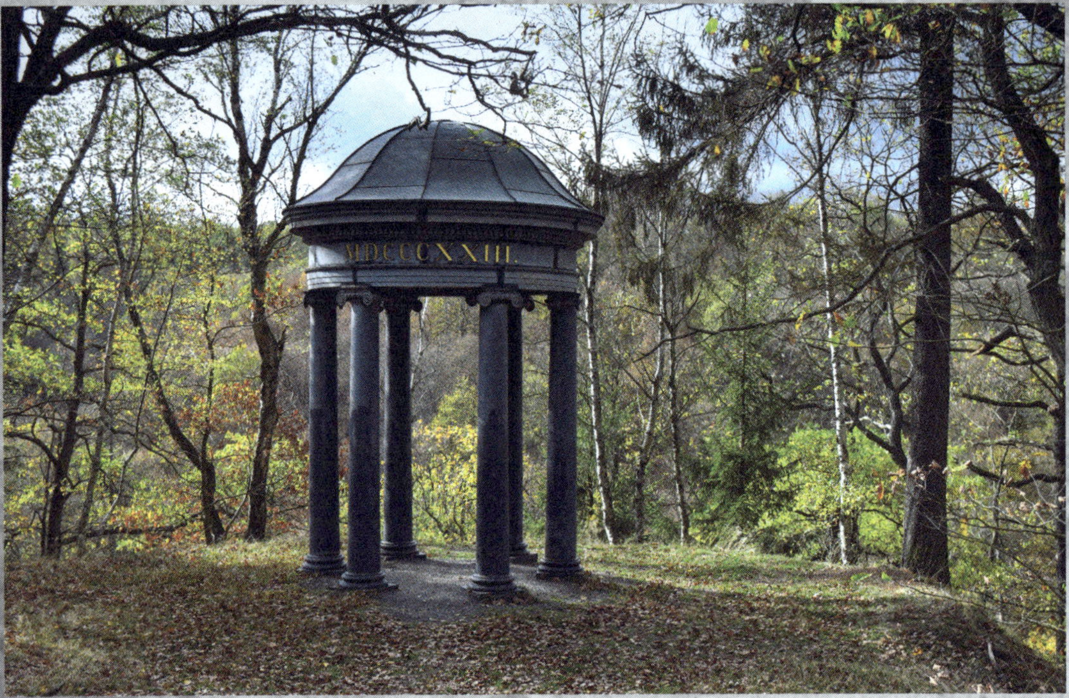

Der Luisentempel am Talhang gegenüber Alexisbad

gedeihlich. Die Palette der Produkte war im Laufe der Zeit lang und reichte von Dingen des täglichen Lebens wie Gittern, Treppen, Türen, Glocken, Kochern und Maschinenteilen bis zu dekorativen Plastiken und Denkmälern. Die im Tale hier und da zu findenden Objekte wie in Mägdesprung der ausdrucksvoll versterbende Hirsch (»Der besiegte Hirsch«, 1989 von Betriebsangehörigen in der Freizeit nochmals gegossen und wieder aufgestellt) oder der bei Alexisbad einer Fürstentochter Luise gewidmete gusseiserne Tempel waren also nicht nur Zeichen herrschaftlicher Repräsentation, sondern zugleich öffentlich sichtbare Beweise der hier entwickelten handwerklichen und industriellen Fähigkeiten. Die Anlagen wurden 1887 durch die Schmalspurbahn an das Eisenbahnnetz angeschlossen. Und die brachte wiederum auch Angehörige zahlungsfähiger Schichten zu einem frühen Tourismus hierher. Dafür wurden einige reizvolle Wanderwege angelegt. Dabei kamen auch Soldaten zum Einsatz, die hier am Pioniertunnel schon mal üben konnten und wohl nicht ahnten, was für Höllen ihnen der bald danach ausbrechende Erste Weltkrieg noch bescheren würde.

Die Gießerei und Eisenverarbeitung wurden hier in einer Hunderte von Menschen ernährenden Industrie bis 1989 gepflegt. Und dann mit dem Argument, sozialistische Ideologie beseitigen zu müssen in Anwendung einer neoliberalen Ideologie abgeräumt. Die dafür benutzte Institution »Treuhand« (die auch schon vielleicht nicht ganz ohne Grund als »Einladung an alle Gauner Europas« bezeichnet wurde) schlug wie anderswo auch hier unter dem Etikett Privatisierung zu und ermöglichte eine Art Krimi: Zuerst wurde der Komplex den Nachkommen früherer Besitzer übergeben. Die entließen bald wegen wegbrechender Rentabilität des Werkes die Belegschaft, verkauften Teile der Gebäude und Anlagen, nicht zuletzt die wertvollen

Formkästen als Herzstücke der Technik. Sie nahmen so Geld ein, taten aber über ein Jahrzehnt lang nichts zur Unterhaltung der Gebäude. Als sie sich dann als insolvent verabschiedeten, wurde der Komplex wiederum mehrfach verkauft, nach Ablehnung des Kaufes durch die Stadt Harzgerode, an einem durchaus an der Erhaltung interessierten Museumsverein vorbei, versteigert und gelangte so 2012 über eine Strohfrau in die Hand eines »Investors«. Der versprach, daraus eine Lokalität für Events zu machen, schlachtete dann aber nur die Gebäude rabiat auf Metalle aus und verhökerte diese als Schrott. Dabei wurden sogar Treppengeländer und Fenster und sogar tragende gusseiserne Pfeiler herausgerissen. Das geschah ungehindert von den fernen Ordnungsbehörden, obwohl die sehr wohl vom Museumsverein Hinweise auf die Zerstörungen erhielten. Nach vorherigem Anbringen von Sichtblenden brachte der »Investor« obendrein in monatelangem nächtlichem Lkw-Verkehr von anderswo massenhaft Abfälle ein und legte damit eine wilde Mülldeponie an. Und als das schließlich allgemein sichtbar wurde und nun doch aufflog, da versteckte sich der »Investor« hinter einem angeblich dafür zuständigen osteuropäischen Subunternehmer, der leider verschwunden war. Und wertvolles Kulturgut blieb für immer verloren. Was der Museumsverein erhalten konnte, war das Carlswerk. In dem ist jetzt wenigstens eine Reihe sehenswerter Maschinen und eine Sammlung von beispielhaften Gusserzeugnissen zu besichtigen. Auch der 2006 neu errichtete Obelisk und die Hirschgruppe sind gesichert. Daneben werden einige der Gebäude der früheren Schmieden von den neuen Eigentümern gepflegt und konstruktiv erhalten. Beim »3. Hammer« blieb bei den alten Werkshäusern auch der Friedhof des Werks erhalten. Und im »4. Hammer« ist jetzt ein beliebtes, auf vegetarische Kost spezialisiertes Waldrestaurant zu finden.

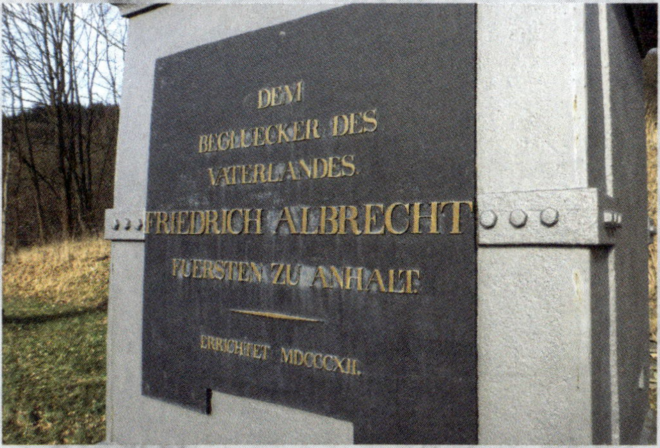

Inschrift am großen Obelisken in Mägdesprung

Das über dem Tal auf der Hochfläche gelegene Harzgerode (mit Bergwerksrelikten, restauriertem Schloss und Rathaus und teils erst noch zu rettenden Fachwerkhäusern) ist heute der Hauptort der Dörfer der östlichen Harzhochfläche von Güntersberge bis Dankerode – ein Tipp für Erholung in einem Stück alter Kulturlandschaft mit vielfältigen Relikten und naturnaher Umgebung.

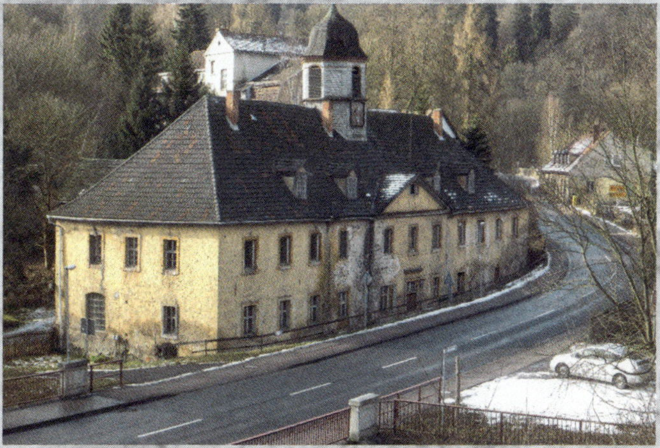

Das ehemals stattliche Verwaltungsgebäude der Eisengießerei in Mägdesprung

20 Im Gebiet des Ostharzer Silberbergbaus

Vom Straßberger Besucherbergwerk Glasebach zum Revier um Neudorf

mittel | 11 km | 80 Hm | 3.00 Std.

Tourencharakter
Bequeme Rundwanderung auf ruhigen Wegen mit vielen bergbaulichen Relikten

Ausgangspunkt
Parkplatz bei der Grube Glasebach bei Straßberg

Anfahrt
Mit dem Auto bis Glasebach, Bahn bis Straßberg (HSB) oder Quedlinburg, Bus bis Straßberg

Empfohlene Karten
Wandern im Harz 1:50 000, lgn mit Harzklub, Blatt Ostharz

Einkehr
In Kantine Glasebach und am Birnbaumteich am Südende des Staudammes, auch in Straßberg

Info
www.harzgerode.de, Reiseauskunft www.bahn.de

Fern von den weit bekannten Oberharzer Bergbaurevieren gab es auch im Ostharz nahe am Selketal reiche Bergwerke auf das Münzmetall Silber und andere Schätze. Neben den untertägigen Wunderwelten öffnen sich hier auch obertägig großzügige Wanderungen an frischer Luft zu den im Wald hier und da erkennbaren Resten von alten Schächten und Gräben.

Zum Birnbaumteich Wir gehen am **Besucherbergwerk** Ⓐ nordseitig vorbei, queren eine Wiese zum Portal der Grube Glasebach. Links folgen wir dem mit Infotafeln ausgestatteten **Bergbaulehrpfad** ❶ durch einen Hohlweg aufwärts zu einer Straße (K 2352). Schon bald zweigt der Lehrpfad wieder nach links ab und führt, zuerst am Waldrand, im einst von intensivem Bergbau durchwühlten Tälchen Hellengrund hinab zu einem Teich. Nach rechts gelangen wir ansteigend zum Damm des **Birnbaumteiches** ❷ (südlich davon Campingsiedlung).

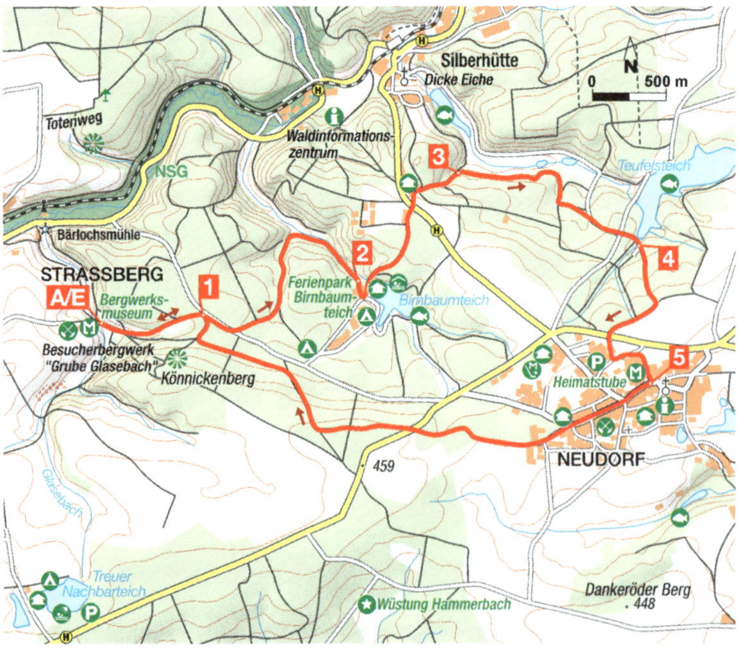

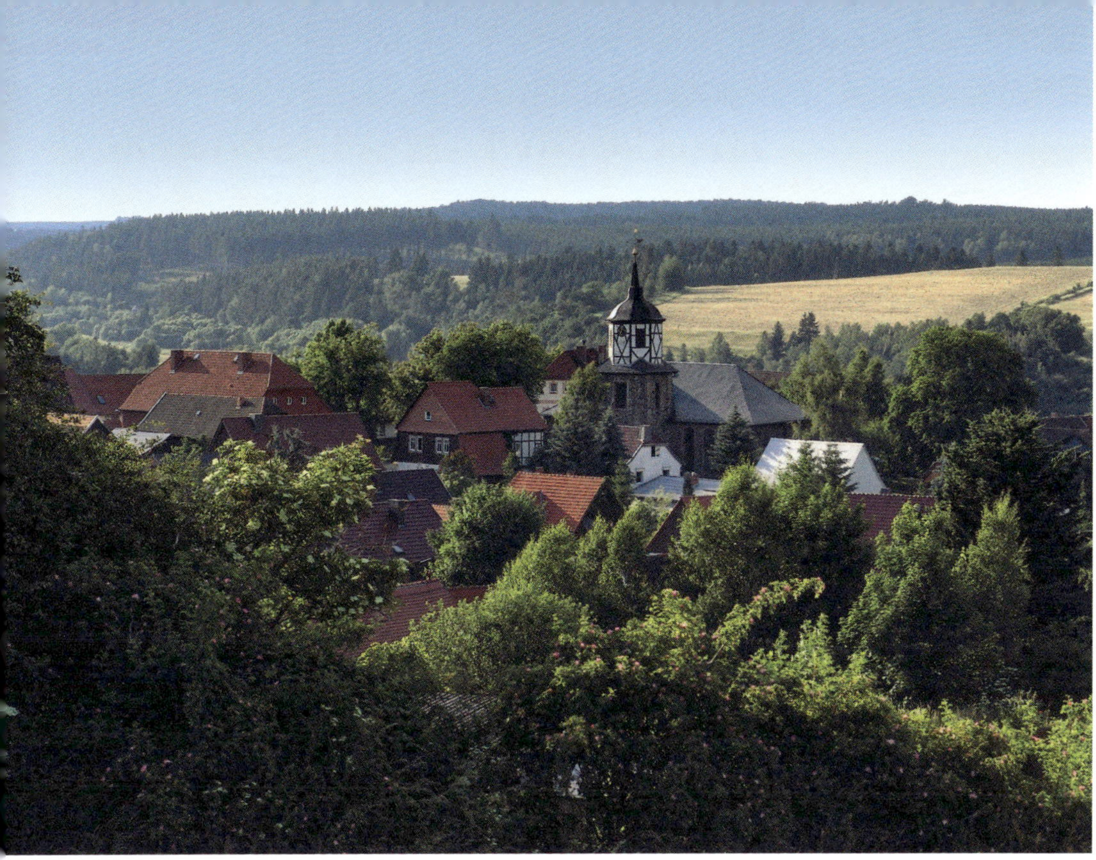

Straßberg ist ein Ortsteil der Stadt Harzgerode

Durch das Revier Biewende nach Neudorf Gleich vom Damm links, nordwärts gehen wir den Weg durch Wald zur Kreisstraße K 2364 und danach an Häusern rechts vorbei in den Wald. Dort gehen wir rechts auf der Trasse einer alten Bahnlinie weiter, passieren den gemauerten Eingang zum **Schacht Fürst Victor** 3 und folgen dem Weg im Bogen weiter bis zum **Teufelsteich** 4. Daran rechts vorbei führt uns der Weg zum Waldrand und daran entlang nach rechts zur heftig befahrenen Landesstraße. Nach ihrer Querung leitet ein Sträßchen nach links zur **Heimatstube Neudorf** 5 in der Ortsmitte.

Dörfliches Idyll in Neudorf

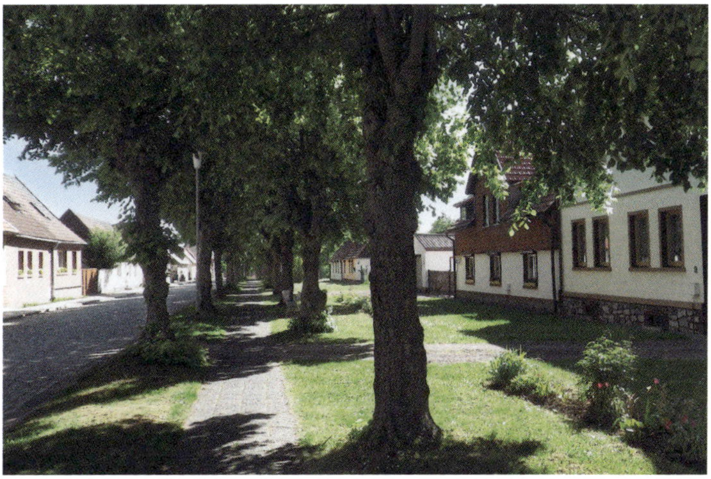

Zurück zur Grube Glasebach Wir gehen auf der Hauptstraße westwärts bis zum Ende der Allee, danach schräg links den Waldfriedenweg weiter. Der führt bald hübsch am Waldrand weiter, später wieder im Wald, zur L 235 und jenseits in gleicher Richtung weiter. Schließlich stoßen wir wieder auf den Bergbaulehrpfad und gehen, am Stolleneingang der Grube Glasebach vorbei, zurück E.

Ostharzer Bergbau – Silber und Flussspat

Rechte Seite oben: Eingang zum Bergwerksmuseum Glasebach

Rechte Seite unten und ganz unten: Schilder erklären den Bergbaulehrpfad.

Unten: Stollenportal im Glasebachtal

Der Ort Straßberg ist seit dem 13. Jahrhundert urkundlich erwähnt, war aber schon vorher Ort mit Bergbau und Schmelzhütte. Ebenso wie im Westharz gab es hier Gangerze, die sich bei den verschiedenen Hebungen des Harzblockes in heißen Spalten des Gebirges abgesetzt hatten. Aus dem Straßberg-Neudorfer Gangzug wurde zunächst, vor allem in den Gruben Birnbaum aber auch am Glasebach, Silber und Blei abgebaut. Lange Zeit prägte die Stolberger Münze Silber aus Straßberg. Der Silber- und Bleibergbau gedieh bei Neudorf bis ins 18. Jahrhundert und warf dort 49 000 Tonnen Roherz ab, bis zum Beginn des 20. Jahrhunderts 300 000 Tonnen. Bei Neudorf gab die Grube Fürst Victor neben Blei und Silber auch Schwefelkies (Pyrit) her. Im Zusammenhang mit dem Bergbau wurde auch hier im Ostharz ein System von Gräben und Teichen zur Bereitstellung von Energie geschaffen, das dem als Welterbe geadelten Oberharzer Wasserregal wohl kaum nachstand. Was aber auch für die nachhaltige Bodenvergiftung im Umfeld der Erzhütten gilt. Im Gegensatz zum Westharz enthielten hier die Gänge weithin hohe Anteile an Flussspat (Fluorit, CaF_2). Der war zunächst nur nutzloser Abraum. Er fand jedoch dann als Flussmittel zur Metallverarbeitung beim Gießen und bei der Herstellung von Kupfer und Aluminium zunehmenden Wert. Die Grube Glasebach wurde ab 1810 speziell dafür weiter ausgebaut, mit Risiken (und auch Unfällen) wegen der nach ihrer genauen Lage unbekannten älteren Hohlräume des früheren Silberbergbaus. Eine weitere starke Nachfrage nach Fluorit entstand in der Sowjetunion durch die Verwendung zur

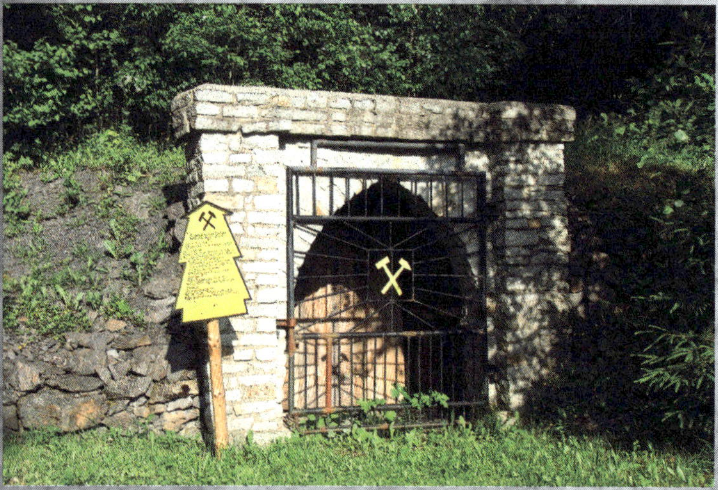

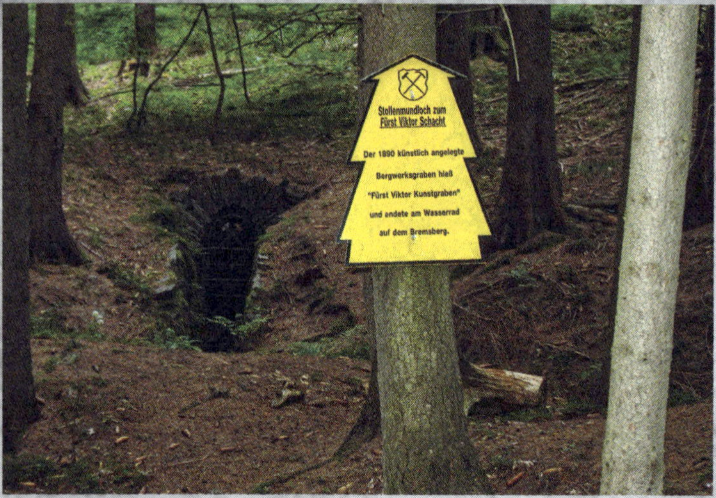

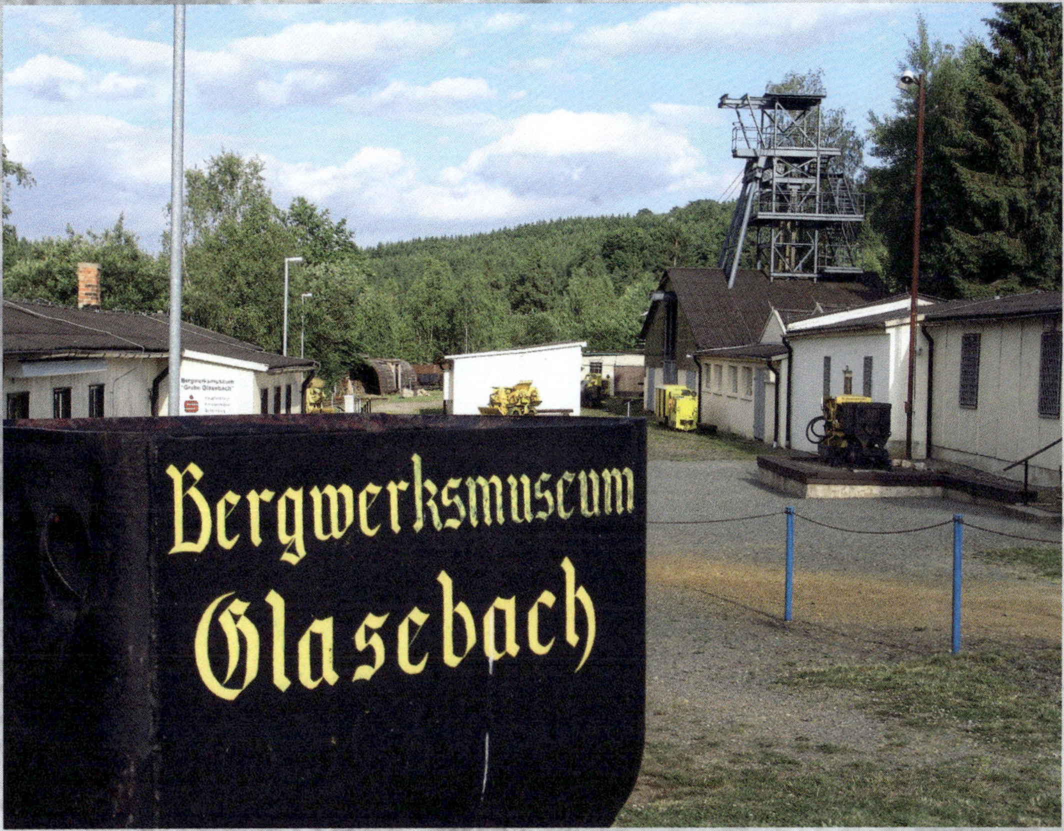

Trennung von spaltbarem und nichtspaltbarem Uran für Atomwaffen. Zur besseren Bewetterung (Belüftung) wurden der nördlich von Straßberg gelegene Fluorschacht und die Grube Glaseberg verbunden. Das ermöglichte bis 1990 eine Förderung von einer Million Tonnen Fluorit. Die beiden obersten Sohlen des inzwischen abgesoffenen Bergwerks Glasebach werden jetzt als hochinteressantes Besucherbergwerk zugänglich gehalten. Ausführliche Information zum Bergbau der Gegend bieten außerdem die Ausstellung bei der Grube Glasebach und die Heimatstube in Neudorf.

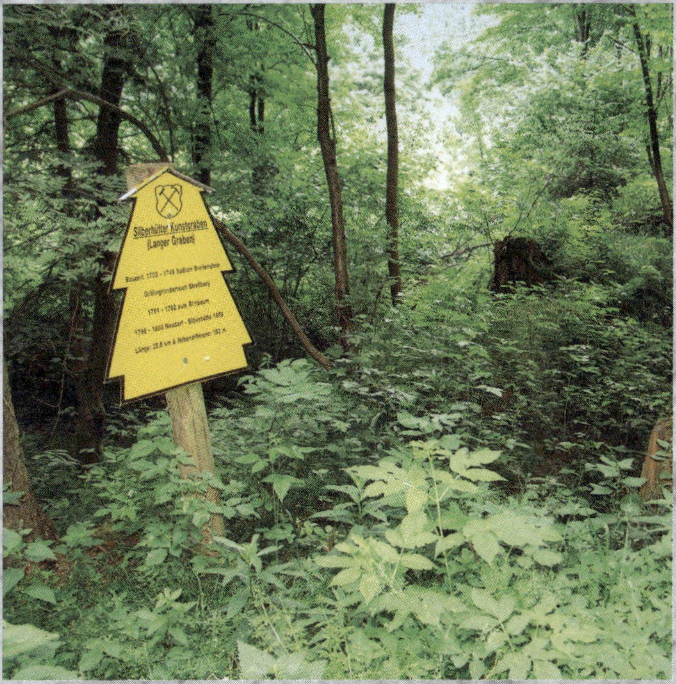

21

Zu einem monumentalen Gipfelzeichen

Vom Fachwerkstädtchen mit Landesherrenschloss auf den Großen Auerberg

mittel | 9 km | 300 Hm | 3.00 Std.

Tourencharakter
Ruhige Rundwanderung auf Waldwegen

Ausgangspunkt
Rathaus Stolberg

Anfahrt
Mit dem Auto bis Stolberg (P kann direkt am Rathaus schwierig sein), Bahn bis Quedlinburg, Bus bis Stolberg

Empfohlene Karten
Wandern im Harz 1:50 000, Ign mit Harzklub, Blatt Ostharz

Einkehr
In Stolberg, am Josephskreuz während der Saison

Info
www.stadt-stolberg.de, Reiseauskunft www.bahn.de

Das ins enge Tal der Thyra gezwängte Städtchen Stolberg zeigt vielfältige historische Bezüge und eine Fülle von malerischen Details. Von hier durch Waldtäler hinauf zu wandern auf den Kegel des alten Vulkans führt zum gigantischen Monument des Josephskreuzes. Nach den 200 Stufen zu seiner Höhe liegt der gesamte Ostharz ringsum ausgebreitet.

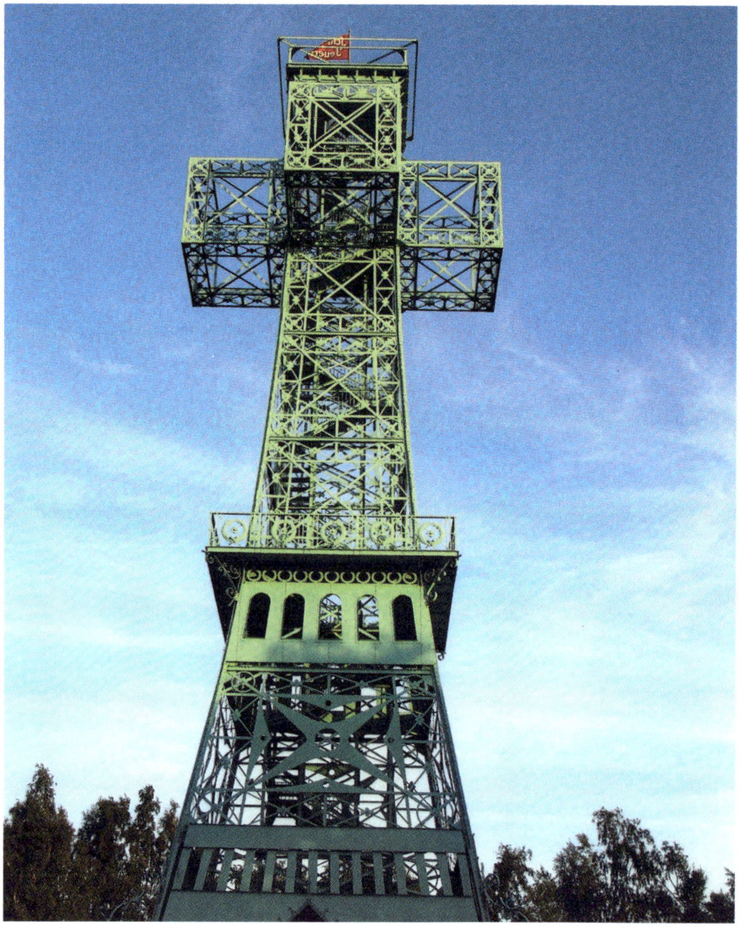

Das gewaltige Josephskreuz auf dem Großen Auerberg

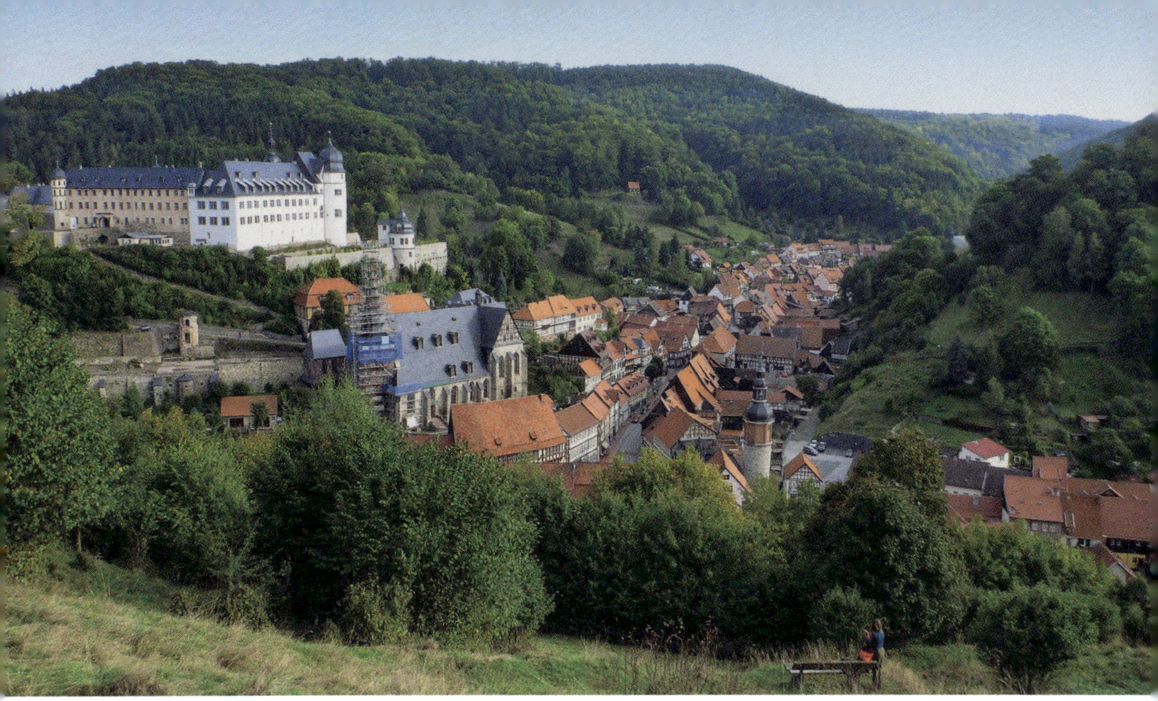

Stadt Stolberg und Schloss von der Lutherbuche

Durch das Zechental zum Josephskreuz Wir gehen vom **Rathaus** Ⓐ auf der Straße Markt und danach Neumarkt nordostwärts hinauf und dann links ins Zechental. Dort biegen wir rechts in die Straße **Moorberg** ❶ und gehen im Zechental hinauf zur breiten Waldstraße Holzchaussee. Dieser folgen wir ostwärts bis unter die Gipfelkuppe des Großen Auerbergs. Nach einer deutlichen Linksbiegung der Straße beginnt links ein Fußweg hinauf zur südlichen Gipfelkuppe zum **Josephskreuz** ❷.

Rückweg nach Stolberg Vom Platz vor dem Kreuz gehen wir kurz nordwärts und folgen dann dem Weg schräg links hinab zu einem markanten Wegekreuz mit der Alten Auerbergstraße (wo auch die Alte Poststraße kreuzt). Wir gehen nun westwärts weiter auf oder links neben der **Alten Auerbergstraße** ❸ zum Wegekreuz Schneiderborn und weiter hinab nach **Stolberg** Ⓔ.

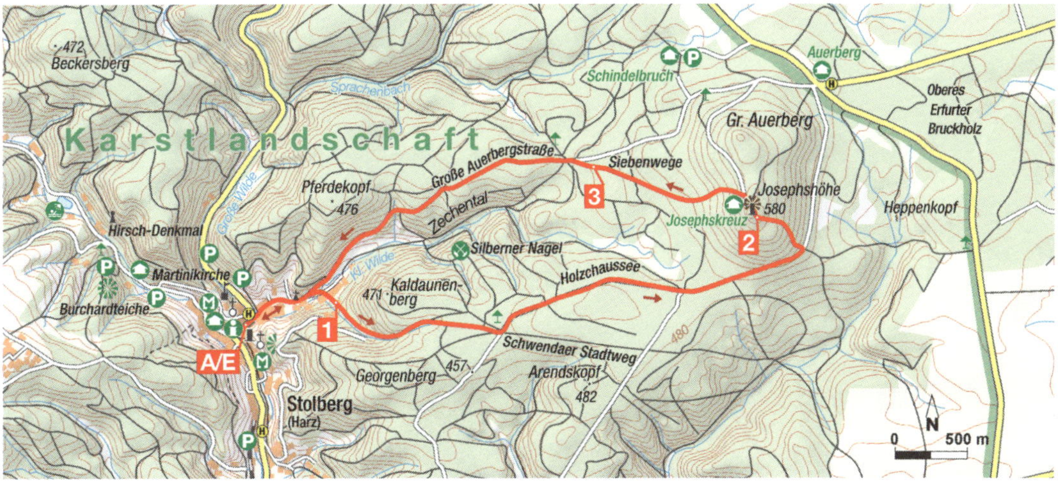

Fachwerkstadt mit Schloss

Rechte Seite: Impressionen aus der Stadt Stolberg, in der Mitte das Rathaus mit dem Thomas-Müntzer-Denkmal

Der rund 30 Meter hohe Saigerturm steht am Südende des Stolberger Marktplatzes und gehört zu den Wahrzeichen dieser einstigen Residenzstadt.

Bereits seit 794 gab es hier den ersten Bergbau nach Eisen, Kupfer, Silber und Zinn. Seit 1000 ist Stolberg als Bergarbeitersiedlung belegt und war dadurch wohlhabend (wenn sich auch der Bergbau früh erschöpfte). 1200 war es bereits Sitz der Grafen von Stolberg. Die bauten hier eine Burg, von der der Rundturm noch erhalten ist. An ihn heran wurde im 15. und 16. Jahrhundert im Renaissancestil das wuchtige Schloss errichtet. Das wird in den letzten Jahren vor allem durch die Deutsche Stiftung Denkmalschutz saniert. Auch das prächtige Rathaus ist von der Renaissance geprägt. Bei der Verbindung zwischen den Stockwerken wurde gespart: Sie sind nur von der Außentreppe zur Kirche her zu erreichen. Stolberg hatte seit dem 14. Jahrhundert das Stadtrecht und dann auch das Münzrecht (vgl. Heimatmuseum in der Alten Münze). Es wurde schon früh Fremdenverkehrsort und auch Kurort. Heute ist Stolberg Teil der Samtgemeinde Südharz.

In der Reformation war der Ort als Entscheidung der Landesherren bei den Protestanten. Es ergab sich jedoch zwischen Martin Luther und dem in Stolberg geborenen Thomas Müntzer bald der Konflikt um die soziale Frage. Während Luther die feudale Herrschaft anerkannte, wollte Müntzer die Bauern befreien. Der Bauernkrieg artete rasch in bloße Zerstörungswut aus und endete nach einer großen Schlacht bei Frankenhausen mit der kompletten Niederlage der Bauern. Müntzer wurde gefangen genommen und nach Folter hingerichtet. Vor dem Rathaus erinnert ein in der DDR-Zeit gesetztes Denkmal an diesen unvergessenen sozialkritischen Vordenker.

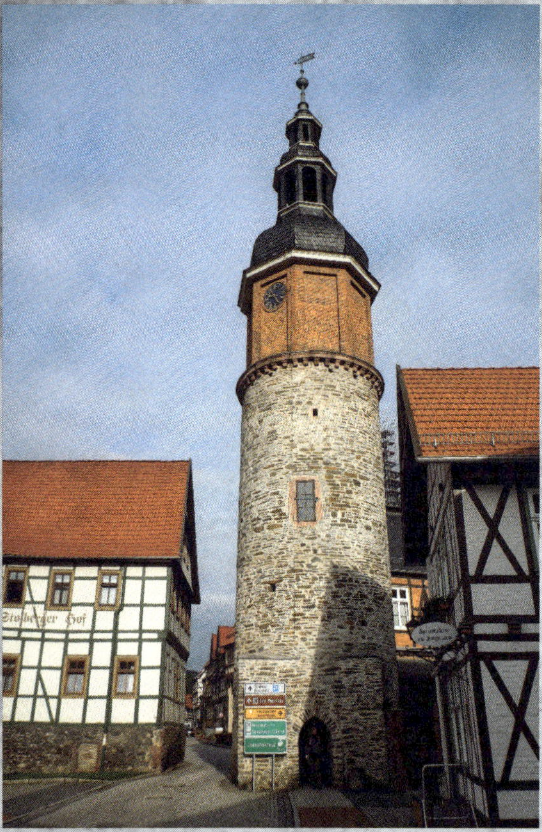

Das auf der südlichen Gipfelkuppe des Großen Auerberges stehende Josephskreuz wurde im Auftrag des Grafen Joseph von Stolberg vom Berliner Stararchitekten Karl Friedrich Schinkel als hölzernes Doppelkreuz entworfen, 1833 eingeweiht und nach dem Sponsor benannt. Es war nur über Leitern zu besteigen und wurde 1880 durch Blitzschlag zerstört. 1896 wurde in neues Josephskreuz erstellt, ähnlich wie das Schinkelkreuz, finanziert vom aktuellen Grafen und dem Harzklub. Es war jetzt eine Stahlkonstruktion, unten dem Eiffelturm nachempfunden und mit 200 Treppenstufen ausgestattet. Die Aussicht ist umfassend. Allerdings ist die Erhaltung dieser Menge Metall vor dem Rost eine gewaltige Daueraufgabe. In der DDR-Zeit war sie schon fast gescheitert. Aber jetzt ist nach einer großen Sanierung erst einmal alles stabil.

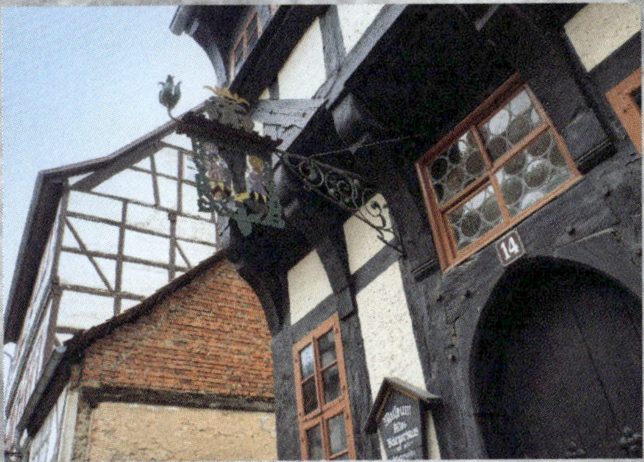

14

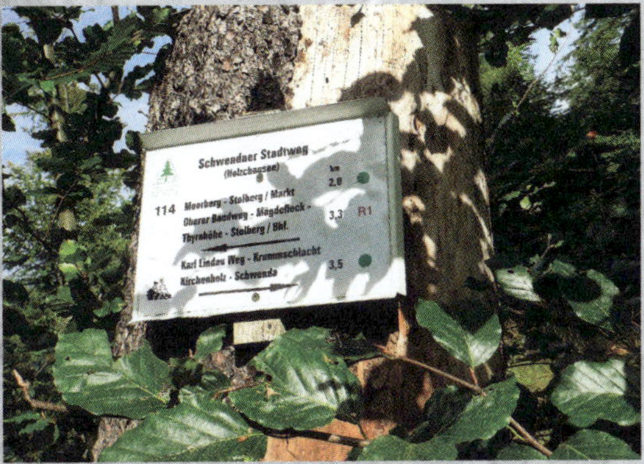

Schwendaer Stadtweg
km
2,0
114
Moorberg - Stolberg / Markt
3,3
R1
Thyrahöhe - Stolberg / Bhf.
Karl Lindau Weg - Krummschlacht
3,5
Schwenda

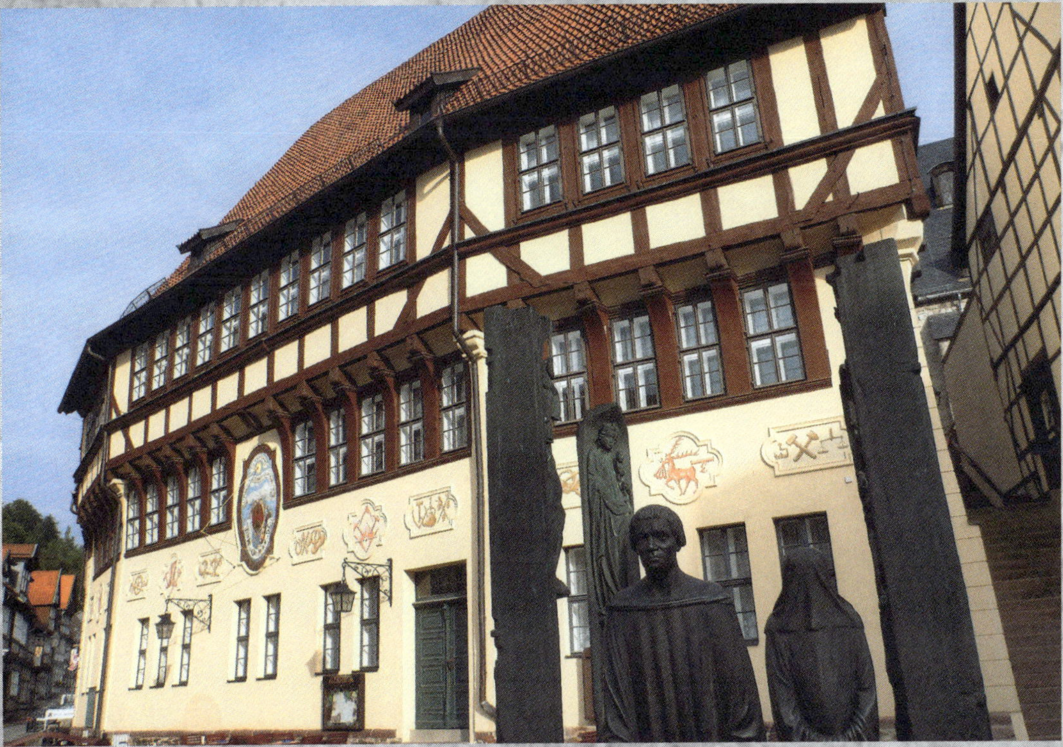

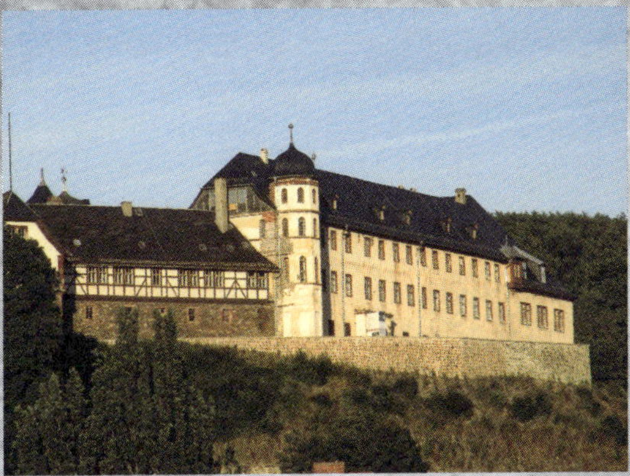

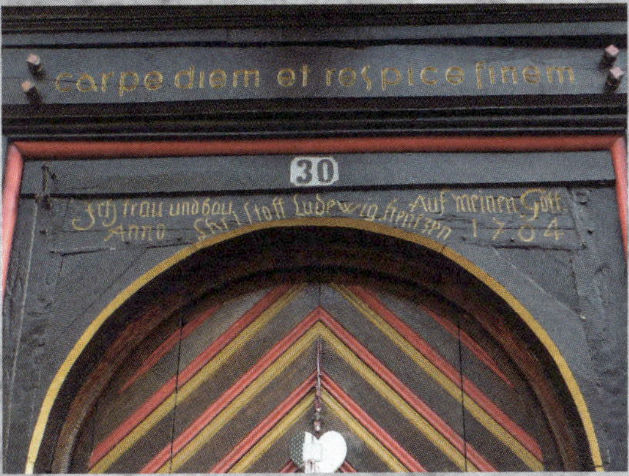

carpe diem et respice finem
30
Auf meinen Gott
Anno

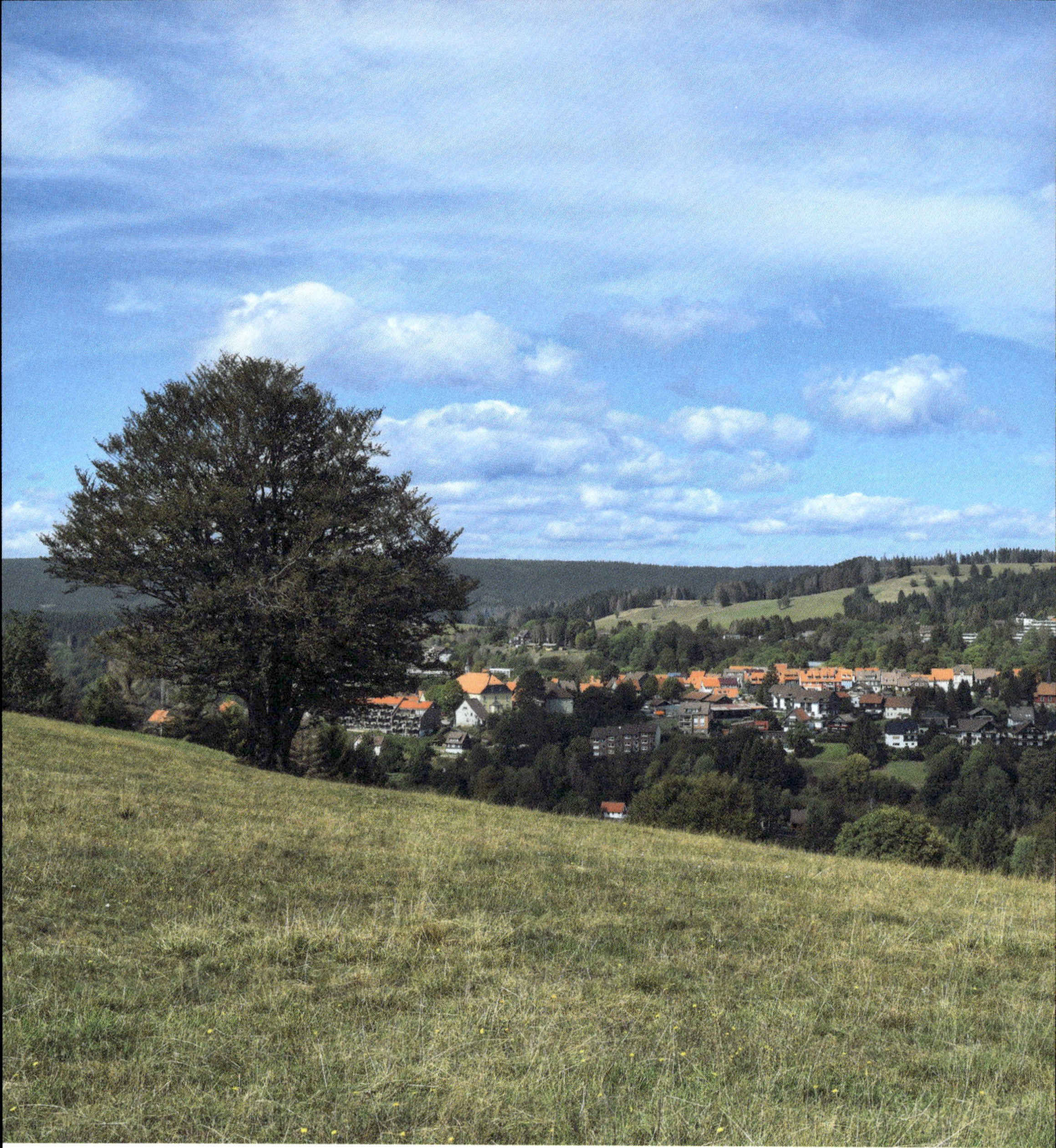

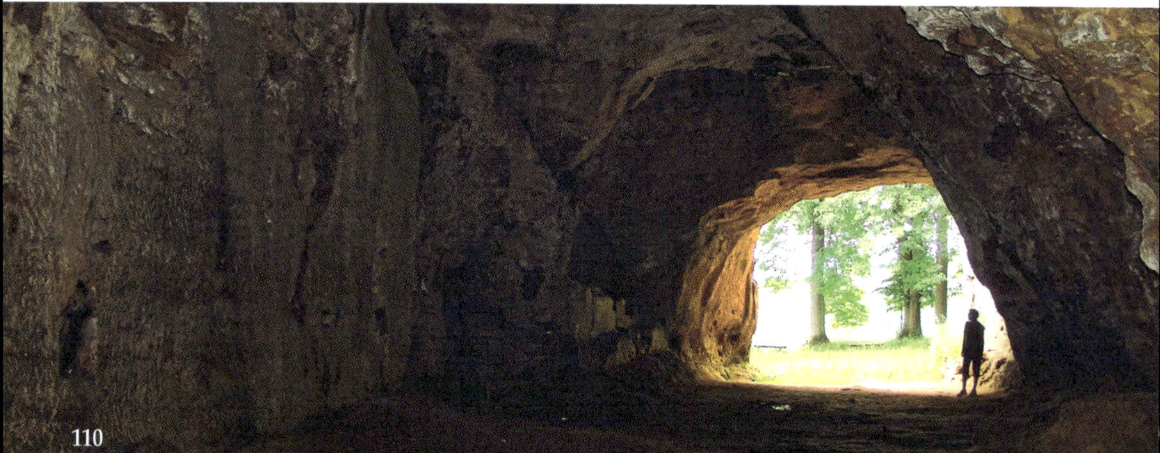

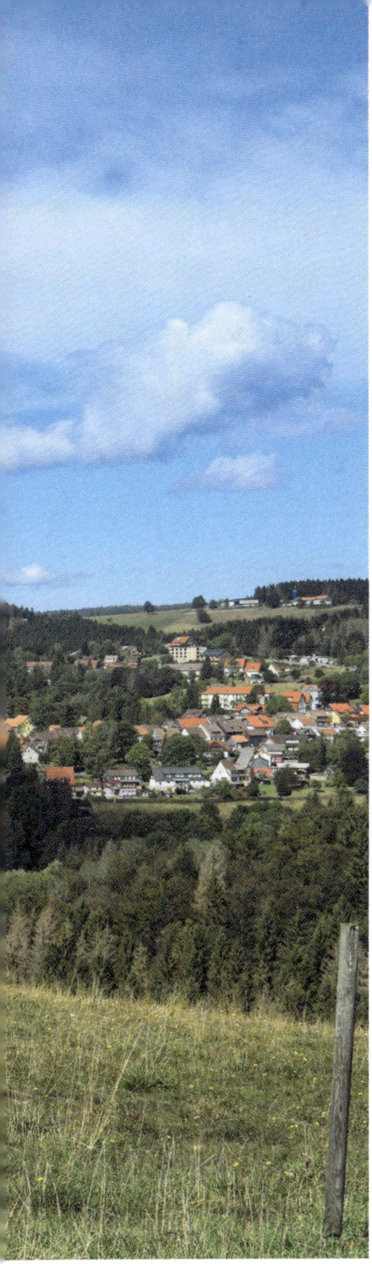

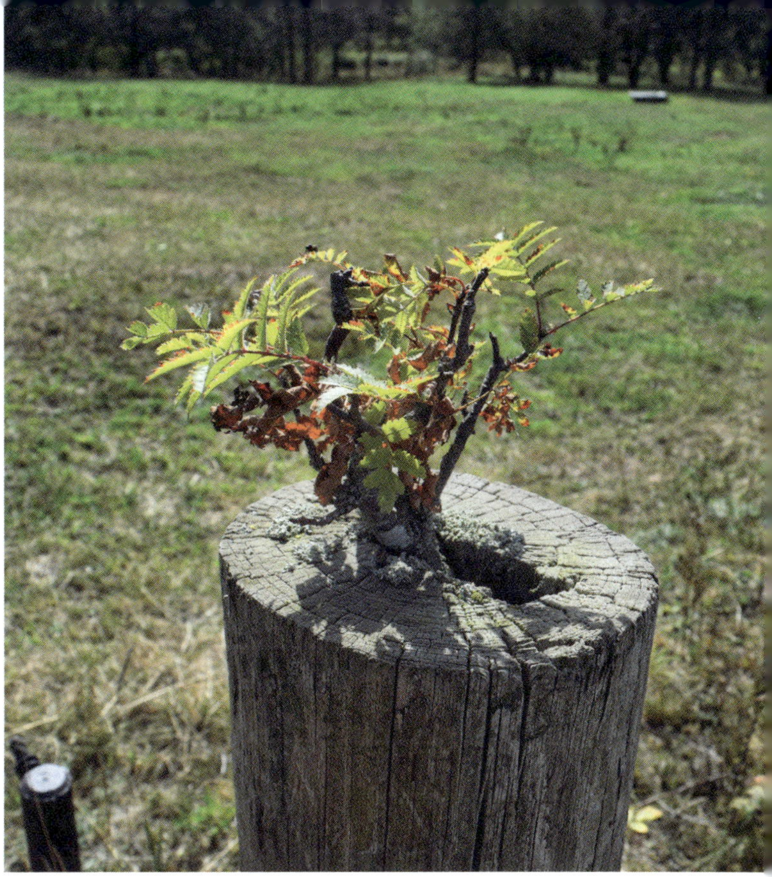

Südharz und Westharz

Oben links: Sankt Andreasberg vom Matthias-Schmidt-Berg aus gesehen (Tour 27)
Oben rechts: Kleinstbiotop an den Bergwiesen (Tour 27)
Unten links: Die Steinkirche bei Scharzfeld (Tour 26)
Unten rechts: Historisches Relikt bei Neustadt (Tour 22)

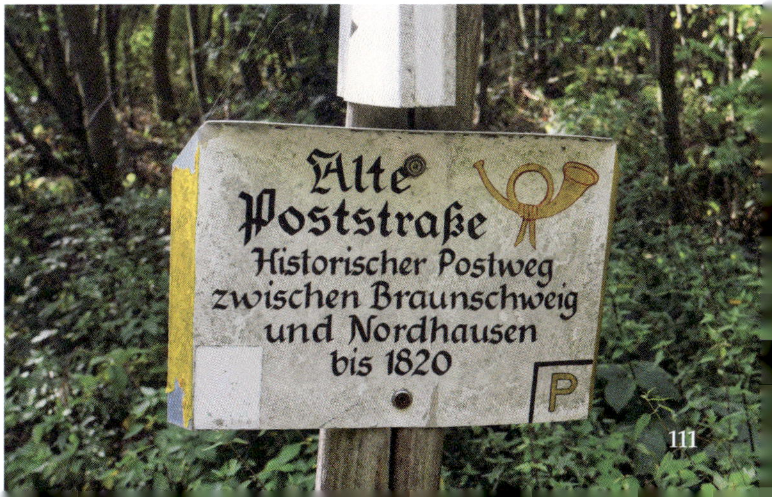

22

Fast vergessene Harzrandburgen

Von Neustadt zur Ebersburg, zur Heinrichsburg und zur Ruine Hohnstein

mittel/schwer 12,5 km 200 Hm 4.00 Std.

Tourencharakter
Einsame vielfältig reizvolle Rundwanderung auf weithin naturnahen Wegen

Ausgangspunkt
Parkplatz am Südrand von Neustadt (Gemeinde Harztor)

Anfahrt
Mit dem Auto bis P Neustadt, Bahn HSB bis Ilfeld, Bus bis Neustadt

Empfohlene Karten
Wandern im Harz 1:50 000, lgn mit Harzklub, Blatt Ostharz

Einkehr
Burgruine Hohnstein und in Neustadt

Info
www.neustadt-harz.de, Reiseauskunft www.bahn.de

Rechte Seite: Die Ruine Hohnstein

Wenig östlich der schmuck restaurierten Ruine Hohnstein oberhalb von Neustadt liegen am Harzrand die Reste von weiteren Burgen fast vergessen. Von Neustadt zur Ebersburg zu gehen und über die Heinrichsburg zurück zur Ruine Hohnstein lässt sie in einer abwechslungsreichen Rundwanderung erleben.

Von Neustadt zur Ebersburg Vom **Parkplatz** Ⓐ gehen wir südwärts zum Wald und dort schräg rechts aufwärts zum Bergrücken (Aussicht **»Wetterfahne«** ❶, etwas westlich liegt der Galgenberg, der bis zum 17. Jahrhundert als Richtstätte diente). Nun folgen wir nach links ostwärts dem Weg entlang dem Waldrand bis zur querenden Autostraße Neustadt – Hermannsacker. Gegenüber führt ein fester Feldweg in gleicher Richtung weiter und dann nach rechts hinab zum **Rasenteich** ❷ (malerische Bank). Von hier gehen wir südwärts den linken Weg kurz steil hinauf und danach links am Waldrand weiter bis zur Straße Hermannsacker–Sägemühle. Der gegenüber im Wald weiterführende Fußweg ist verwachsen und von oben vom Festplatz aus schwierig zu finden. Deshalb gehen wir nun besser vorsichtig auf der festen Straße weiter hinab zum Talgrund und danach rechts hinauf bis kurz vor die Pension/Gaststätte **Sägemühle** ❸. Dort beginnt bei einer Infotafel der Weg, der durch den Wald in einer großen Spirale steil hinauf führt zur **Ebersburg** ❹ (teils rekonstruierte Burgruine mit recht fragilen Pfaden, Infotafeln, Ausblicke ins Umland).

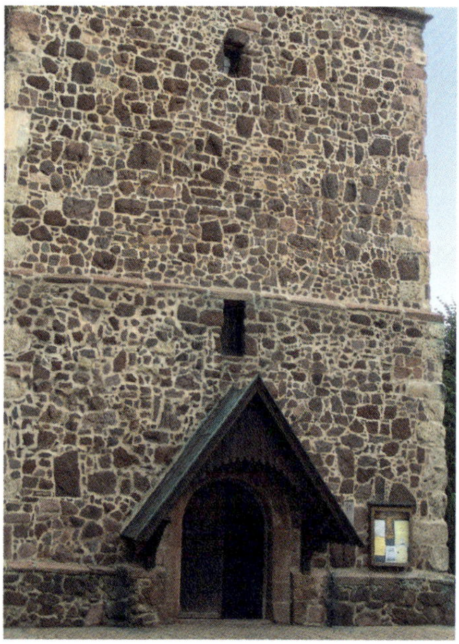

Kircheneingang in Neustadt

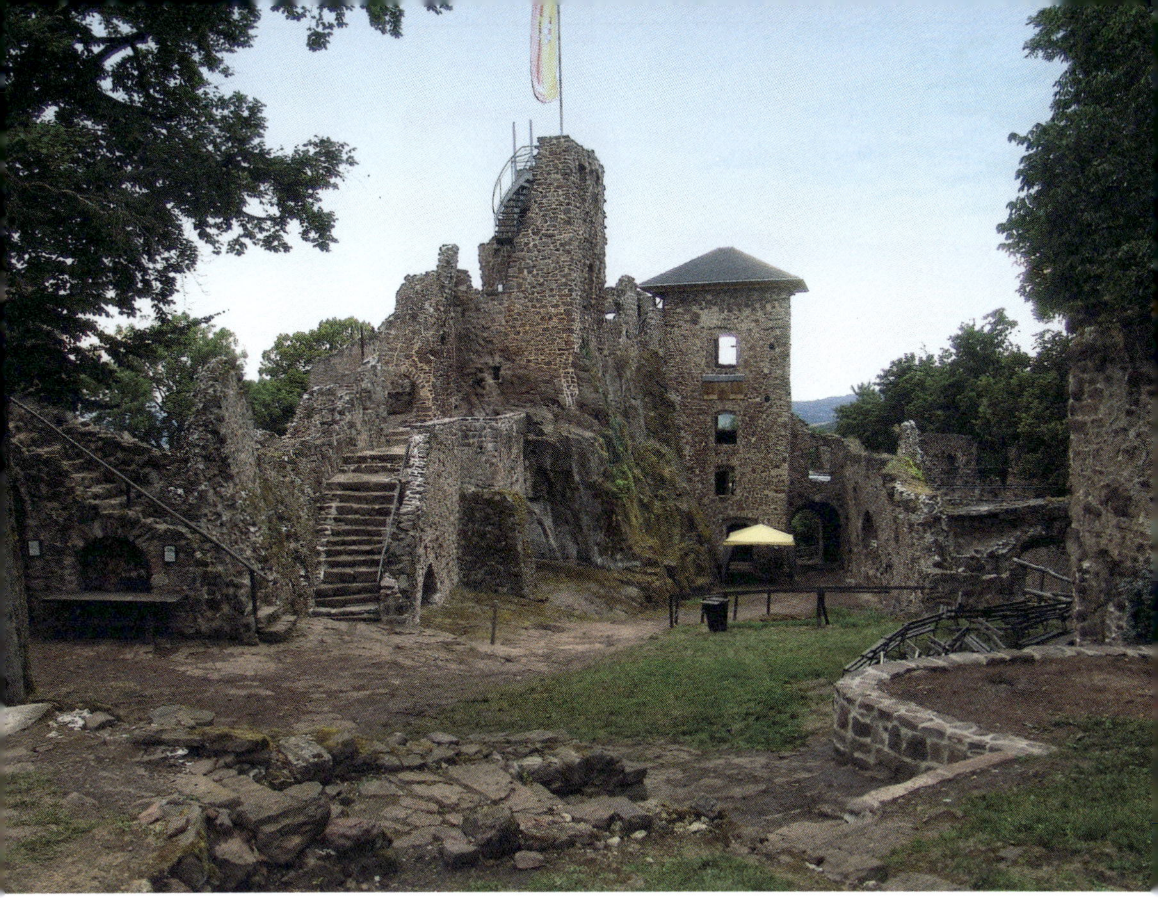

Von der Ebersburg zum Felsentor hinter der Heinrichsburg Wir gehen auf dem gleichen Weg hinab und rechts bis zum Talgrund. Nun folgen wir rechts dem Weg entlang des Waldrands in einem Wiesental nordwestwärts hinauf. Später wechseln wir über eine Brücke zur linken (orografisch rechten) Seite und gehen weiter bis kurz hinter das Ende der Wiesen. Wir biegen nun nach links ab in Richtung Neustadt (westwärts). Nach etwa 500 Metern zweigt gegenüber von einem eingezäunten Grundstück nach rechts die Alte Poststraße ab (Schild; auf der folgenden Wegstrecke kommen später gehtechnisch schwierige Passagen. Wer weniger gut zu Fuß ist, folgt ab hier besser der nachfolgend zusätzlich beschriebenen leichteren Variante!) Auf und später neben der original als Hohlweg tief eingeschnittenen

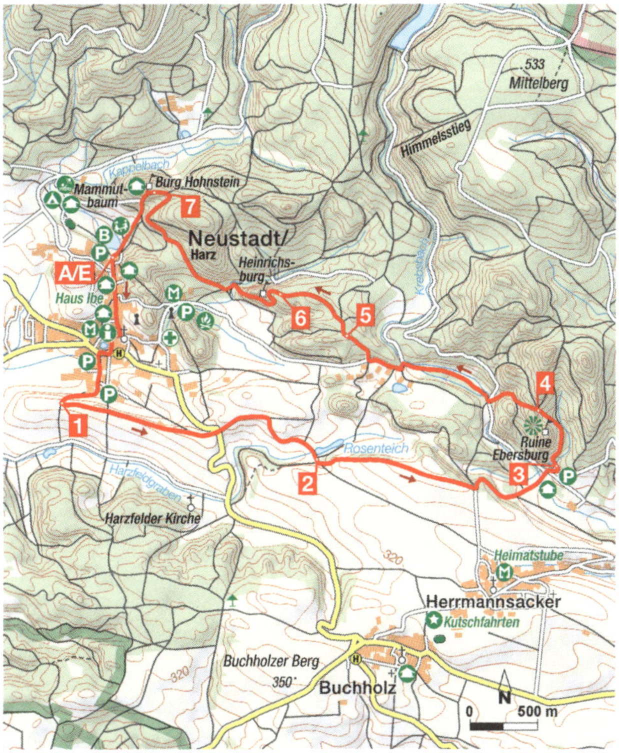

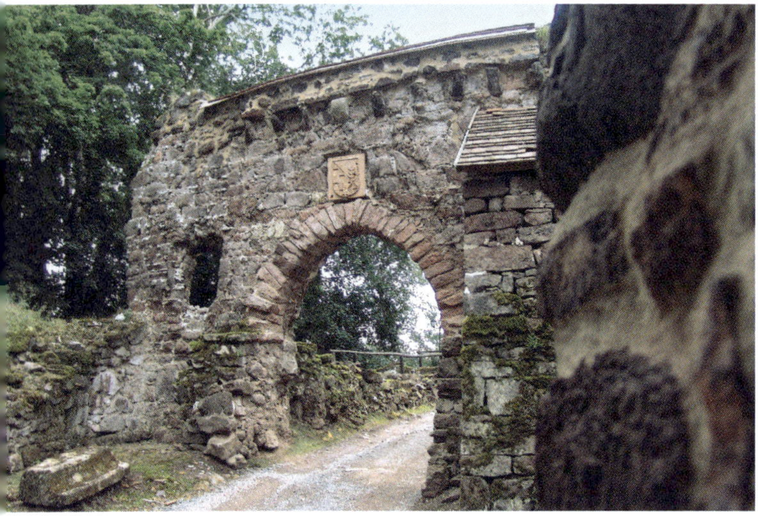

Das Tor zur Ruine Hohnstein

Alten Poststraße steigen wir nach links im Bogen an. In flacherem Gelände steht nach einem Rechtsbogen links vom Weg der Rest der abgestorbenen **Friedrichsbuche** 5. Kurz danach zweigt nach links ein unbefestigter, aktuell von Harvestern heftig verdeutlichter Waldweg ab. Er führt auf etwa gleicher Höhe in einem weiten Bogen auf einen Bergrücken. Auf diesem leitet ein Pfad westwärts hinab zu einem kleinen Bergsattel. Von hier gelangen wir mit einem Abstecher über spärliche Steigspuren steil hinauf an einem Mauerrest vorbei zum höchsten Punkt der **Heinrichsburg** 6 (alte Bank). Danach gehen wir zurück zum kleinen Bergsattel. Der Weg führt nun als herber, aber hübscher schmaler Pfad quer durch den steilen Nordhang der Heinrichsburg weiter und dann auf der Westseite zu einem kleinen Bergsattel bei einem felsigen Sporn (rechts mit leichter Kletterei zu besteigen zu einem Aussichtspunkt mit alter Bank). Wir überschreiten den kleinen Sattel, steigen jenseits steil hinab und gehen dann gleich unterhalb von einer hohen alten Steinbruchwand nach rechts. So gelangen wir zum Sträßchen im Felsentor (unterhalb am Waldrand Infotafel Geopunkt Felsentor). (Leichtere Variante: Statt in die Alte Poststraße einzubiegen, folgen wir dem Sträßchen weiter westwärts. Nach etwa einem Kilometer erreichen wir so einen kleinen Parkplatz und eine Infotafel. Von hier gehen wir nach rechts hinauf bis zur Infotafel Geopunkt Felsentor am Waldrand.)

Schießscharten an der Ruine Hohnstein

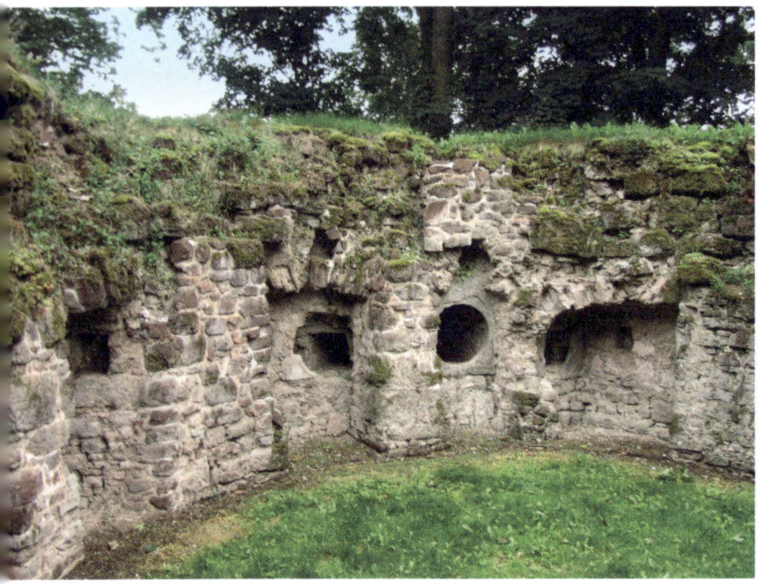

Am Waldrand beginnt auch ein zur Ruine Burg Hohnstein ausgeschilderter breiter Naturweg. Er bringt uns im Wald westwärts und nordwestwärts schräg aufwärts zum Wegekreuz an der Zufahrt zur **Ruine Hohnstein** 7 und von dort durch das alte Burgtor zur Gaststätte vor den sanierten malerischen Mauerresten. Von hier kann man über Treppen zum luftigen Ausguck vom Bergfried aufsteigen. Hinab gehen wir zum Wegekreuz und dann gerade den ausgeschilderten Weg hinab zum Waldrand und entlang diesem nach **Neustadt** E.

Harzrandstädtchen und Burgen

Neustadt ist erstmals 1392 erwähnt und erhielt im 15. Jahrhundert Marktrecht, Braurecht und untere Gerichtsbarkeit mit dem Recht, eine Rolandsstatue zu errichten. Die bereits im 12. Jahrhundert erwähnte Burg der Grafen von Hohnstein ging nach Erlöschen des Geschlechts an die Grafen von Stolberg. Die machten daraus unter Graf Heinrich ein ansehnliches Renaissanceschloss, das allerdings im 30-jährigen Krieg abgebrannt wurde. Daraufhin zogen die Amtsleute des Grafen nach Neustadt ins Brauhaus. Das wurde 1744 zum neuen (barocken und klassizistischen) Schloss ausgebaut. Seit dem 19. Jahrhundert gibt es Fremdenverkehr und auch heilklimatisch orientierte Sanatorien. Neustadt gehört jetzt zusammen mit Ilfeld und weiteren Orten zur Samtgemeinde Harztor.
Die bei Hermannsacker gelegene Ebersburg hatte auf den benachbarten Hügeln einige Vorwerke. Sie gehörte zuerst den Thüringer Landgrafen, fiel dann an die Wettiner und wurde schließlich auch von den Stolbergern übernommen. Die ließen sie verfallen. Seit 2006 bemüht sich ein heimatkundlicher Förderverein rührend um die Erhaltung. Die Heinrichsburg war eine recht übersichtliche Befestigung auf einem kecken Bergsporn, möglicherweise angelegt zum Schutz von bergbaulichen Tätigkeiten.

Links: Das Harzrandstädtchen Neustadt

Rechts: Tor der Ruine Ebersburg

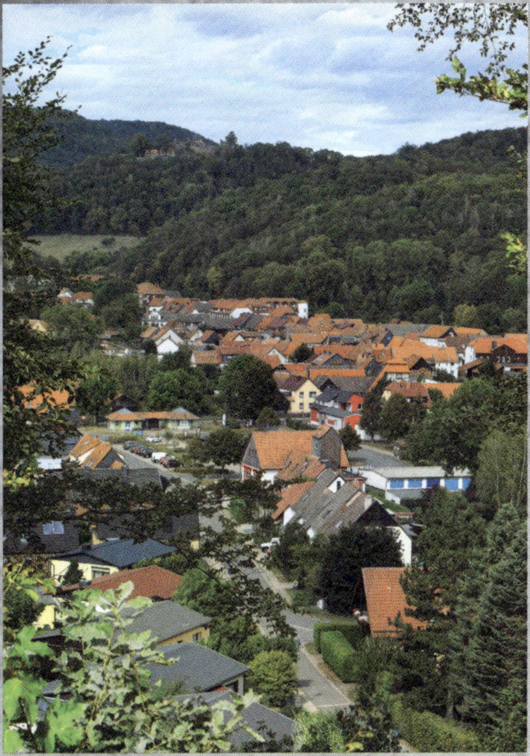

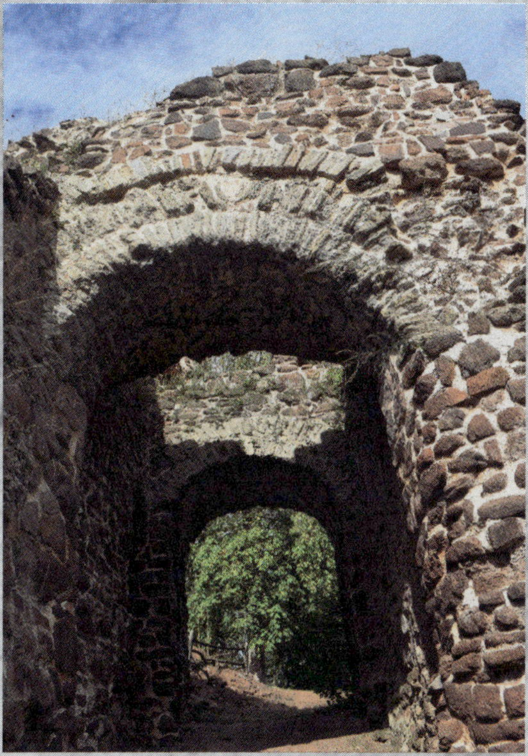

23

Wo im Nazireich Versklavte beim Waffenbau starben

Von der Gedenkstätte Mittelbau Dora auf den Konstein

leicht 4 km 100 Hm 2.00 Std.

Tourencharakter
Rundwanderung auf Waldwegen und Sträßchen auf geschichtsbeladenem Grund

Ausgangspunkt
Besucherparkplatz

Anfahrt
Mit dem Auto bis zum P, Bahn (HSB) bis Obersalza , von dort durch Ort westwärts 1,5 km zum P

Empfohlene Karten
Wandern im Harz 1:50 000, Ign mit Harzklub, Blatt Ostharz

Einkehr
In Nordhausen oder Ilfeld

Info
www.dora.de, www.buchenwald.de, Reiseauskunft www.bahn.de

Es mag unbequem sein, öffentlich begangene Großverbrechen zur Kenntnis zu nehmen. Besonders, wenn sie durch uns nahe Menschen geschahen. Aber wenn wir solches Geschehen nur verdrängen, dann können wir nicht daraus lernen. Und nach dem großen Krieg waren sich doch alle einig, dass etwas so Furchtbares nie wieder geschehen darf. Der Besuch solcher Stätten mit offenen Augen und Ohren und Herzen ist deshalb nötig – und hoffentlich auch heilsam wie eine Impfung gegen das Wiederholen schlimmer Geschehen.

Rundgang Vom **Parkplatz** Ⓐ bringt ein Gang über den **Appellplatz** ❶ und dann ein kurzer Anstieg nach rechts hinauf zu einem kleinen Backsteinbau (mit Sonderausstellungen) und weiter zum **Krematorium** ❷. Dahinter gehen wir im Wald ein Sträßchen hinauf zum Wegekreuz **Komödienplatz** ❸ (historische Bezeichnung nach erbaulichen Schulveranstaltungen der Kaiserzeit. Von hier ist westwärts durch eine Schneise in zehn Minuten der höchste Punkt des Höhenzugs Konstein zu erreichen.)

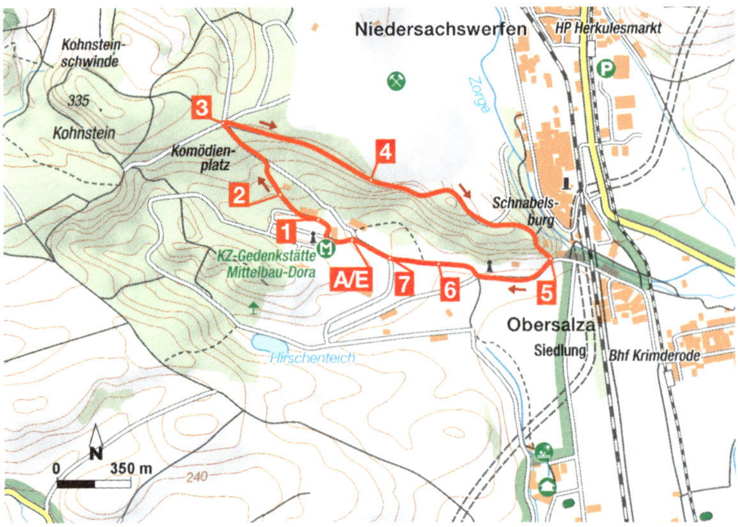

Rechte Seite oben: Auf dem Konstein herrscht Waldesruh.

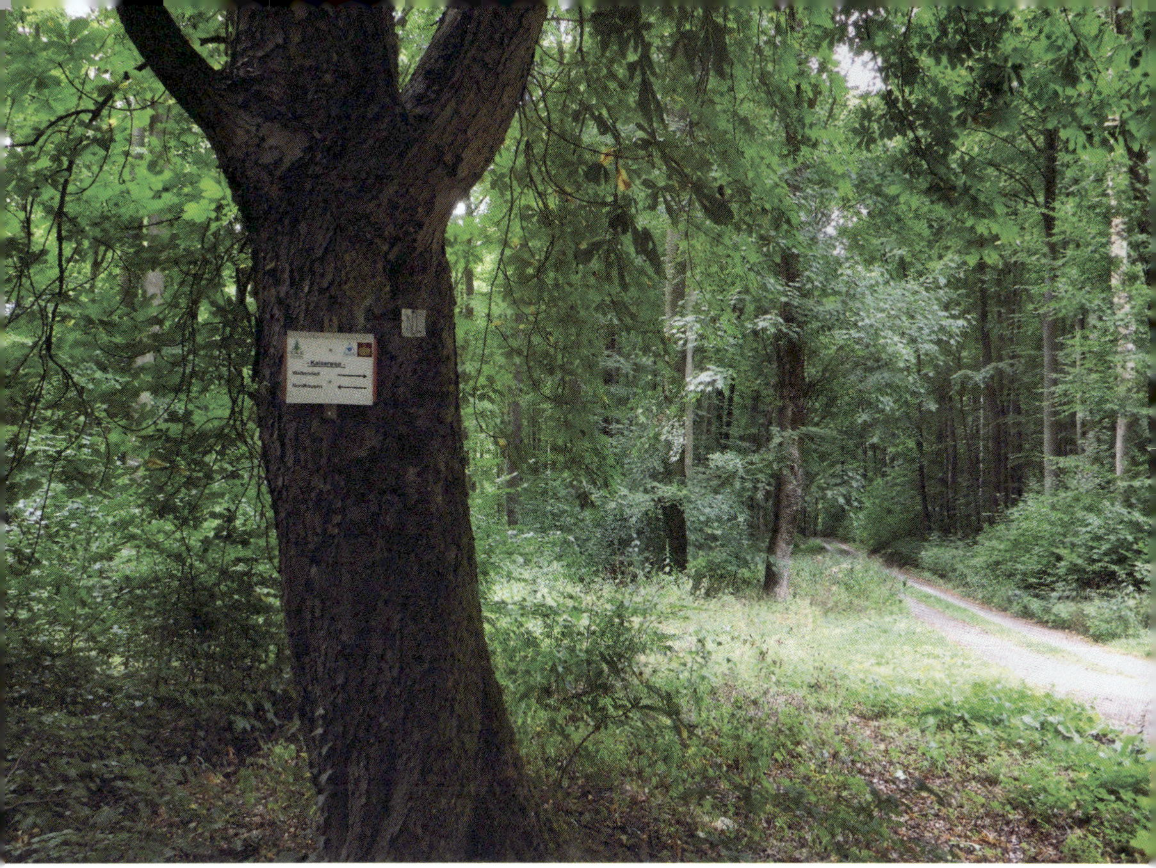

Wir biegen hier scharf ostwärts ab und folgen einem fast horizontalen Weg. Er führt immer näher an den Bergkamm heran. Später erlaubt eine Lücke links einen **Ausblick** ④ in den immer noch betriebenen Gipssteinbruch, der immer noch an dem Berg frisst. Bald danach führt der Weg abwärts weiter, biegt später nach rechts und erreicht schließlich die Zufahrtsstraße bei dem alten **Eisenbahnwaggon** ⑤. Er steht für all die Menschentransporte per Viehwagen, ohne die der Betrieb der KZs kaum möglich gewesen wäre.

Wir gehen nach rechts zurück in Richtung Parkplatz und kommen dabei zuerst am in der DDR-Zeit gesprengten Eingang und dann an einem neuen Zugang zum **Produktionsstollen** ⑥ vorbei (Führungen). Beim Besuch des eindrucksvollen **Museums** ⑦ sind von der Eingangsterrasse aus die Kirchtürme der Stadt Nordhausen nicht zu übersehen.

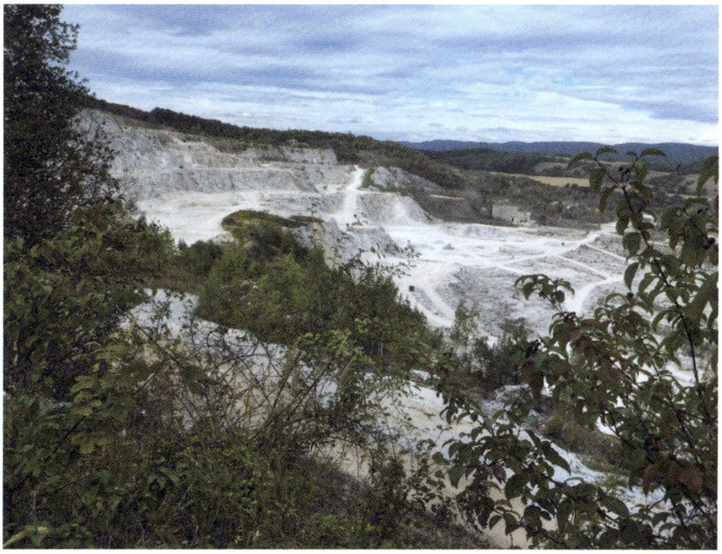

Unten: Blick in den riesigen Gipssteinbruch bei Niedersachswerfen

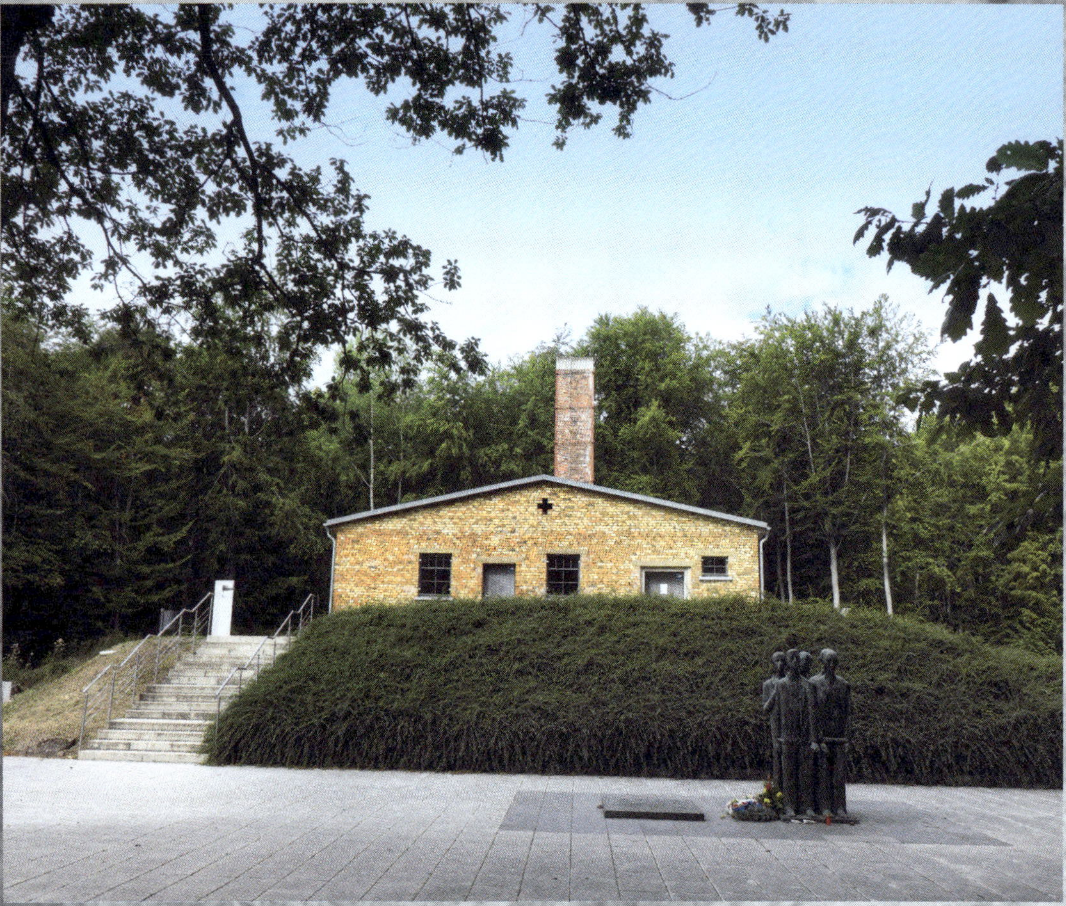

Das Krematorium des KZ Mittelbaus Dora

Der Mittelbau Dora

Westlich von Niedersachswerfen wurde ab 1943 unter dem für die »Wunderwaffen« zuständigen General Dornberger und SS-Baufachmann Kammler am Konstein der KZ-Komplex »Mittelbau Dora« angelegt. Die technische Aufsicht führte das Oberbergamt Clausthal. Der Kontakt dorthin lag bei dem bis zuletzt überzeugten Nazi Herbert Dennert. (s. Wanderung 29 »Clausthal«).

Im KZ waren in Baracken zu Untermenschen erklärte, politisch kritische Menschen und Kriminelle zusammen mit meist russischen, polnischen und französischen Kriegsgefangenen untergebracht. Sie wurden von nebenan angesiedelten Einheiten der SS bewacht. Die Inhaftierten wurden systematisch durch eine hierarchische Abstufung der verschiedenen Gruppen gegeneinander ausgespielt. Befehle gab es nur in der Herrensprache Deutsch. Obendrein wurde mit stundenlangem Stehen in Appellen zur Überprüfung der Anwesenheit und zur Besichtigung von schikanösen Bestrafungen und öffentlichen Hinrichtungen Terror verbreitet. Die Lagerinsassen mussten insgesamt 20 Kilometer lange unterirdische Stollen bauen und in diesen bombensicheren Werkstätten Kriegswaffen, u. a. Raketen V2, produzieren. Die Ar-

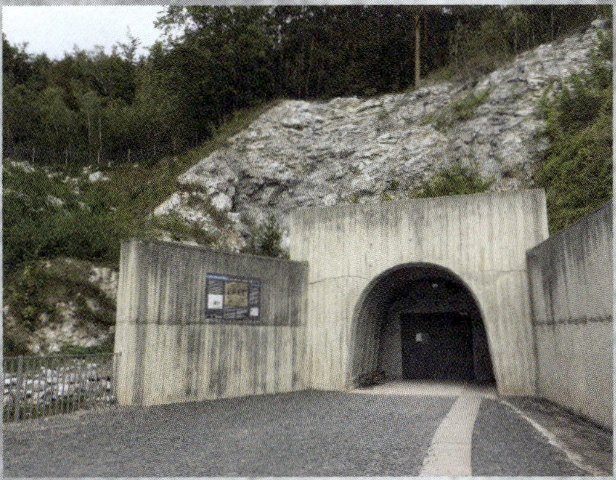 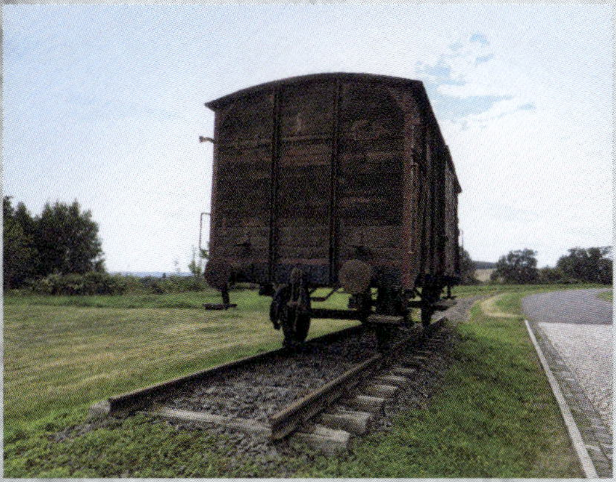

beitsbedingungen in den ohne Ventilation betriebenen Stollen waren so hart, dass die darin eingesetzten Menschen meist nach wenigen Wochen starben. Das gehörte zum Konzept der »Vernichtung durch Arbeit«; insgesamt gab es hier 20 000 Tote. Kammler endete in den letzten Kriegstagen durch Selbstmord. Die Karrieren einiger anderer Täter gingen jedoch nach dem Krieg ungebrochen weiter. So wurde der gleiche Wernher von Braun, der selbst 1944 im KZ Buchenwald ihm geeignet erscheinende Häftlinge auswählte und den Bau von Mittelbau Dora in Besuchen begleitete, später in den USA als Konstrukteur der Mondrakete Saturn gefeiert. Ebenso wie sein Kollege Dornberger dabei wieder mit im Team war. Solche Täterkarrieren sind besonders für die Opfer und deren Angehörige schwer zu ertragen.

Das KZ lag in Sichtweite der Stadt Nordhausen, und schwer bewachte Häftlingskolonnen (»die Zebras«) waren oft unterwegs zu Einsätzen und gehörten zum Stadtbild. Dazu kamen Dutzende von Außenlagern im Harz und Harzvorland mit zugehörigen Transporten. Kurz vor dem Zusammenbruch wurden die Insassen auf lange Todesmärsche über den Harz und quer durch die Dörfer geschickt, bei denen alle, die nicht mithalten konnten, erschossen liegen bleiben. Das alles straft spätere Behauptungen von Unkenntnis über diese systematische Sklavenhaltung Lügen, ebenso wie es die Kaltschnäuzigkeit derer beleuchtet, die dieses Großverbrechen neuerdings zu verharmlosen suchen.

Links: Hinter diesem Portal begannen die unbelüfteten Stollen, in denen Versklavte die Waffen für ihre Versklavung herstellen mussten.
Rechts: In solchen Viehwagen lieferte die Reichsbahn die Häftlinge an.

Links: Die originalen Öfen für die Verbrennung der Leichen
Rechts: Eine der Tragen zur »Beschickung« der Öfen

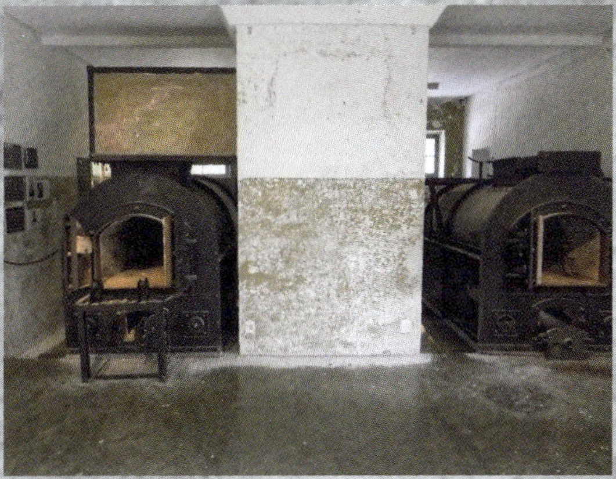 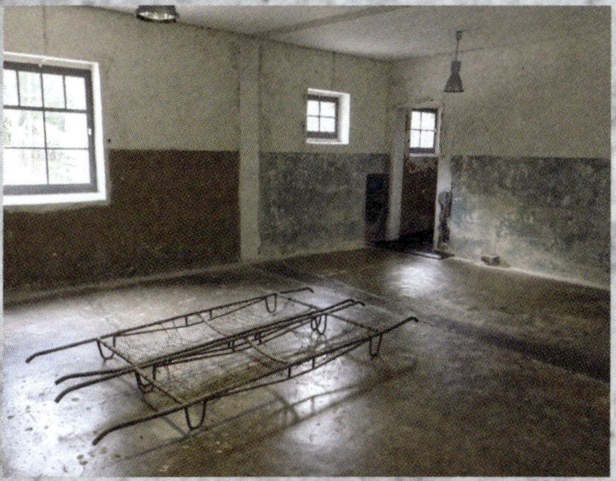

24

Wo Mönche einst mit dem Eisenbergbau begannen

Von Zorge zum ehemaligen Bergbaugebiet

mittel 7,5 km 290 Hm 3.00 Std.

Tourencharakter
Gut zu gehende Rundwanderung auf Naturwegen, teils auch auf Waldstraßen

Ausgangspunkt
Parkplatz in der Ortsmitte gegenüber der Straße Kirchberg

Anfahrt
Mit dem Auto bis Zorge (P), Bahn bis Walkenried, Bus bis Zorge

Empfohlene Karten
Wandern im Harz 1:50 000, Ign mit Harzklub, Blatt Westharz,

Einkehr
In Zorge

Info
www. zorgeharz.de, Reiseauskunft www.bahn.de

Das lang gstreckte Dorf Zorge im Grund des engen Waldtales ist heute ein ruhiger Ort. Die Wanderung führt hinauf zu Relikten des frühen Bergbaus und zum einstigen Fernhandelsweg über den Bergkamm. Wo früher emsige Betriebsamkeit in stinkig verqualmten Erzhütten und in den Berg gehackten Löchern herrschte, gehen wir heute durch Idylle.

Zum Alten Wiedaer Hüttenweg Vom **Parkplatz** Ⓐ mit der Pyramide für die lokalen Bergleute und Originale überqueren wir die Hauptstraße und gehen auf der Seitenstraße Kirchberg nach rechts hinauf. Nach 200 Metern erreichen wir eine gelbe Infotafel zum früher gegenüber gelegenen Hüttengelände. Von hier steigen wir über einige Treppenstufen hinauf und dann schräg links am Waldrand mit Blick über Gärten und den Ort empor. Das Weglein mündet oben im Wald auf einen Hangweg. Etwas rechts führt ein steiler Zickzackweg weiter zum Aussichtspavillon **Pferdchen** ❶ (Stempelstelle). Wir folgen ihm über den Bergrücken weiter hinauf zum Alten Wiedaer Hüttenweg und etwas oberhalb zum Sendemast.

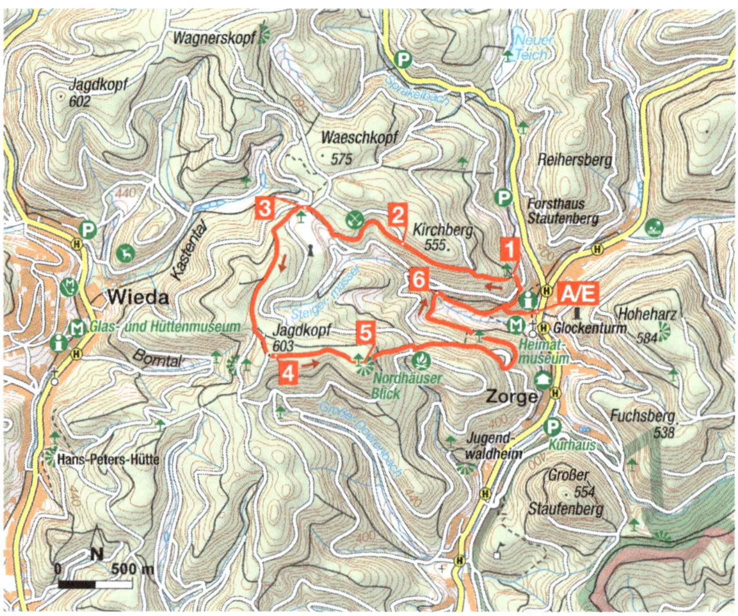

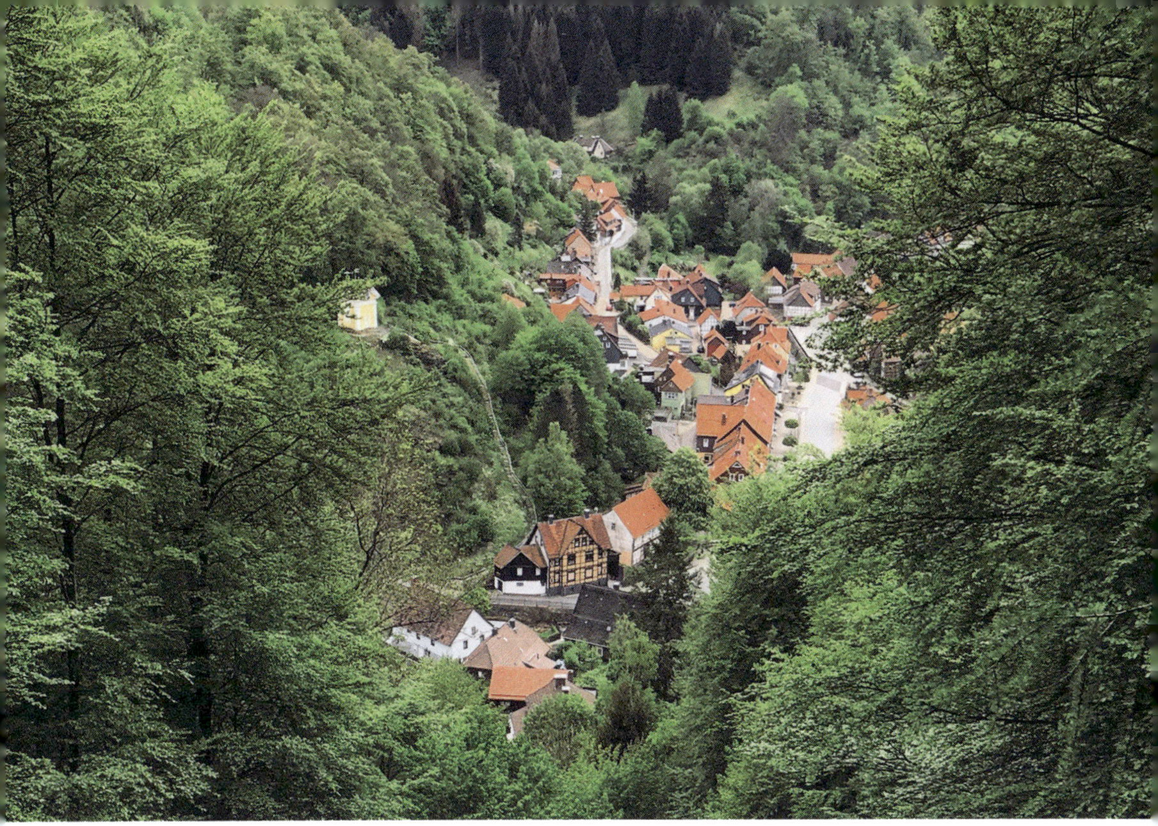

Der lang gestreckte Ort Zorge liegt im Grund eines tiefen Waldtals.

Durch altes Bergbaugebiet zum Kaiserweg Hier folgen wir links dem Wilhelm-Grote-Weg. An der Wegböschung sind immer wieder Kieselschiefer und Grauwacke angeschnitten, teils auch Reste von alten Bergwerkshalden. Später gelangen wir zum Eingang zu zwei Höhlungen. Es sind alte **Erzschächte** ❷ (Gottlieb-Worms-Bau und Christian-Allewelts-Bau, Erläuterungstafel). Danach quert der Weg ein kleines Tal und mündet dann auf den Alten Wiedaer Hüttenweg (oberhalb im Wald lag hier die Grube Brummerjahn, aus der Zorgit gefördert wurde). Auf dem Weiterweg ist unterhalb der jetzt ausgebauten Straße noch der ursprüngliche tief ausgefahrene Hohlweg zu erkennen. Bald ist die an einer Wiese gelegene Wanderhütte **Helenenruh** ❸ erreicht und kurz danach im Bergsattel der Kaiserweg.

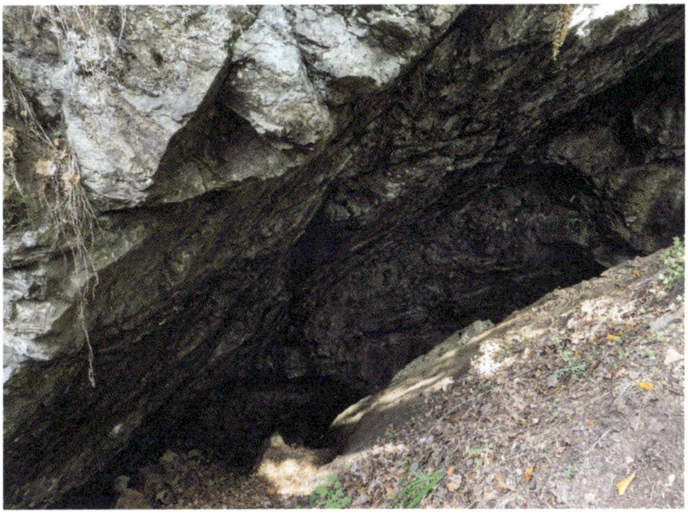

Aus solchen unverbauten Löchern wurde Roteisenstein (Zorgit) gefördert.

Zum Zorger Jagdkopf Dem Kaiserweg folgen wir nach links südwärts. Nach einem Kilometer führt er deutlich abwärts. Davor gehen wir auf einer breiten Harvestertrasse links, zweigen wenig später rechts ab und erreichen die nur licht bewaldete Kuppe des **(Zorger) Jagdkopfs** ❹ (603 m, nach rechts 250 m hinab Abstecher zur Wanderhütte Bremer Klippen möglich, Blick zum Ravensberg).

Zurück nach Zorge Vom Jagdkopf folgen wir der breiten Trasse ostwärts zu einem Sattel und dann nach rechts ansteigend zur Kuppe mit der sichtlich alternden Wanderhütte **Nordhausenblick** ❺ (Aussicht zugewachsen). Nun gehen wir nordostwärts auf der Spur steiler hinab zu einem tieferen Hangweg. Diesem folgen wir nur kurz bis zu einer Rechtskurve. Schon wenige Meter danach gehen wir den undeutlichen Pfad nach links hinab zu einem deutlicheren Wegstück über den jetzt ausgeprägten Bergrücken und schließlich deutlich steiler gerade hinab zu einem Wegkreuz in einem breiten Bergsattel. In der gleichen Richtung bringt uns nun eine breite Waldstraße weiter hinab. Bei einer Gabelung folgen wir ihr abwärts bis hinter eine deutliche Rechtskurve. Hier zweigen wir scharf nach links ab. Der Weg führt zurück um den Bergsporn herum und mit Blick auf steile Laubwaldszenerien. Wir lassen eine Abzweigung gen Kurpark unbeachtet und gehen geradeaus ansteigend weiter zu einer verwaldenden Wiese mit einer Wanderhütte und wenig später zum Mundloch **Tiefer Stollen** ❻. Bald danach erreichen wir den urig zugewachsenen Talgrund und dahinter den alten Hohlweg des Grubenwegs. Diesem folgen wir nach rechts hinab zum übersichtlichen Kurpark und nach links hinaus zur Straße Kirchberg und zum **Ausgangspunkt** Ⓔ.

Links: Wanderhütte bei der ehemaligen Grube »Tiefer Stollen« Rechts: Unterwegs gibt es allerlei zu lesen.

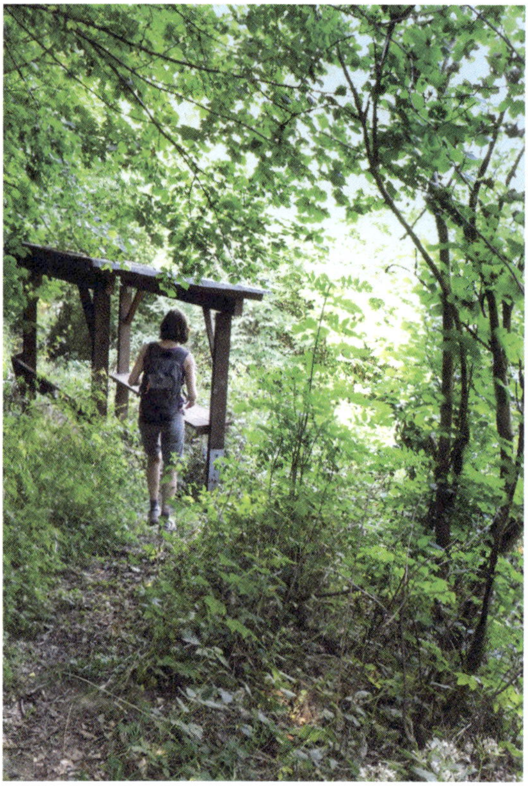

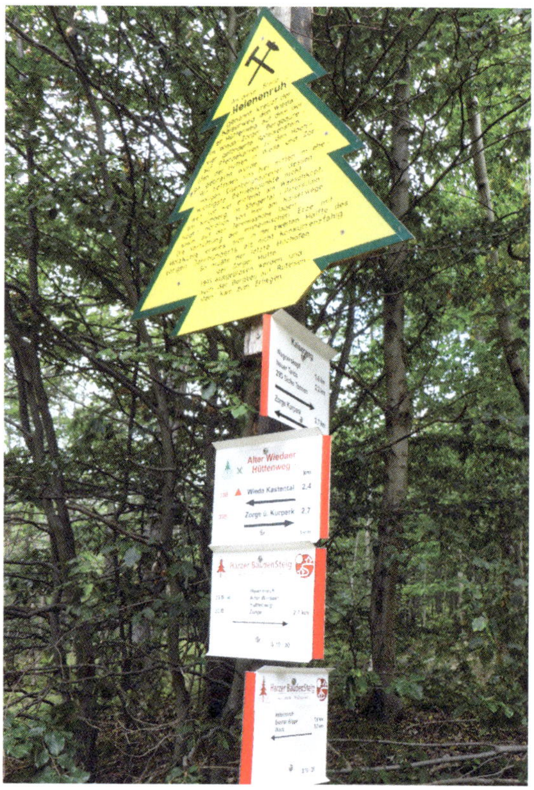

Wo aus qualmenden Erzhütten wieder grüner Wald wurde

Die erste urkundliche Erwähnung des Ortes Zorge erfolgte im Jahr 1249 in einem Dokument zur Errichtung einer Erzhütte durch Zisterzienser Mönche des Klosters Walkenried. Die suchten und gewannen zuerst vor allem Kupfer, bald aber auch Eisen. Daneben fand später auch eine als Zorgit bezeichnete Selenverbindung Interesse (Grube Brummerjahn).

Verwaldete Wiese beim »Tiefen Stollen«

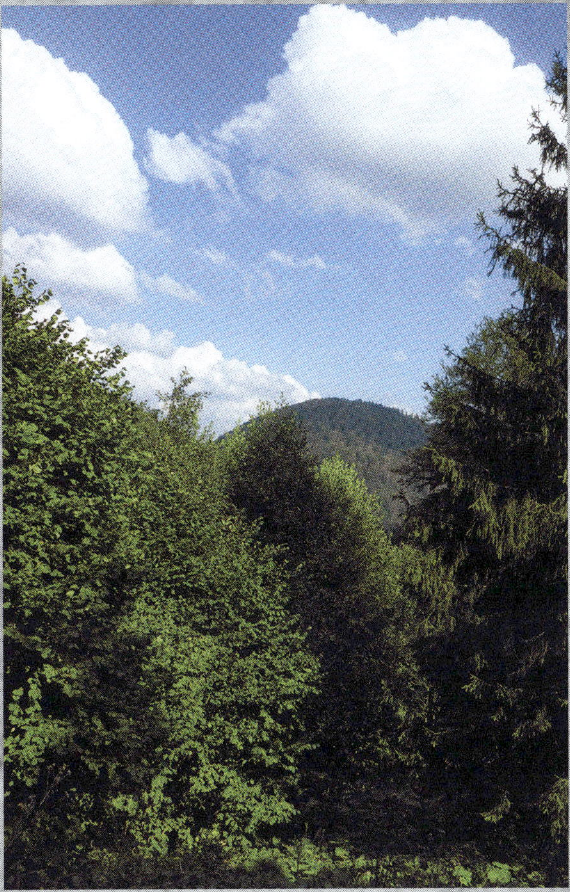

Die hydrothermal an Vulkanen als Sediment entstandenen Erze waren vor allem Roteisenstein (Hämatit, auch »Blutstein«). Der kam teils in nestartigen Ansammlungen vor (z. B. in den Erzschächten Gottlieb-Worms-Bau und Christian-Allewelts-Bau). Andere Vorkommen lagen im Steigerbachtal (Tiefer Stollen). Vom 16. bis ins 19. Jahrhundert war die Eisenförderung und -verhüttung in der Herzoglichen Eisenhütte von besonderer Bedeutung und beschäftigte Hunderte von Arbeitern. Dazu wurden die Erze teils sogar oberirdisch abgebaut und u. a. über den Alten Wiedaer Hüttenweg ins Tal geschafft. Die mit Holzkohle betriebene Hütte stand an der Einmündung des Sprakelsbaches ins Haupttal und verwendete zum Antrieb der Maschinen dessen Wasser. In Zorge wurden neben kleineren Eisenteilen um 1840–50 auch Druckerpressen und Lokomotiven gefertigt. 1899 wurde die Verhüttung der Erze mit Holzkohle so unrentabel, sodass die aufgegeben wurde.

In der Folgezeit wurde der Strukturwandel zum Tourismus vollzogen. Dazu wurden ein kleiner Kurpark angelegt, ein Heimatmuseum eingerichtet und ein Netz von Wanderwegen gebaut. Die Verbesserung der Qualität der Bäche war so erfolgreich, dass heute im Dorfbach wieder Forellen gedeihen. Über den Bergkamm westlich des Ortes verläuft der alte Fernhandelsweg »Heidenstieg«, der heute auf der Linie Harzburg–Walkenried in seiner devoten kaiserzeitlichen Umbenennung als »Kaiserweg« bekannt ist. Für sehr sportliche Wanderer ist er eine besondere Herausforderung; er kann auch mit Ski oder mit dem Rad als Tagesunternehmen angegangen werden.

25 Wo einst Dampfrösser bis Braunlage fuhren

Von Wieda zum Stöberhai

mittel | 10 km | 330 Hm | 3.00 Std.

Tourencharakter
Überwiegend angenehme Waldwege, zuletzt auf dem grasigen Radwanderweg entlang der alten Bahntrasse

Ausgangspunkt
Parkplatz am nördlichen Ortsrand, westseitig wenig nördlich der letzten Häuser

Anfahrt
Mit dem Auto bis Wieda, auch direkt bis Bahnhof Stöberhai, Bahn bis Walkenried, Bus bis Wieda

Empfohlene Karten
Wandern im Harz 1:50 000, Ign mit Harzklub, Blatt Westharz

Einkehr
Im Waldgasthaus Bahnhof Stöberhai gediegene regionale Angebote

Info
www.harzinfo.de, Reiseauskunft
www.bahn.de

Die Wanderung führt von Wieda zum markantesten Harzberg südlich von Braunlage. Dabei geht es über die von Großanlagen des Kalten Krieges wieder befreite und renaturierte Gipfelkuppe des Stöberhai zur noch erkennbaren Trasse der leider aufgegebenen Eisenbahnlinie. Im jetzt als Gaststätte dienenden Relikt Bahnhof Stöberhai lässt sich mitten in einem Waldtal gemütlich rasten.

Vom Parkplatz am nördlichen Ortsende von **Wieda** Ⓐ gehen wir 100 Meter zurück zum Ort und dann in westlicher Richtung zum Eingang des Frankentales. Hier zweigt gleich nach rechts ansteigend ein ausgeschilderter Weg ab in Richtung Stöberhai. Wir folgen ihm zuerst nordwestwärts, dann nordwärts am Talhang ansteigend hinauf, unter der Bergkuppe des Steiger durch und schließlich westwärts zur grasigen Kuppe des **Stöberhai-Vorgipfel** ❶ (699 m, Erläuterungstafeln).
Nach einem Bergsattel gehen wir zum höchsten Punkt des **Stöberhai** ❷ (714 m). Der in der Zeit des Kalten Krieges hier aufgebaute große Beob-

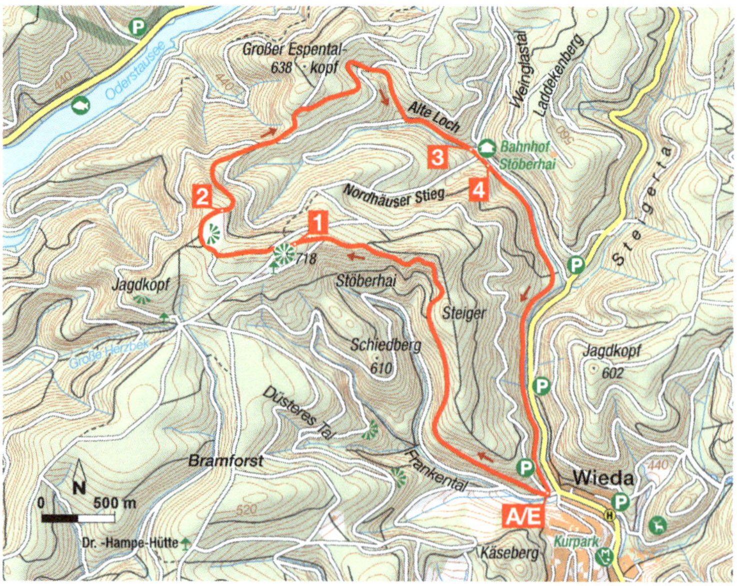

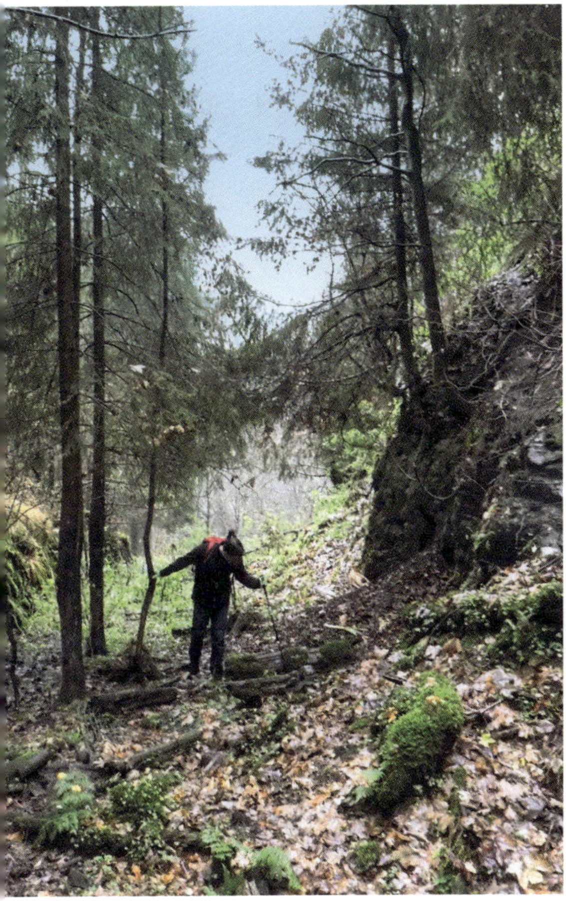

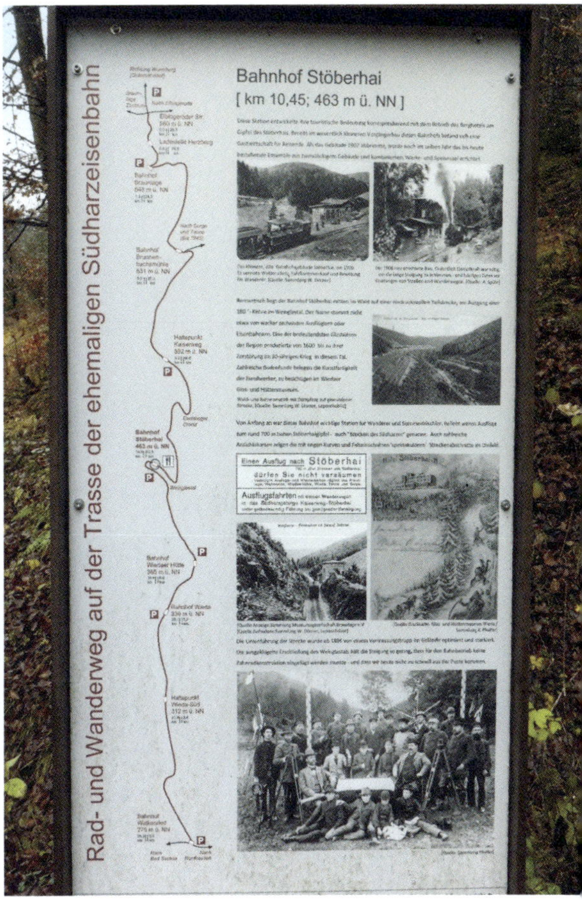

Hier fuhr bis 1962 die Südharzer Eisenbahn.

achtungsturm ist inzwischen wieder verschwunden und die Gipfelfläche renaturiert. Dort erinnert nur noch eine kleine Infotafel an diese Zeit und die französische Garnison. Und ein Mobilfunksender ist das neue Gipfelzeichen. In östlicher Richtung führt ein steiler Wanderweg und dann eine Waldstraße hinab zum **Bahnhof Stöberhai** ❸, jetzt ein beliebtes Waldrestaurant mit einer gegenüber am Hang gelegenen Wildfütterung.

Der Rückweg nach Wieda folgt einem ausgewiesenen Radwanderweg auf oder nahe der Trasse der früheren Schmalspurbahn. Dazu gehen wir von der Gaststätte durch den markanten felsigen Einschnitt zurück zum Straßenkreuz. Seitlich sind die Einschnitte einer großen, das Tal querenden Kurve zu sehen. Die **Bahntrasse** ❹ original zu begehen ist möglich, verlangt allerdings teilweise Auseinandersetzung mit matschigen und moosigen Steinen. Deshalb geht es sich am besten auf dem grasigen Hangweg knapp unter der Trasse. Er leitet am Hang des Seitentales hinab zum in ihrem Grunde auch von der Autostraße benutzten Haupttal. Der Weg führt dort durch den Einschnitt im Bergsporn in den Hang des Haupttales und daran knapp unterhalb der originalen Bahntrasse stetig abfallend zurück zum Parkplatz vor den ersten Häusern von **Wieda** Ⓔ.

Auf den Spuren der »fossilen« Südharz-Bahnlinie

Rechte Seite oben: An der historischen Bahntrasse

Rechte Seite unten: Nahe am Stöberhai-Gipfel wird an die Abhöranlage aus der Zeit des Kalten Krieges erinnert.

Hauptthema dieser Wanderung ist die von 1899 bis 1962 von Walkenried nach Braunlage verlaufende Bahnlinie. Sie führte als Schmalspurbahn durch Wieda über den Bahnhof Stöberhai und eine Station Kaiserweg zur Brunnenbachmühle und von dort nach Braunlage. Diese Bahn war einmal eine funktionierende Verbindung des öffentlichen Verkehrs und könnte vielleicht jenseits der aktuellen ökologisch verschwenderischen Orientierung auf das private Auto in einer künftigen, ökologisch optimierten Verkehrskonzeption auch wieder sinnvoll sein. Das müsste also nicht nur eine auf historische Sachverhalte orientierte, sondern es könnte vielleicht auch eine in die Zukunft weisende Wanderung sein. Schließlich zeigt die alte Trasse eine stetige moderate Steigung und damit die Voraussetzung für moderaten Energieverbrauch; derzeit ist sie ein Radwanderweg.

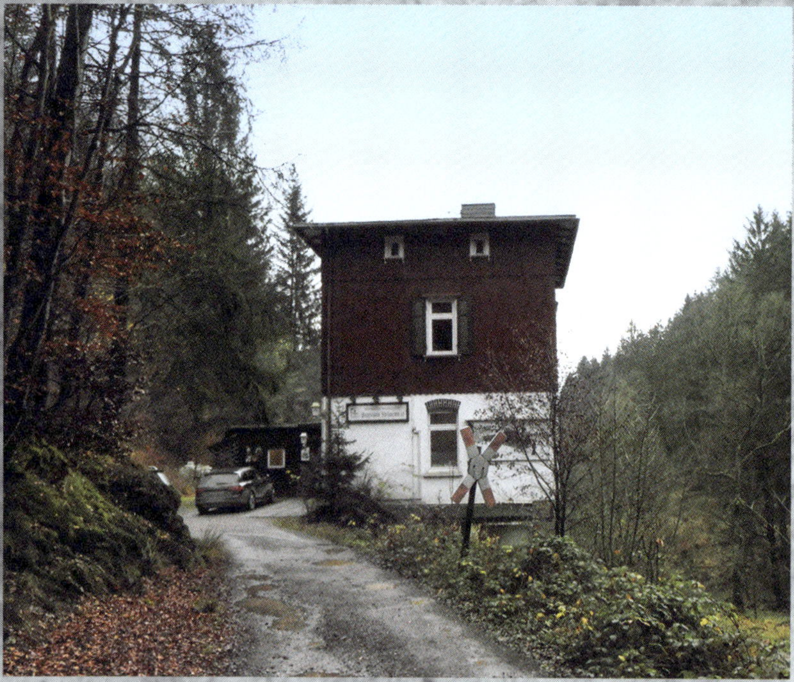

Der Bahnhof Stöberhai ist heute eine beliebte Waldgaststätte.

Der mächtige Horchturm der NATO (von französischen Einheiten) auf dem Gipfel des Stöberhai war im Kalten Krieg Teil des Systems zur Ausforschung der Kommunikation der Streitkräfte des Warschauer Paktes. Zur genaueren Ortung von Sendern der Gegenseite arbeitete er zusammen mit einem ähnlichen Turm auf dem Ravensberg, der heute noch steht. Bei seinem Bau wurde der niedrigere Vorgipfel des Berges von Bäumen freigestellt, um ihn für Besucher attraktiver zu machen. Obendrein entblödete man sich nicht, die Höhenzahl des Gipfels aus den amtlichen Karten zu tilgen und auch durch ein Schild auf dem Vorgipfel zu behaupten, dies sei der höchste Punkt – wohl nur, um den Impuls der Leute zu manipulieren, dorthin gehen zu wollen – also Fake News frontal gegen die offenbar sichtbaren Tatsachen …

Inzwischen ist der Horchturm rückgebaut, der Gipfel wieder renaturiert und nur noch mit einem Mobilfunk-Umsetzer geschmückt. Der Bahnhof Stöberhai ist heute eine beliebte Waldgaststätte mit regionaler Küche und benachbarter Wildfütterung.

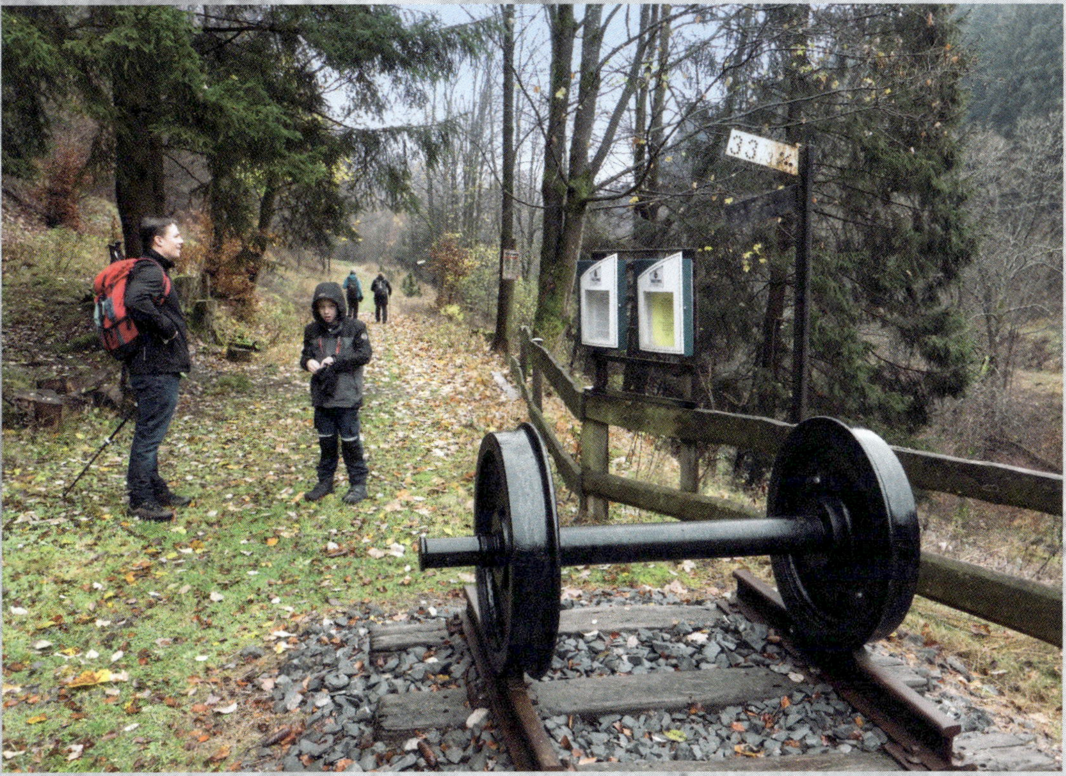

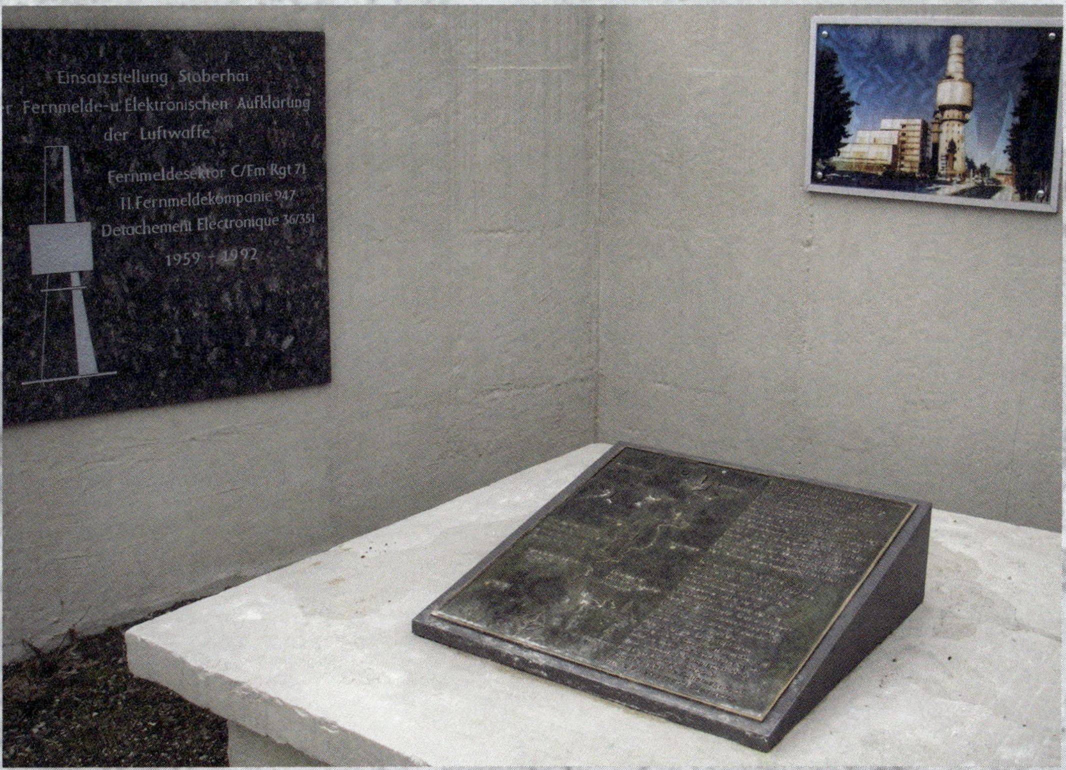
Einsatzstellung Stöberhai
r Fernmelde-u. Elektronischen Aufklärung
der Luftwaffe
Fernmeldesektor C/Fm Rgt 71
II. Fernmeldekompanie 947
Detachement Electronique 36/351
1959 – 1992

26

Wo die ersten Menschen im Südharz hausten

Von der Scharzfelder Steinkirche zur Urmenschenhöhle

mittel | 11 km | 280 Hm | 3.30 Std.

Tourencharakter
Abwechslungsreiche Rundwanderung auf naturnahen Wegen

Ausgangspunkt
Parkmöglichkeiten in Scharzfeld

Anfahrt
Mit dem Auto über die B 27 bis Scharzfeld, Bahn bis Herzberg, Bus bis Scharzfeld

Empfohlene Karten
Wandern im Harz 1:50 000, lgn mit Harzklub, Blatt Westharz

Einkehr
An der Einhornhöhle

Info
www.einhornhoehle.de, Reiseauskunft www.bahn.de

Wer im Harz nach Spuren der Geschichte sucht, der muss auch zu diesem Ort. Am südlichen Harzrand scheint die Sonne besonders häufig. Hier boten Höhlen Unterschlupf. Schon für eiszeitliche Tiere ebenso wie für Menschen der Altsteinzeit. Und später christlichen Predigern. Und noch später waren nebenan kecke Felsköpfe für Adlige geeigneter Baugrund für Burgen. Durch solche Gegend zu wandern, bringt schon auf engem Raum vielfältige Eindrücke.

Von der Steinkirche zur Einhornhöhle Wir gehen von der Straße **Vor der Steinkirche** Ⓐ unter der großen Brücke der Schnellstraße durch und danach rechts im Zickzack den Weg über den Wiesenhang hinauf zur **Steinkirche** ❶. Wenn wir uns satt gesehen haben, gehen wir den Weg zurück zur letzten Kehre und steigen dann weiter an zur Aussicht von Wiesenkuppe des Steinbergs. Der Weg leitet uns weiter über den Bergrücken in

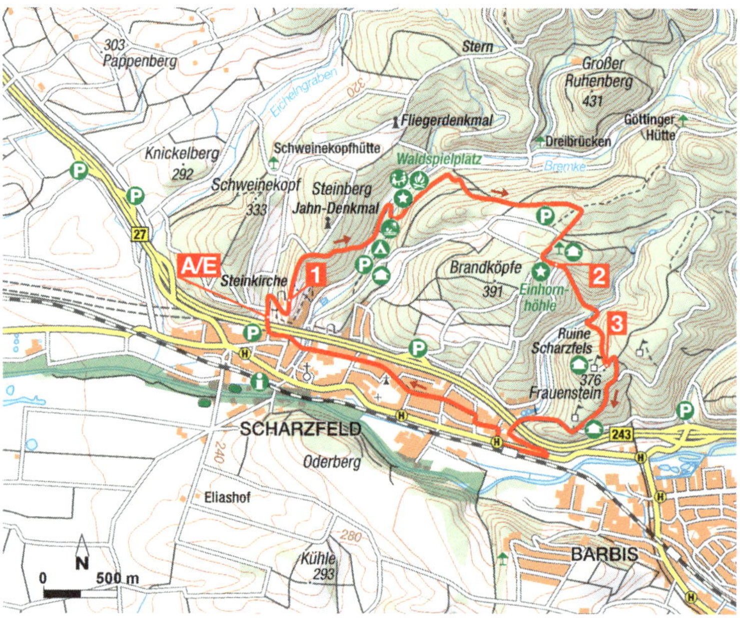

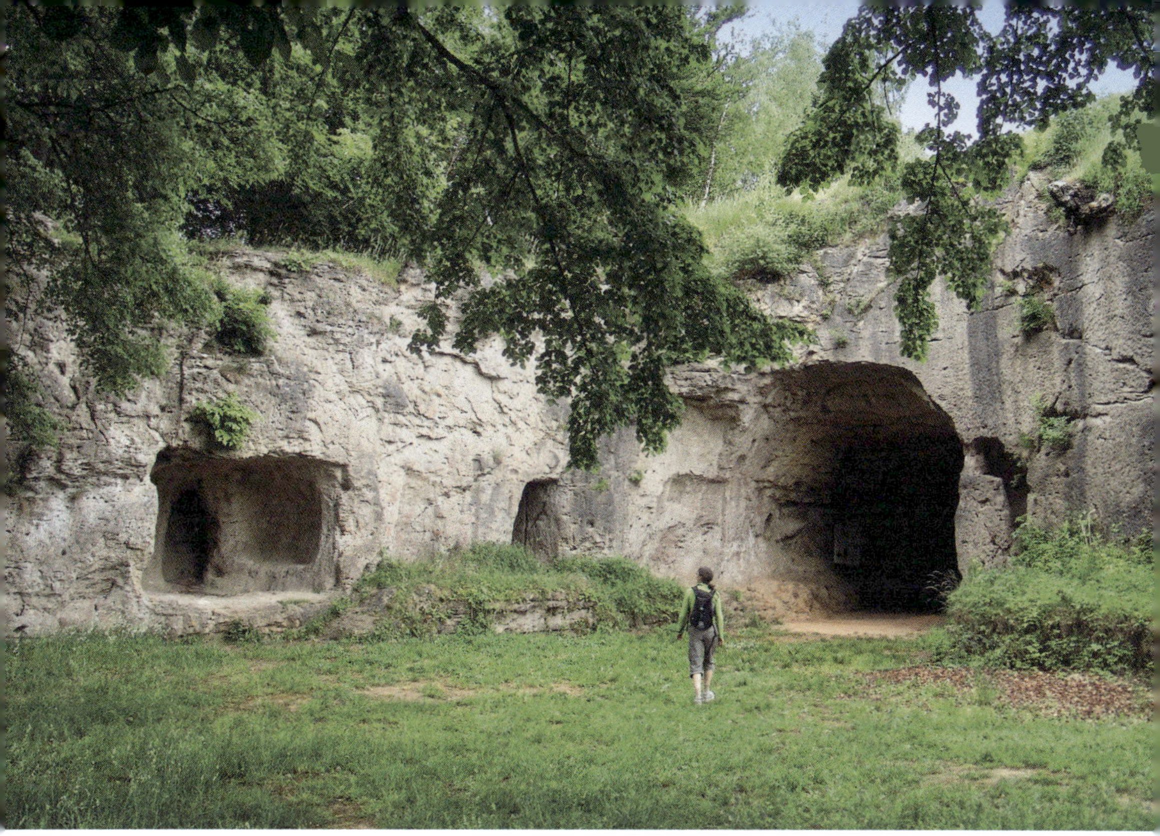

den Wald und dort nach rechts hinab zum Schwimmbad. Wir gehen weiter talauf und später rechts am Talhang hinauf zur beackerten Mulde des Rott und nach einem Parkplatz zur **Einhornhöhle** ❷ (Führungen, Erläuterungstafeln, Kiosk).

Oben: Die bearbeitete Höhle der Steinkirche

Zur Ruine Scharzfels und zurück Wir folgen dem Weg weiter hinab in das nächste Tälchen und jenseits hinauf zur **Ruine Scharzfels** ❸. Sie kann nach Passieren des früheren Tores (kenntlich an Balkenfalzen in den Felstürmen) vom Wiesenplatz aus über eine große Treppe bestiegen werden. Wir gehen nach dem Verlassen der Burg nach rechts, ostwärts hinab und erreichen in einem großen Bogen nach rechts und zuletzt unter der Schnellstraße durch den ehemaligen Bahnhof im östlichen Teil von Scharzfeld. Durch die ruhigen Sträßchen Hasenbreite, Goldborn, Jacob-Friese-Weg, Am Brandkopf und zuletzt Steingasse gelangen wir parallel zur Autostraße zurück zum **Ausgangspunkt** Ⓔ.

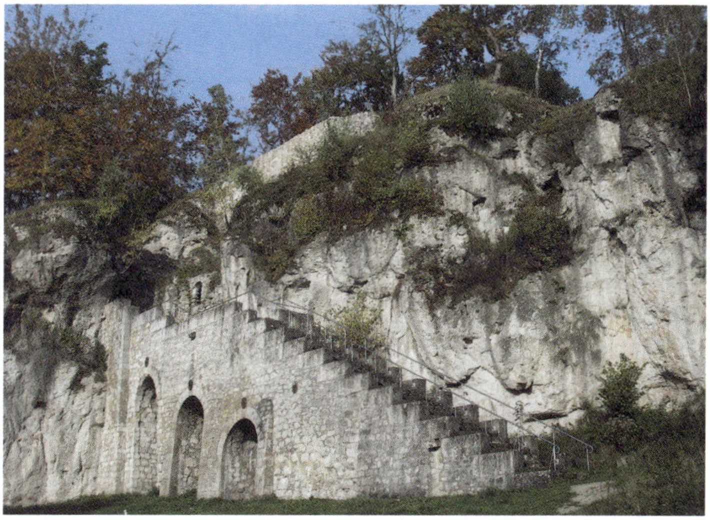

Unten: Ruine Scharzfels mit der nachträglich »reingeklotzten« Freitreppe

Spuren aus der Frühzeit der Menschheit

Höhlensedimente sind für die Archäologen wahre Schatzkammern. Was da mal irgendwann zu Boden fiel, blieb in jenen Zeiten vor Besen und Staubsauger liegen und wurde von anderen Dingen überlagert. In den Höhlensedimenten der Einhornhöhle wurden so neben den Knochen von Höhlenbären und anderen Tieren auch solche von Neandertalern gefunden. Was nicht bedeuten muss, dass Letztere von Ersteren gefressen wurden oder umgekehrt, sondern nur, dass alle diese Lebewesen dort waren. Und wer dort Schutz vor den Unbilden der Witterung suchte, nutzte natürlich die Höhlen als Zuflucht. Die bisherigen Ausgräber waren hier bislang bescheiden genug, größere Bereiche unangetastet zu lassen – in der Hoffnung, künftigere Archäologen könnten über noch bessere Untersuchungsmethoden verfügen und aus den ungestörten Ablagerungen noch mehr Kenntnisse über die Vorzeit gewinnen. Wer den Ort heute mit einer Führung besucht, kann jedoch in seinem Ambiente vielleicht etwas von jener Frühzeit ahnen.

Auch die im Mittelalter als Kirche ausgehauene natürliche Höhle der Steinkirche wurde auf ihre Sedimente untersucht. Die ersten archäologischen Grabungen brachten 1928 in der untersten Schicht am Höhlenboden steinzeitliche Werkzeuge und Gefäßscherben zutage, die den Besuch von späteiszeitlichen Jägern belegen. Hier wird jedoch auch mit gründlicheren Methoden nichts mehr zusätzlich herausgefunden werden können. Denn 1937 räumten SS-Leute auf der Suche nach politisch verwertbaren Dingen den gesamten Höhlenboden samt all den Gebeinen eines mittelalterlichen Friedhofes aus. Ein besonders markantes Grab feierten sie gleich mal als das eines sächsischen Edlen. Und standen wenig später damit blamiert da, weil sich die dort bestatteten Gebeine als die einer Frau erwiesen …

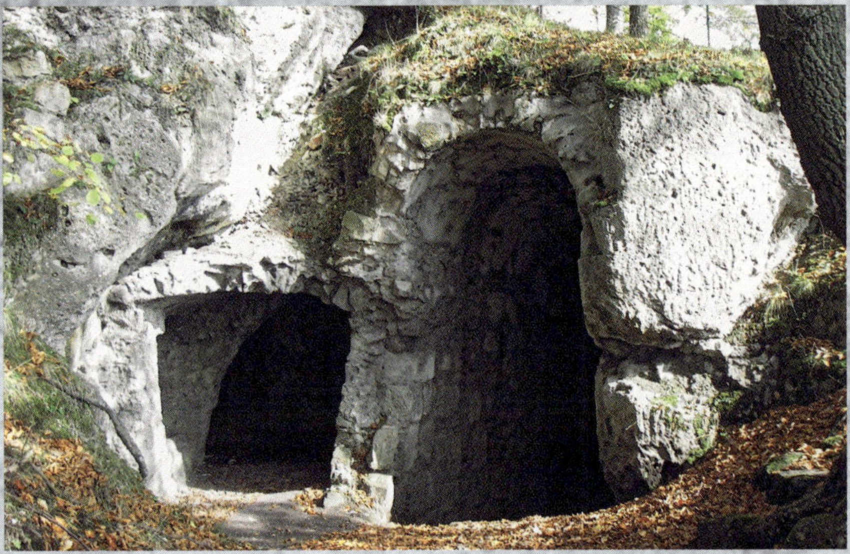

Rechte Seite: Die im Mittelalter als Kirche ausgehauene Höhle der Steinkirche diente späteiszeitlichen Jägern als Unterschlupf.

Kavernen an der Ruine Scharzfels

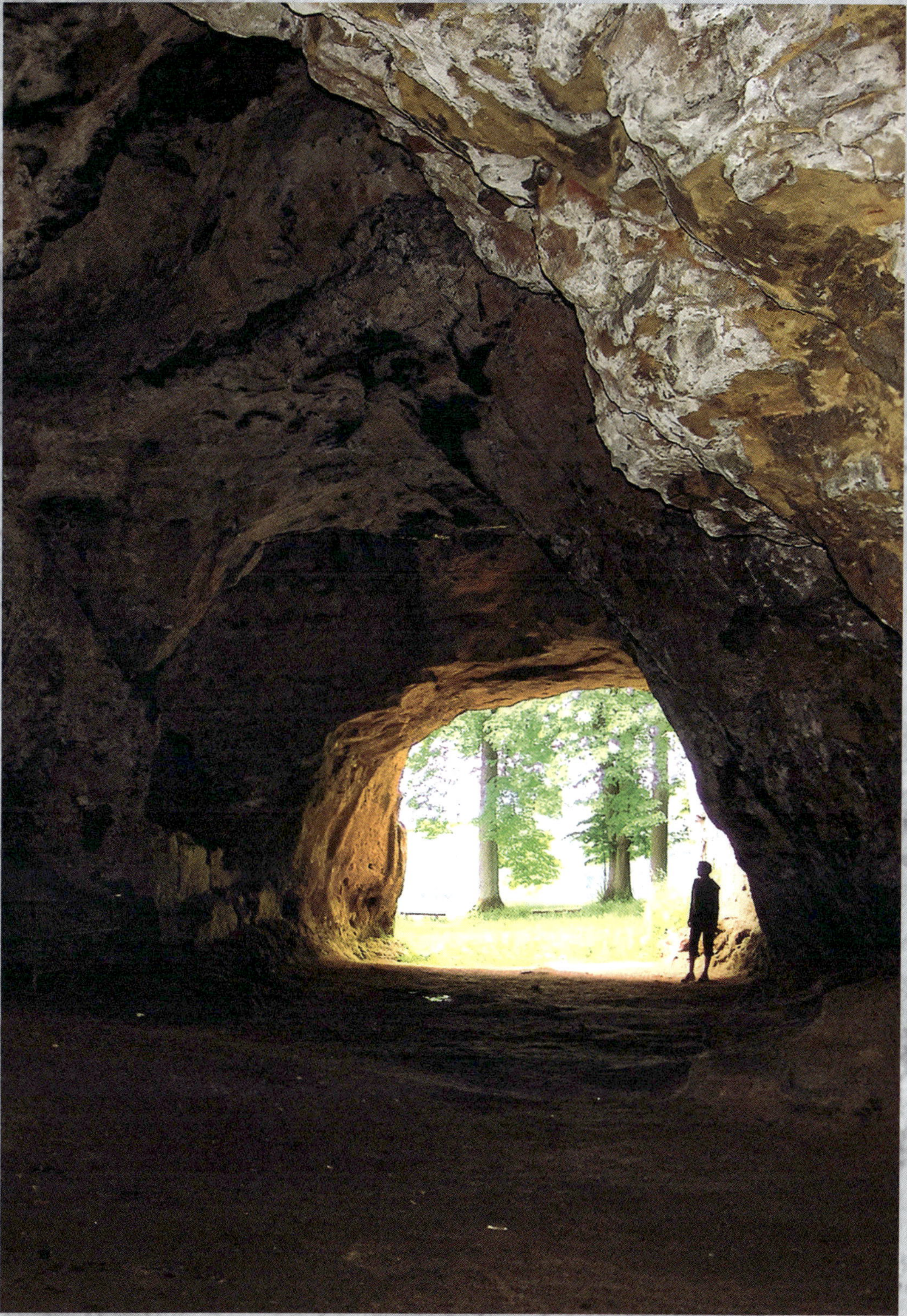

27 Wo Stadtrecht und Waldweide Bergleute lockten

Vom einst welttiefsten Schacht in Sankt Andreasberg zu den Höhen

mittel · 12 km · 300 Hm · 4.00 Std.

Tourencharakter
Reizvolle, abwechslungsreiche Rundwanderung auf teils naturnahen, teils festen Wegen

Ausgangspunkt
Parkplatz bei der Grube Samson

Anfahrt
Mit dem Auto bis Ziel, Bahn bis Bad Harzburg, Bus über Braunlage nach Sankt Andreasberg

Empfohlene Karten
Wandern im Harz 1:50 000, lgn mit Harzklub, Blatt Westharz

Einkehr
In Sankt Andreasberg

Info
www.braunlage.de, Reiseauskunft www.bahn.de

Sankt Andreasberg liegt hoch oben vor dem Rehberg im Talanfang der Sperrlutter. Die Wanderung von den Orten alter Bergwerke zur Weite saftiger Bergwiesen spiegelt heute noch die Wirkung der von einem Landesherren zur Ansiedlung kundiger Bergleute gesetzten Reize wider. Hier zu wandern oder auch zu sporteln verhilft zu beschaulichem Baumelnlassen der Seele wie zu vielfältigem Vergnügen.

Vom Schacht Samson zur Jordanshöhe Wir gehen vom **Schacht Samson** Ⓐ westwärts an den Sportanlagen vorbei und dann den Weg An der Rolle hinauf. Er führt an den Resten einer alten Grube vorbei, stetig ansteigend zu einer Querstraße. Nach links erreichen wir rasch eine Kreuzung und gehen nun den **Sankt-Andreas-Weg** ❶, unterhalb der Häuser, oberhalb einer Wiese, hinüber zum Wald. Dort führt er im Bogen durch ein Tälchen und nach einigen Häusern wieder zu einer Wiese. Dort stoßen wir auf einen von unten heranführenden festen Weg. Auf diesem steigen wir

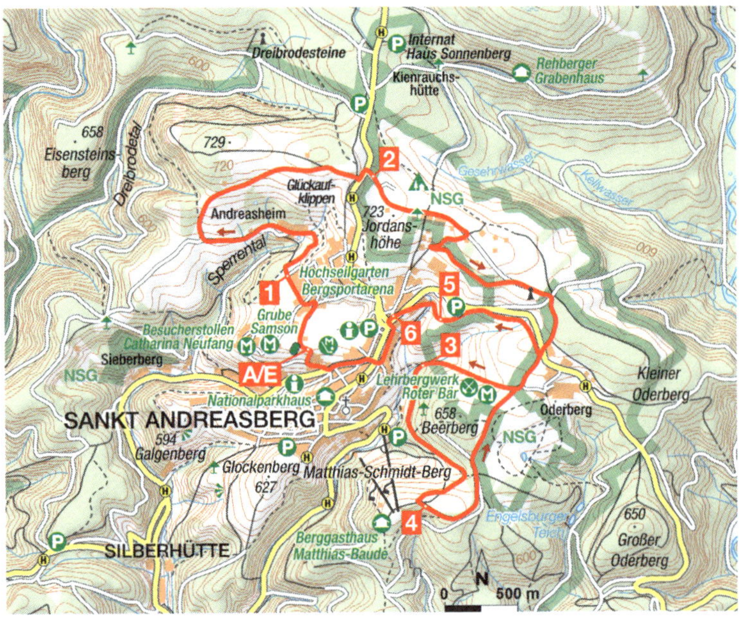

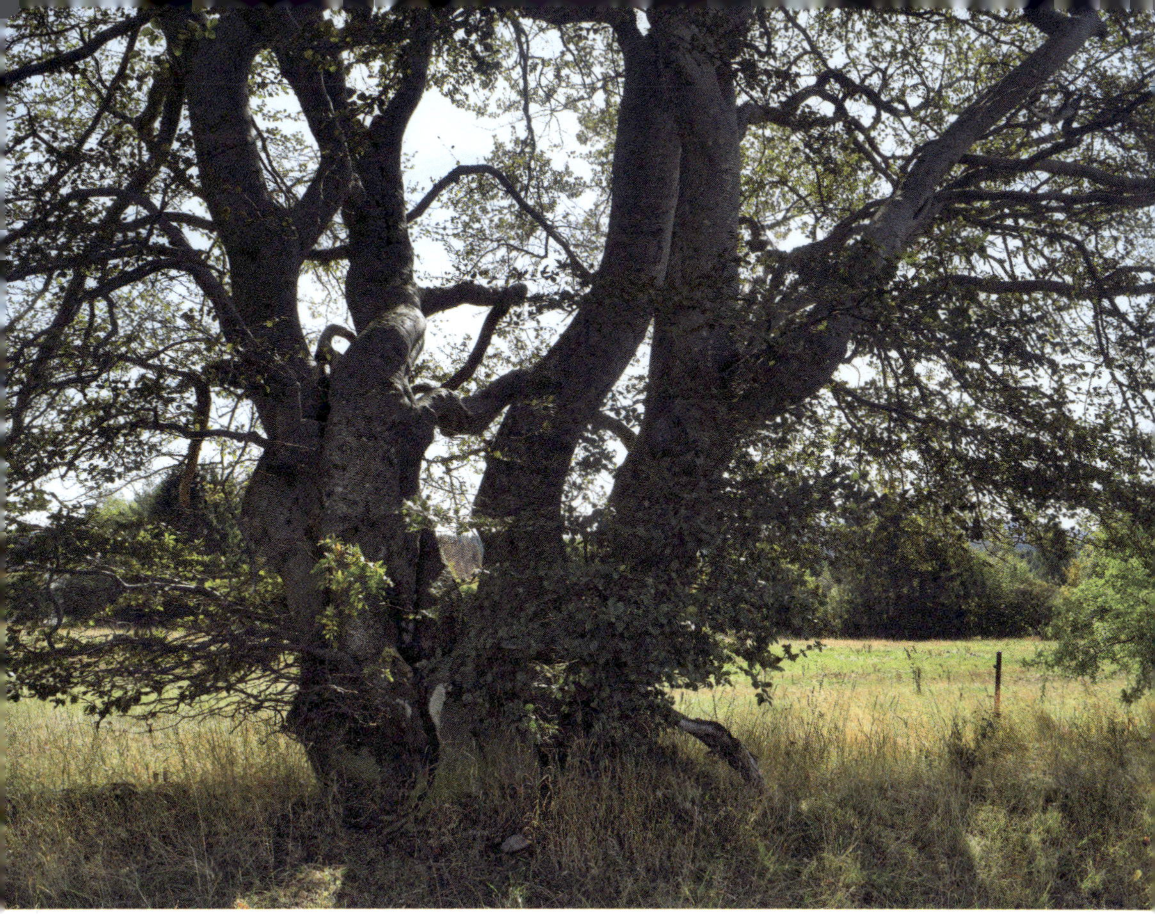

nun zwischen Wiesen der Kuppe mit weiten Ausblicken in einem großen Bogen hinauf und erreichen nach Querung eines Hofes die Autostraße Sonnenberg–Sankt Andreasberg. Wir gehen durch den **geologischen Schaugarten** ② an typischen Gesteinsbrocken vorbei zu seinem oberen Ende und queren dort die Straße zum Beginn des Sträßchens Jordanshöhe.

An den Sankt Andreasberger Bergwiesen (oben und unten)

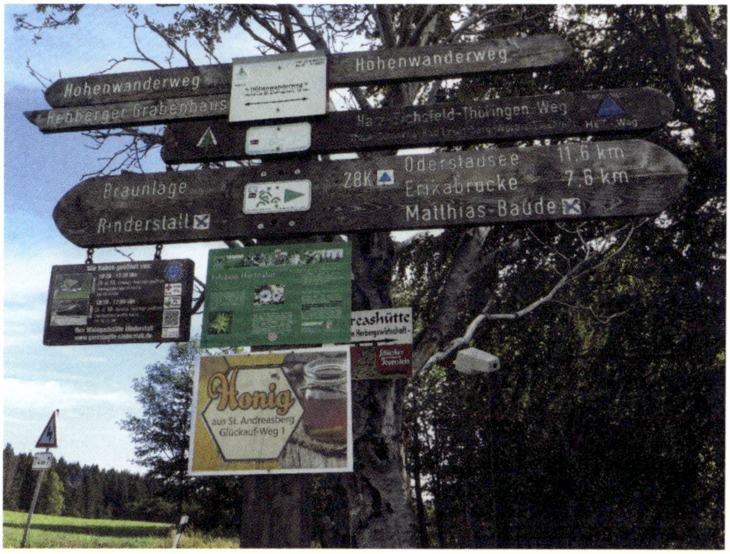

Zur Grube Roter Bär Wir folgen diesem Sträßchen an einem Erlebniszentrum vorbei bis zu einer kleinen Kreuzung. Hier gehen wir geradeaus noch 300 Meter weiter und biegen dann rechts, noch vor dem dritten, rechts liegenden Häuschen, in einen schmalen, zuerst von Bäumen gesäumten Wiesenweg. Der bringt uns hinab zum Parkplatz oberhalb von einem Hotel und seinem

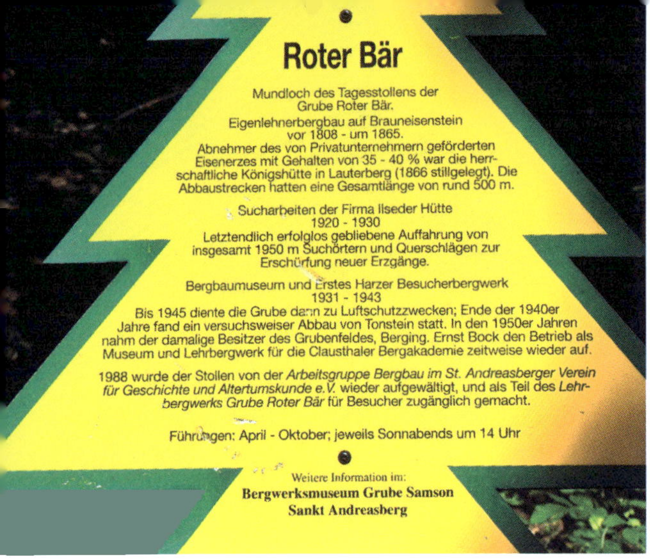

Info-Tannen erzählen von alten Zeiten.

Parkplatz. Von hier gehen wir links, südostwärts den angenehmen Grasweg auf den Wiesen vor dem Waldrand mit weitem Ausblick weiter. Nach einigen Bänken quert der Grasweg einen festen hinabführenden Weg und leitet dann gegenüber nach rechts biegend abwärts zur Autostraße Sankt Andreasberg–Odertal (L 519). Gegenüber folgen wir der Schotterstraße südwärts 300 Meter hinab. Dann biegen wir, in Sicht des links gelegenen Ortsteils Oderberg, in den Grasweg nach rechts ab und gehen auf dem hübschen Weg bald in einem Tälchen hinab in den Wäschgrund zur **Grube Roter Bär** ❸ (Lehrbergwerk; wer jetzt schon müde wird, kann von hier nach rechts einen schmalen Weg im Tälchen aufsteigen zum Glück-Auf-Weg und, wie unten beschrieben, nach links zur Grube Samson gelangen, dann insgesamt 8 km).

Durch das Bergbaugebiet und auf den Matthias-Schmidt-Berg Wir folgen südwärts einem schmalen Weg steil hinauf und dann horizontal weiter. Dabei kommen wir an einer Halde und den verstürzten Löchern von mehreren alten Schächten vorbei. Der Weg kreuzt dann die Abfahrtsstrecke der Downhillfahrer, die oft mit Tunnelblick von links herabsausen und vorsichtiges Queren verlangen. Danach erreichen wir den Grund eines Tälchens, am Fuß des langen Wiesenhanges des Matthias-Schmidt-Berges. Wir steigen nur kurz nach links an zur Pinge, einer weiteren früheren Grube, und gehen dann am besten nach rechts entlang eines kleinen Walls den Pfad direkt hinauf zur Bergkuppe **Matthias-Schmidt-Berg** ❹ (663 m, allerlei Gebäude und Gestelle von Liften und Rutschbahnen, Blick über den Ort).

Einer der Wege über die Bergwiesen

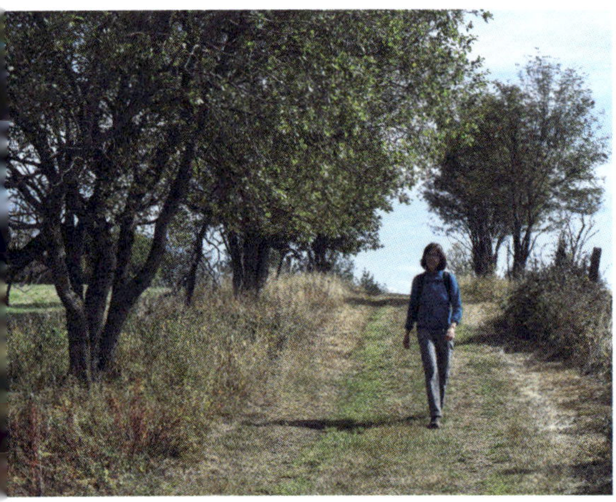

Zurück zum Schacht Samson Wir folgen den Wegspuren ostwärts und queren nach rechts (defensiv) die Trasse der Downhiller zu einer Forststraße. Diese bringt uns, nach Nordost biegend und zuletzt wie bereits gegangen, zurück zum Oderberg und zur L 519. Wir gehen nach links, westwärts kurz neben der Straße auf dem Grasweg, dann mit größerem Abstand. Eine dicht gedrängte Ansammlung von Ferienhäuschen passieren wir unterhalb, umrunden danach auf hübschem Hangweg die **Wolfskuppe** ❺ und gelangen so in den obersten Wäschgrund. Darin nach links und dann bald wieder nach rechts hinauf erreichen wir den Ort im **Glückauf-Weg** ❻. Diesen gehen wir nach links hinab, queren dann nach rechts die Schützenstraße zur Oberen Grundstraße. Die bringt uns westwärts rasch zur Auffahrt zum **Schacht Samson** Ⓔ.

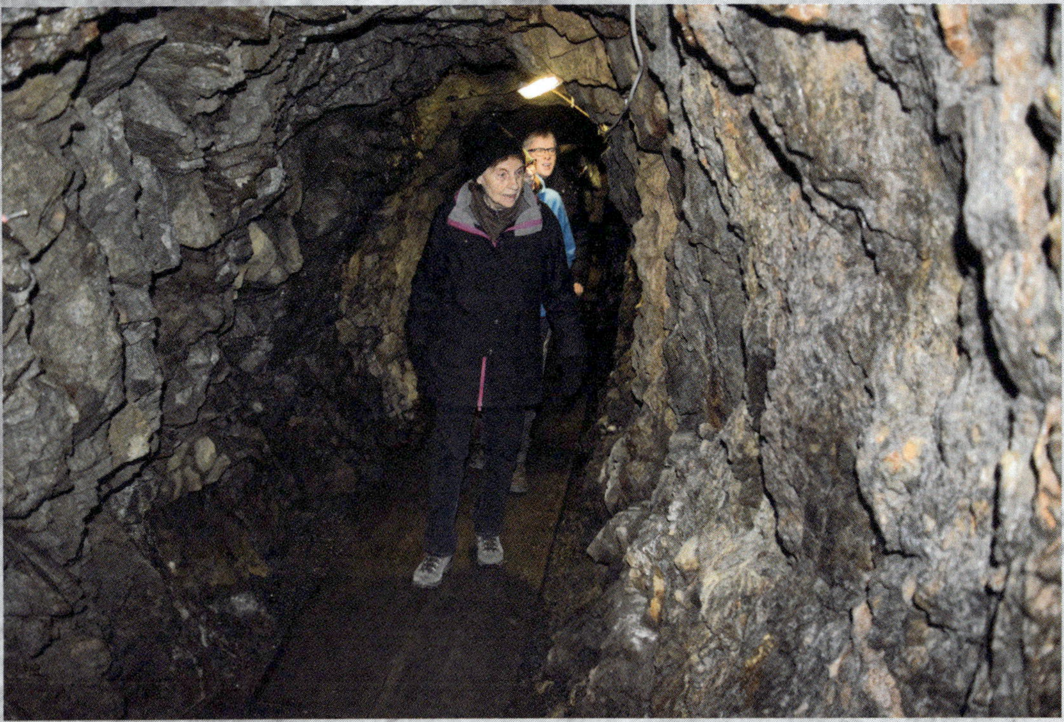

In der Grube Samson

Sankt Andreasberg

Das war einmal Ort eines Booms wie in Klondike, teils mit Zuständen auf Wildwest. Zwar hatte es hier sicher schon früher von den Walkenrieder Mönchen Schürfstellen gegeben. Aber als dort 1520 sehr reiche Silbererze oberflächennah entdeckt wurden und der damalige Landesherr von Hohenstein nach sächsischem Vorbild eine Bergfreiheit verkündete, da kamen Bergleute aus dem Erzgebirge. Und nachdem einige Jahre später auch noch eine Erweiterung der Privilegien Stadtrecht und Waldweide dazukamen, da fanden sich hier nicht nur weitere gestandene Bergleute, sondern auch Glücksritter ein. Innerhalb von zehn Jahren entstand ein Ort von 300 Häusern mit 2000 Einwohnern. In 160 kleinen und kleinsten Gruben wurde Erz abgebaut, so vor allem am bei der Wanderung gequerten Beerberg. Das Erzvorkommen war besonders entlang von zwei Gängen entstanden. Es gab teils sehr seltene kristalline Silbererze von hoher Konzentration, teils auch originelle Formen wie etwa das mit Kellen aus Ganghohlräumen zu schöpfende breiige »Buttermilcherz«. Diese reichen Erze kamen jedoch in den Gängen nicht gleichmäßig vor, sondern in »Silbernestern«. Dazwischen stand oft viel taubes Gestein an. Das machte den Bergbau zu einer Art Lotteriespiel.

Ganz besondere Bedeutung hatte der von 1520 bis 1919 zur Erzförderung betriebene Schacht Samson. Er folgte einem etwas schräg verlaufenden Gang und war 1848 mit einer Tiefe von 780 Metern einer der tiefsten Schächte der Welt. Die damit verbundenen technischen Aufwendungen zur Erzförderung und Sicherung sowie Trockenhaltung des Schachtes und der Bereitstellung der Energie zum Betrieb der Anlagen

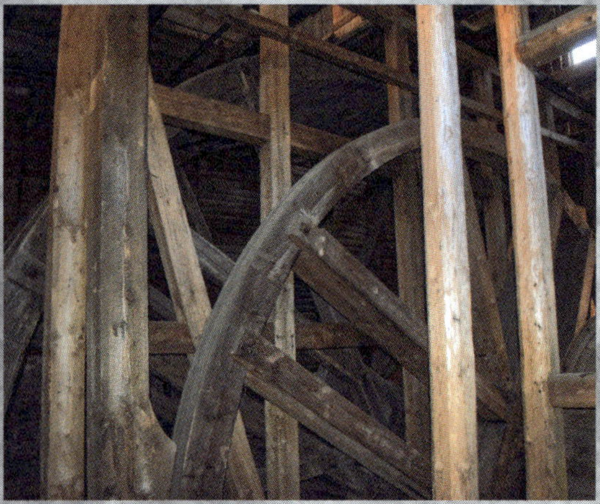

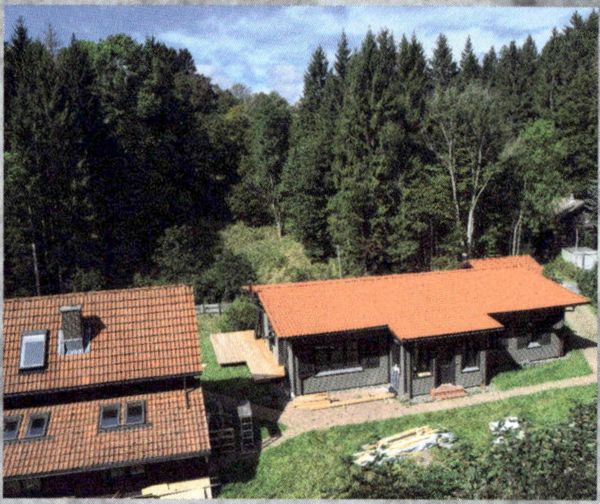

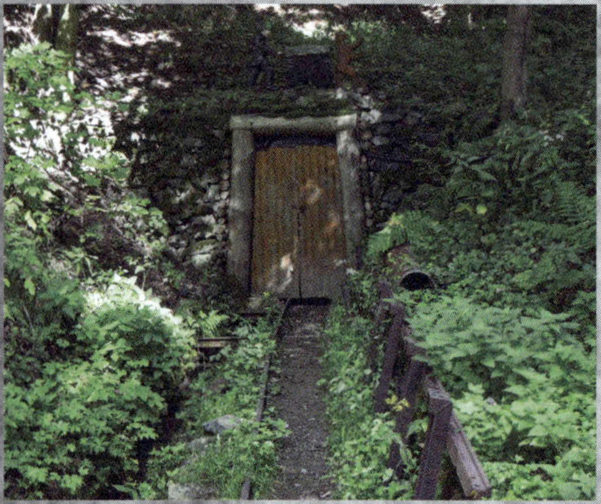

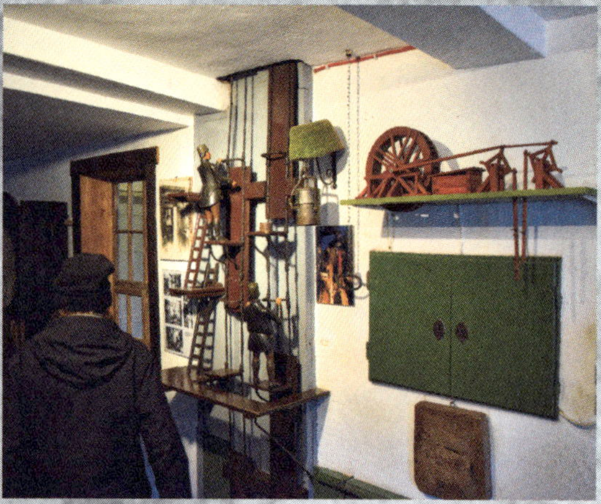

Ganz oben links: Die riesigen Wasserräder der Grube Samson

Ganz oben rechts: Die Gebäude des Lehrbergwerks

Oben links: Einang zum Lehrbergwerk Roter Bär

Oben rechts: Im Museumsbergwerk Grube Samson

waren ungeheuer. So wurden z. B. der Oderteich als erste größere Talsperre des Harzes und der Rehberger Graben für diese Bergwerke angelegt. Mit dem Wasser von dort werden heute die großen Höhenunterschiede im Schacht mit Turbinen zur Stromgewinnung genutzt. Das Besucherbergwerk Schacht Samson und das angeschlossene Museum geben vielfältige Einblicke in diese Welt. Noch handfester ist der Besuch des in einem spät angelegten Querstollen bestehenden Lehrbergwerks Roter Bär.

Die mit der Bergfreiheit verbundene Weidenutzung führte zusammen mit dem Holzhunger des Bergbaus zur Entstehung der den Ort umgebenden Bergwiesen. Die sind zwar ein erst durch die Entwaldung dieses Bereiches entstandenes, jedoch im Ergebnis mit ihrem großen Artenreichtum ein sehr wertvolles Biotop, auf dem hier mit dem Harzer Rotvieh dem Mittelgebirgsklima gut angepasste Rinder gedeihen. All dies begünstigt heute den Tourismus, ebenso wie der mit einem Haus vertretene Nationalpark. Im Winter bieten die Wiesen bei Schnee herrliche Hänge für Abfahrten. Der nordseitige Hang des Matthias-Schmidt-Berges ist sogar intensiv zu einem Skizirkus mit Liften und Pisten bestückt. Für den Sommer ist er mit einer langen Rutschbahn und einer die Bandscheiben der Fahrer hart fordernden Downhill-Strecke ausgebaut.

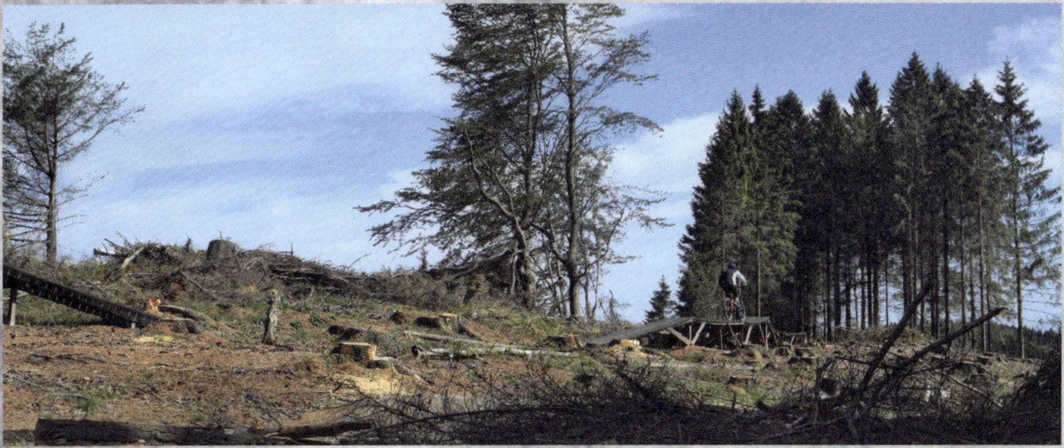

Als Element des Strukturwandels weg vom Schnee ist im Klimawandel das Downhill-Mountainbiken angeboten und angenommen worden.

Venedigersteine

Im Harz gibt es mehrere sogenannte Venedigersteine. Der Name geht zurück auf venezianische Prospektoren. Die durchstreiften im 15. Jahrhundert auch den Harz. Sie suchten vor allem nach seltenen Mineralien (u.a. Manganverbindungen) zur Verfeinerung der in Venedig zu hoher Blüte gelangten Kunst der Glasherstellung. Der einem dieser Prospektoren zugeschriebene Stein hinter der kleinen Holzbrücke an den Bodefällen oberhalb Braunlage enthält Markierungen. Mit einer Skizze der Bäche beim Stein und einer zeigenden Hand geben sie Hinweise auf einen Fundort. Am Venedigerstein an einem Stichweg von der Brockenstraße über einen Steg ist ein Gesicht und eine detaillierte Hand zu sehen. Darin lässt sich aber auch eine Grundriss-Skizze der dortigen Bachverläufe erkennen.

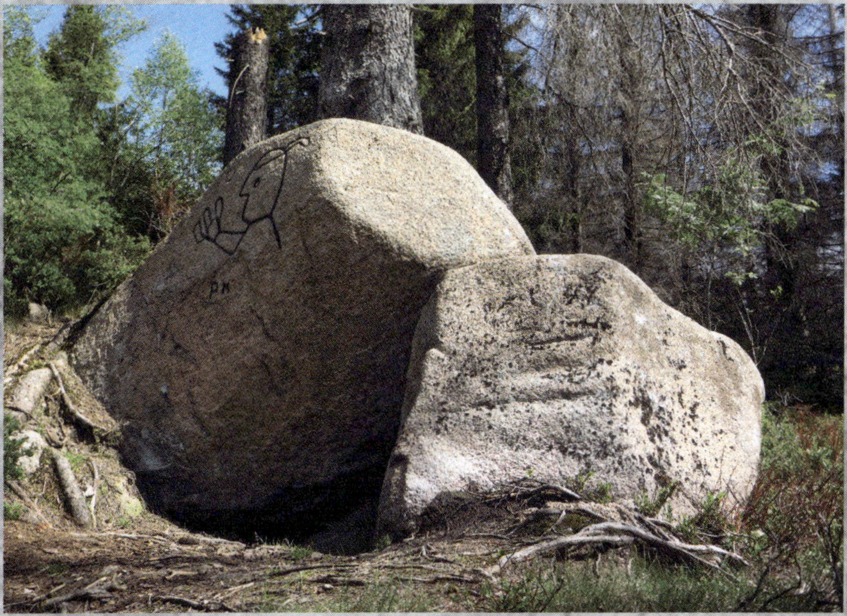

Der Venedigerstein nahe der Brockenstraße

28 Der Welterbe-Lehrpfad zur Harzer Wasserwirtschaft

Vom Polsterberger Hubhaus zu Teichen und Gräben

leicht | 3 km | 70 Hm | 1.00 Std.

Tourencharakter
Übersichtliche, aber informationsdichte Rundwanderung auf guten Wegen zu den Relikten von einigen einstmals wichtigen Wunderwerken von technischen Bauten

Ausgangspunkt
Parkplatz am Polsterberger Hubhaus

Anfahrt
Mit dem Auto bis Ziel, Bahn bis Goslar, Bus bis Harz-Hochstraße + 10 Min. zu Fuß

Empfohlene Karten
Wandern im Harz 1:50 000, lgn mit Harzklub, Blatt Westharz

Einkehr
Im Polsterberger Hubhaus erstklassige Slow Food regional

Info
www.oberharzerbergwerksmuseum.de, Reiseauskunft www.bahn.de

Diese Waldwanderung führt kompakt durch einen Kernbereich der Oberharzer Wasserwirtschaft. Als »Oberharzer Wasserregal« gehört sie zum Weltkulturerbe. Hier haben Bergleute mit ausgeklügelten Graben- und Teichsystemen Energie zum Betrieb ihrer auf der Suche nach kostbaren Erzen immer tiefer ins Gebirge hinab vorgetriebenen Schächte bereitgestellt.

Vom **Polsterberger Hubhaus** Ⓐ gehen wir nordwärts hinab bis zum unteren Ende der Wiese zu einem Querweg entlang einem Graben. Nach links passieren wir eine Wasserzuleitung und erreichen eine Abzweigung. Nun folgen wir nach rechts hinab im Wald einem Weg zu den Resten der großen **Radstuben** ❶ von Wasserrädern (Infotafeln) und weiter am **Polstertaler Teich** ❷ entlang bis zu seinem Staudamm. Wir überschreiten ihn und folgen dann dem Weg nach rechts hinauf bis zur Einmündung eines von links heranführenden alten Grabens. Hier verlassen wir den breiten Weg und folgen nach rechts dem Weg auf der Krone der Fortsetzung des Grabens bis zu einem Wehr. In der Fortsetzung führt der

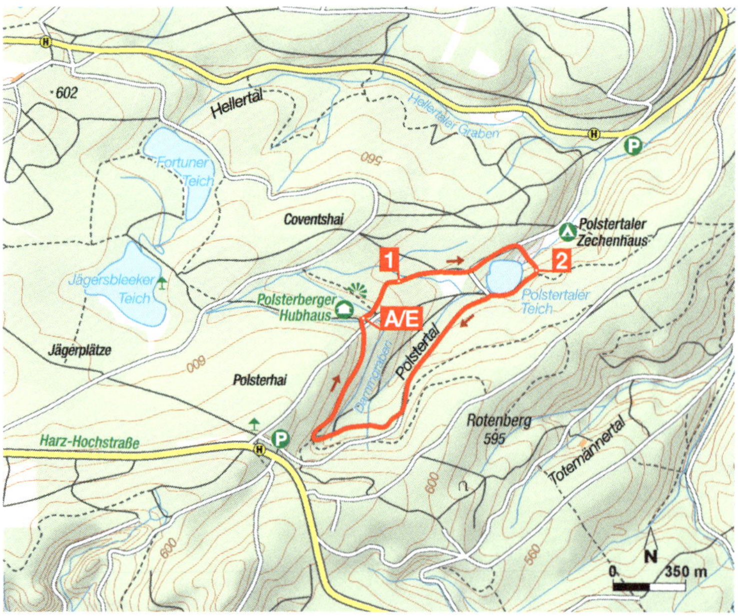

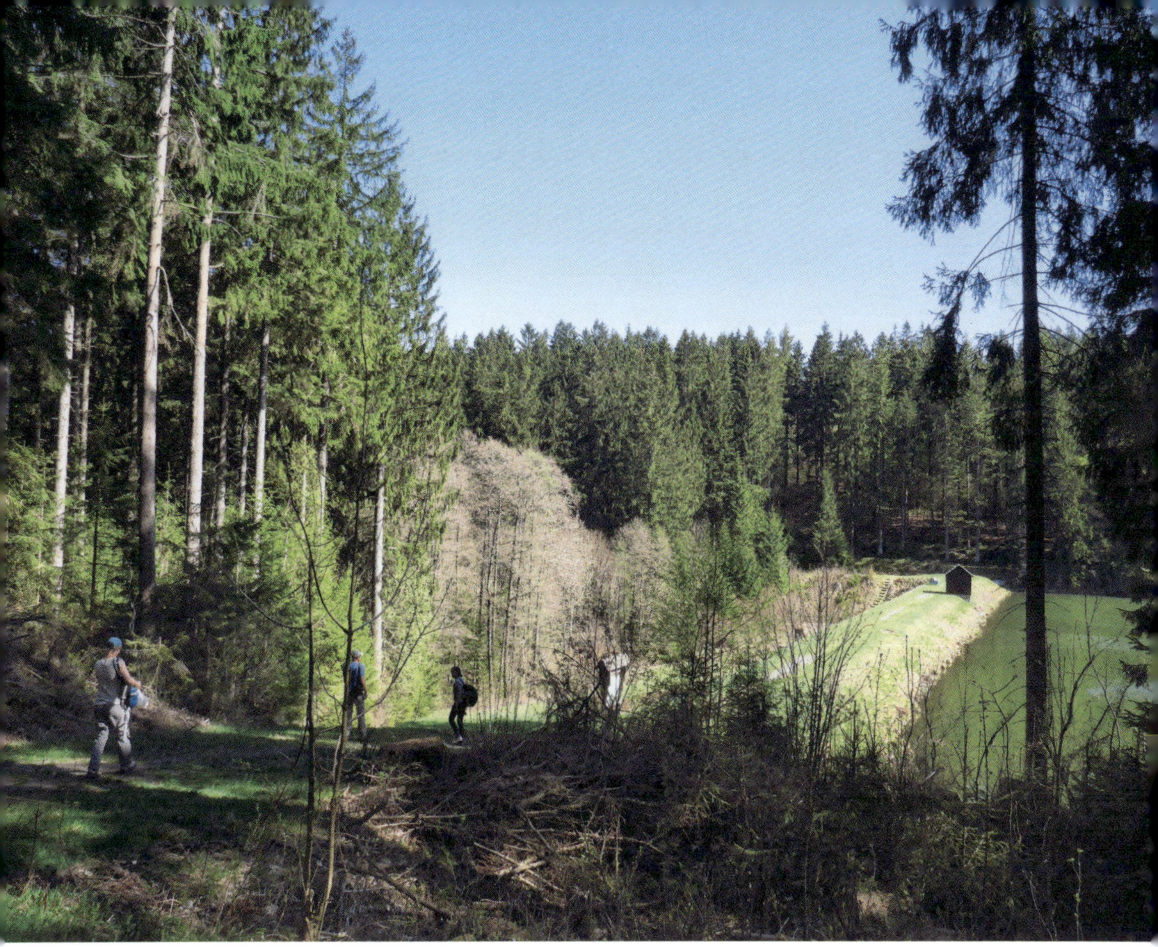

Am Polstertaler Teich

Weg nun scharf nach rechts, nordwestwärts immer auf der Grabenkrone zur Wiese unterhalb des Hubhauses. Dieser Graben führte einst das Wasser heran, das dann mit einer kunstvollen Anlage bis auf die Höhe des Hubhauses gehoben wurde. Wie zu Beginn der Wanderung gehen wir wieder hinauf zum gastlichen **Hubhaus** E.

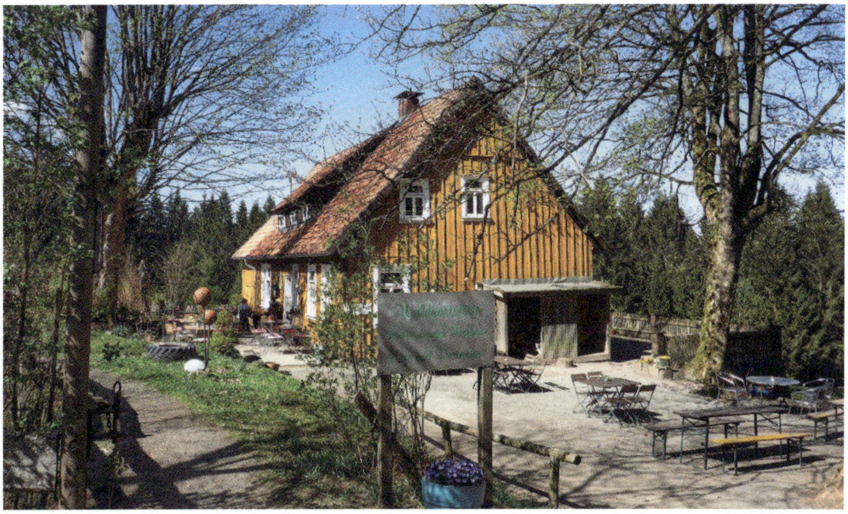

Das Polstertaler Hubhaus ist jetzt ein harzbekanntes Gasthaus mit gediegenen regionalen Angeboten.

Das Oberharzer Wasserregal

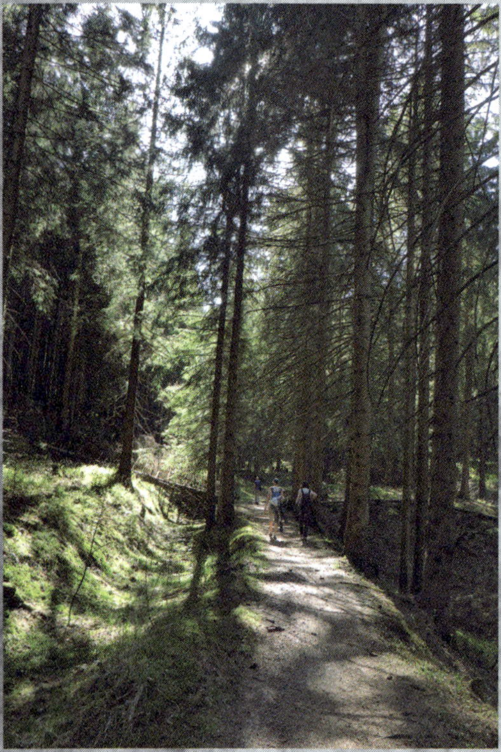

An den historischen Gräben

Der intensive Silber- und Blei-Bergbau auf der Clausthaler Hochfläche brauchte als Energiequelle die Kraft des fließenden Wassers zum Betreiben von Wasserrädern, Schöpfwerken, Fahrkunst und zum Hochhieven der gehauenen Erze. Als nach dem 30-jährigen Krieg ab 1657 die Clausthaler Gruben in immer größere Tiefen vordrangen und immer mehr Energie gebraucht wurde, reichte die von der Schalke und dem Bocksberg her über Gräben und Teiche beschaffbare Wassermenge nicht mehr aus. Man musste nun zum Betrieb der Gruben sogar auf Pferde-Göpel zurückgreifen. Reichlich Wasser gab es jedoch am Bruchberg. Allerdings lag zwischen dem und der Clausthaler Hochfläche eine tiefe Einsattelung. Deshalb wurde dort (2 km südöstlich des Hubhauses) von 1732 bis 1734 in einer ungeheuren Anstrengung unter Einsatz von einem Drittel der damals für den Bergbau verfügbaren Arbeitskräfte der 953 Meter lange und bis 16 Meter hohe Sperberhaier Dammgraben gebaut. Ohne Bagger, Transportbänder, Lkw – nur mit Pickeln, Schaufeln, Schubkarren und Pferdekarren! Über die Dammkrone ließ sich das über den Dammgraben und den Morgenbrodstaler Graben (zusammen 47 km Grabenlänge) herangeleitete Wasser der Clausthaler Hochfläche zuleiten. Dabei saß der Teufel im Detail. So froren in harten Wintern an den Gräben besonders die Wehre und die steuernden Anlagen ein. Auch Abdeckungen der Gräben halfen da nicht viel. Daraufhin wurden an Stellen, wo die Gräben weit um Bergsporne herumführten, diese langen Schleifen durch Untertunnelung der Bergsporne verkürzt (wie etwa mit dem bei der Wanderung passierten Rotenberger Wasserlauf). So konnte sich das Wasser auf den Strecken im Berg etwas erwärmen und gefror unterhalb nicht mehr. Obendrein ermöglichte die kürzere Strecke eine höhere Grabenführung. Zusätzlich wurde ab dem frühen 19. Jahrhundert durch das System Polsterberger Hubhaus das Wasser des Dammgrabens mit Wasserrädern und Pumpen um 18 Meter angehoben. Dieses System versorgte dann die Clausthaler Gruben bis zur Einstellung des Bergbaus.

Insgesamt ist das »Oberharzer Wasserregal« (mit ursprünglich 120 Teichen, 500 km Gräben und 20 km unterirdischen Wasserläufen, heute noch erhalten 65 Teiche, 70 km Gräben, 20 km unterirdische Wasserläufe) ein für seine Zeit gewaltiger und zugleich insgesamt ökologisch verträglicher Umbau der Landschaft gewesen. So ist seine Würdigung als Weltkulturerbe passend. Es ist aber auch festzustellen, dass die Ostharzer Wasserwirtschaft ähnliche Dimension und ähnliche Wirkungen hatte. Diese ist leider weniger gut erhalten und dokumentiert und wurde nicht effektiv präsentiert.

Rechte Seite oben: Nachgebaute Schöpfeimer, wie sie in frühen Bergwerken zum Herausholen von Wasser aus den Gruben benutzt wurden.

Rechte Seite unten: Der Entnahmestollen. Von hier wurde Wasser des Grabens in den Keller des Hubhauses geleitet und dort auf das Niveau eines höher verlaufenden Grabens gehoben.

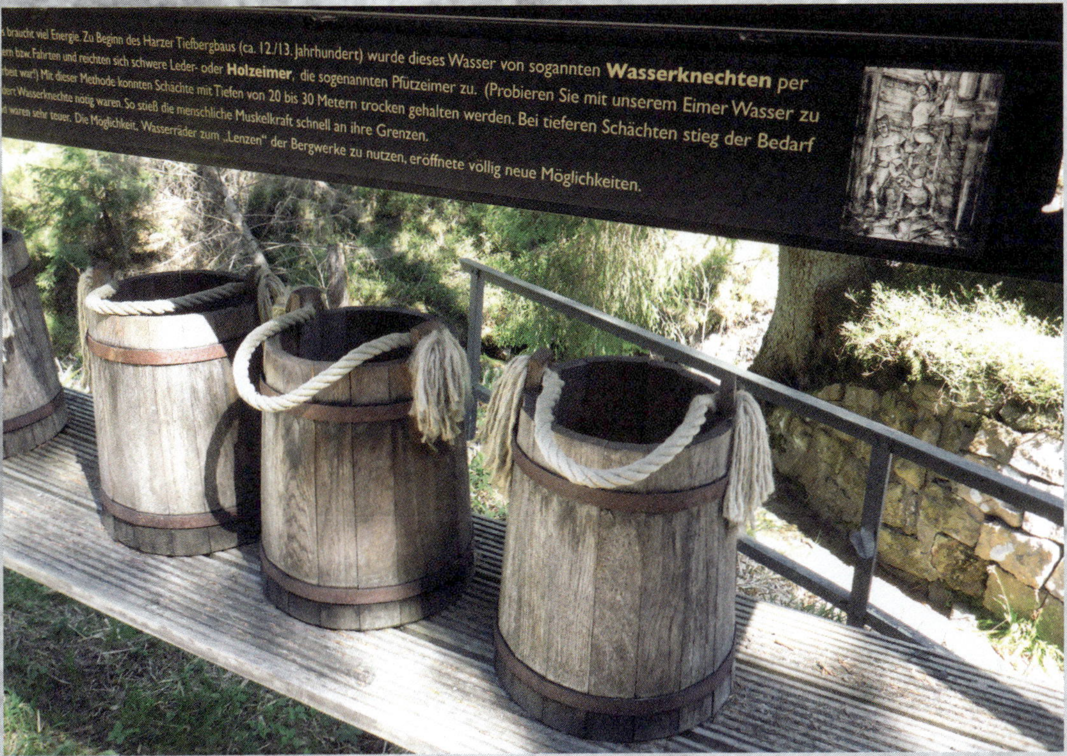
braucht viel Energie. Zu Beginn des Harzer Tiefbergbaus (ca. 12./13. Jahrhundert) wurde dieses Wasser von sogannten Wasserknechten per
bzw. Fahrten und reichten sich schwere Leder- oder Holzeimer, die sogenannten Pfützeimer zu. (Probieren Sie mit unserem Eimer Wasser zu
Mit dieser Methode konnten Schächte mit Tiefen von 20 bis 30 Metern trocken gehalten werden. Bei tieferen Schächten stieg der Bedarf
Wasserknechte nötig waren. So stieß die menschliche Muskelkraft schnell an ihre Grenzen.
waren sehr teuer. Die Möglichkeit, Wasserräder zum „Lenzen“ der Bergwerke zu nutzen, eröffnete völlig neue Möglichkeiten.

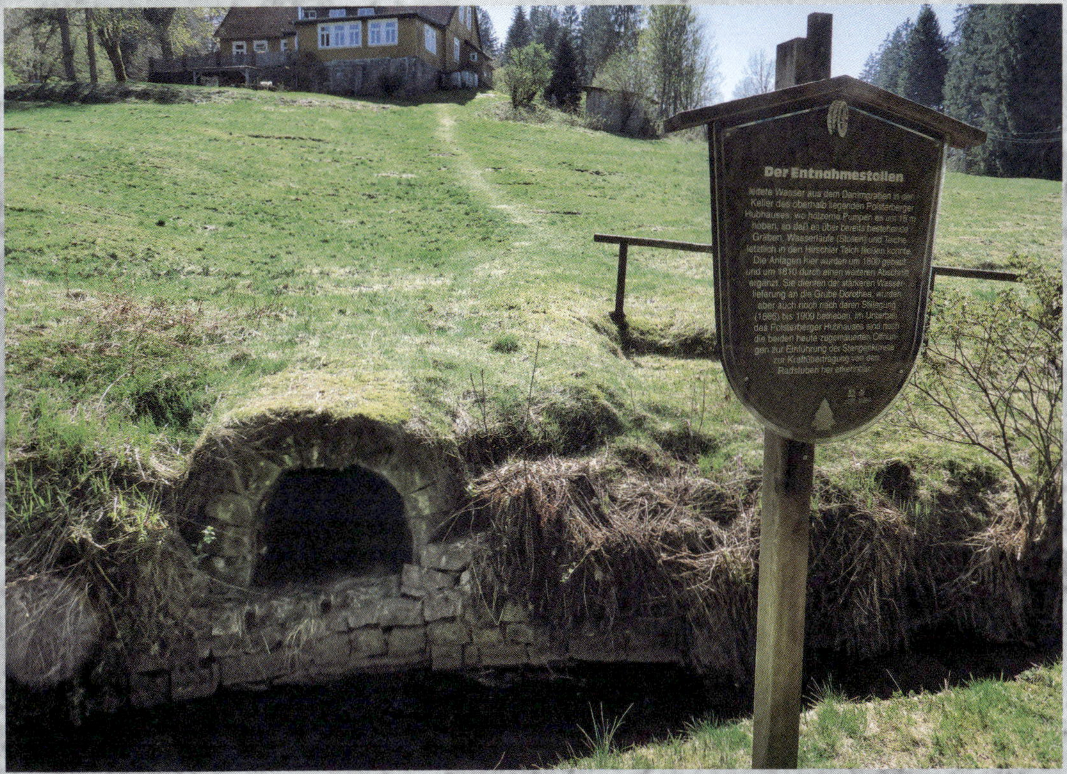
Der Entnahmestollen

29

Über den Mühlenberg zu Teichen und Gräben der Hochfläche

Von der Universitätsstadt Clausthal zum Nassewieser Teich

mittel | 7 km | 120 Hm | 2.00 Std.

Tourencharakter
Angenehme Wiesen- und Waldwege, teils auch feste Wald- oder Feldstraßen, oft mit weitem Ausblick

Ausgangspunkt
Kleiner Parkplatz an der B 242 am Südrand von Clausthal, östlich von Tankstelle und Baumarkt

Anfahrt
Mit dem Auto bis zum Parkplatz, Bahn bis Goslar oder Osterode, Bus bis Clausthal-Zellerfeld

Empfohlene Karten
Wandern im Harz 1:50 000, Ign mit Harzklub, Blatt Westharz

Einkehr
In Clausthal

Info
www.clausthal-zellerfeld.de, Reiseauskunft www.bahn.de

Diese Wanderung führt über Teile der Harzhochfläche beim Zentrum des Oberharzer Bergbaus und über erst durch ihn entstandene Wiesen. Sie lässt uns einige andere Elemente der Oberharzer Wasserwirtschaft kennenlernen und nebenher eine abwechslungsreiche Wanderung über Wiesen und durch Wald und immer wieder mit Wasserflächen erleben.

Über den Mühlenberg zum Nassewieser Teich Wir gehen auf dem **Feldsträßchen** Ⓐ zwischen Wiesen hinab zum Johann-Friedricher Teich, überschreiten dessen Damm und wandern drüben den Wiesenweg weiter hinauf zur Kuppe des **Mühlenbergs** ❶ (601 m, weiter Rundblick). Dahinter überqueren wir eine asphaltierte Straße und gehen in gleicher Richtung nahe an Hecken einen hübschen Wiesenweg hinab und jenseits am Waldrand entlang hinauf zu einer quer verlaufenden Waldstraße. Wir

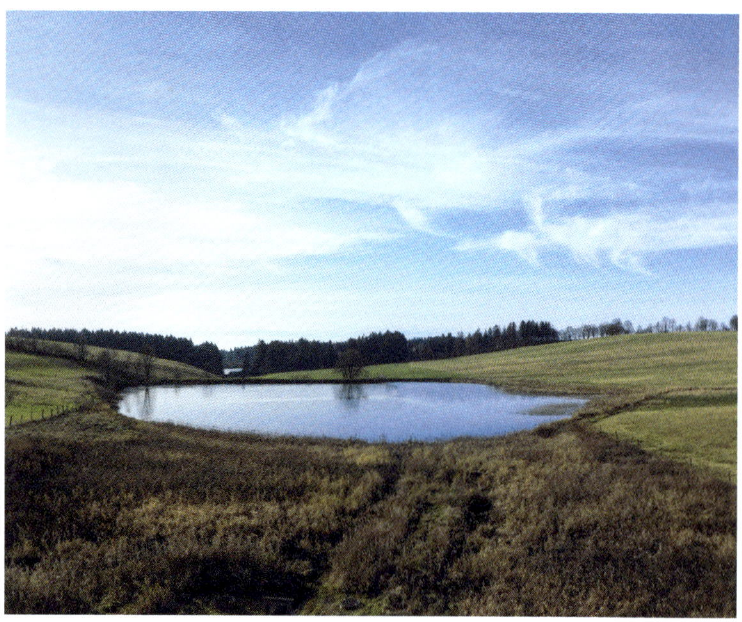

Der alte Wasserläufer Teich

queren auch diese und erreichen in gleicher Richtung rasch den **Nassewieser Teich** ❷.

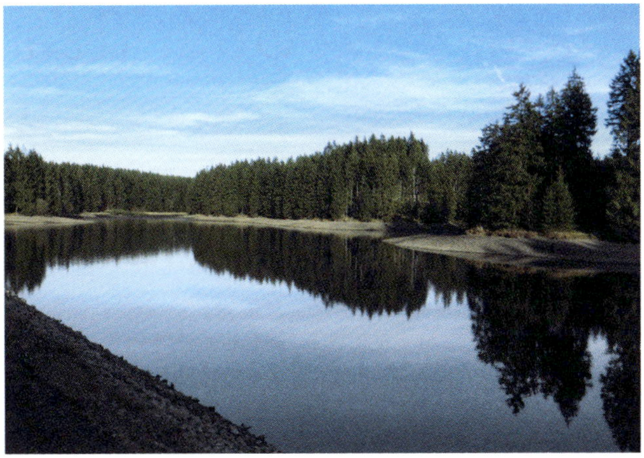

Oben: Der Bärenbrucher Teich

Weiter zum Bärenbrucher Teich Wir überqueren den Damm und gehen danach einen kleinen Weg rechts hinab zur Abzweigung eines schmaleren Weges entlang eines alten Grabens (hierher gelangen wir auch etwas mühsamer und nasser, aber mit mehr Erläuterungen des Bauwerkes auf dem unterhalb am Fuß des Dammes entlangführenden Pfad). Der schmale Weg bringt uns auf der Grabenkrone zu einer Waldstraße. Dieser folgen wir nach rechts um mehrere Biegungen herum oberhalb des **Bärenbrucher Teichs** ❸ entlang zum Zufluss und dann wieder nach rechts zum stauenden Damm.

Zum Pixaier Teich und zurück nach Clausthal Wir überschreiten mit eindrucksvollem Blick auf die Teichszenerien auch diesen Damm und gehen geradeaus hinauf zum Campingplatz und weiter hinab zum Staudamm des **Pixaier Teiches** ❹. Danach leitet uns der Weg in gleicher Richtung durch ein Waldstück am Schwarzenbacher Teich vorbei und dann am Waldrand entlang den Wiesenweg hinauf bis zum festen Radweg auf der **Bergkuppe** ❺. Rechts gelangen wir auf diesem, mit weitem Ausblick über die Wiesen bis hin zum Brocken und zum Bruchberg, zurück zum Ortsrand von Clausthal. Kurz vor der B 242 führt uns ein schmaler Fußweg in angenehmem Abstand zur Straße zurück zum **Parkplatz** Ⓔ.

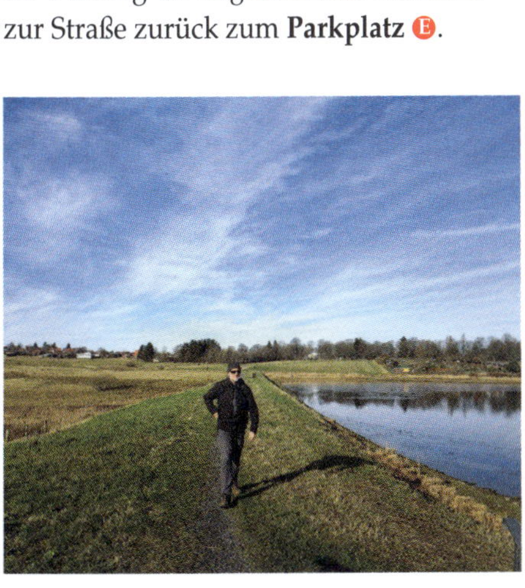

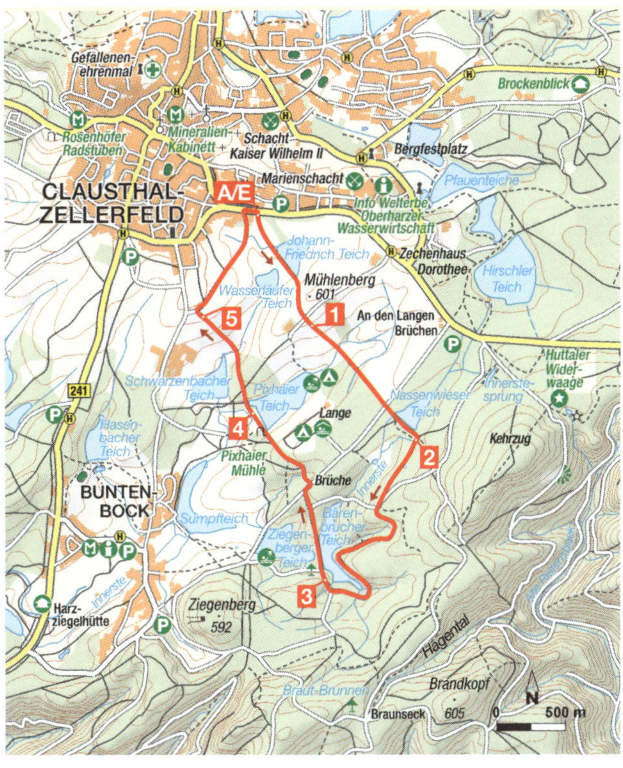

Unten: Auf dem Damm des Johann-Friedricher-Teichs

Der Doppelort Clausthal-Zellerfeld

In Zellerfeld existierte bereits im 14. Jahrhundert ein Benediktinerkloster. Es kann davon ausgegangen werden, dass die Mönche damals bereits Bergbau betrieben. Am Grund des Unteren Pfauenteiches wurden sogar aus dieser Zeit Dämme eines ersten Teiches gefunden. Nachdem die ersten Siedlungen wieder eingingen, erhielt Zellerfeld 1529 das Stadtrecht und 1532 als erster Harzort die Bergfreiheit. Die bedeutete vor allem, dass sie nur dem Landesherrn Steuern zahlen mussten und auch mit Holz- und Weiderechten den Wald nutzen konnten. Das zog besonders sächsische Bergleute aus dem Erzgebirge an. 1549 wurde das Bergamt (die untere staatliche Aufsichtsbehörde über alle Bergbautätigkeiten) vom älteren Wildemann hierher verlegt. 1554 erhielt auch Clausthal die Bergfreiheit. Bis 1600 gab es bereits 55 Gruben. Die Stadt gedieh, wurde allerdings 1626 von Tillys Truppen erobert und geplündert. 1672 brannte Zellerfeld komplett ab und wurde mit dem heutigen schachbrettartigen Straßennetz neu aufgebaut. Später kam dieser Teil des Harzes zu Hannover und damit später zu Preußen. 1775 wurde vom Berghauptmann erstmals eine einjährige Schulung in Bergbauwissen begonnen. Daraus entwickelte sich eine Bergakademie. 1908 löste sie sich aus dem Amt und wurde 1920 Technische Hochschule mit Schwerpunkt Geowissenschaften und ab 1968 die heutige Technische Universität Clausthal.

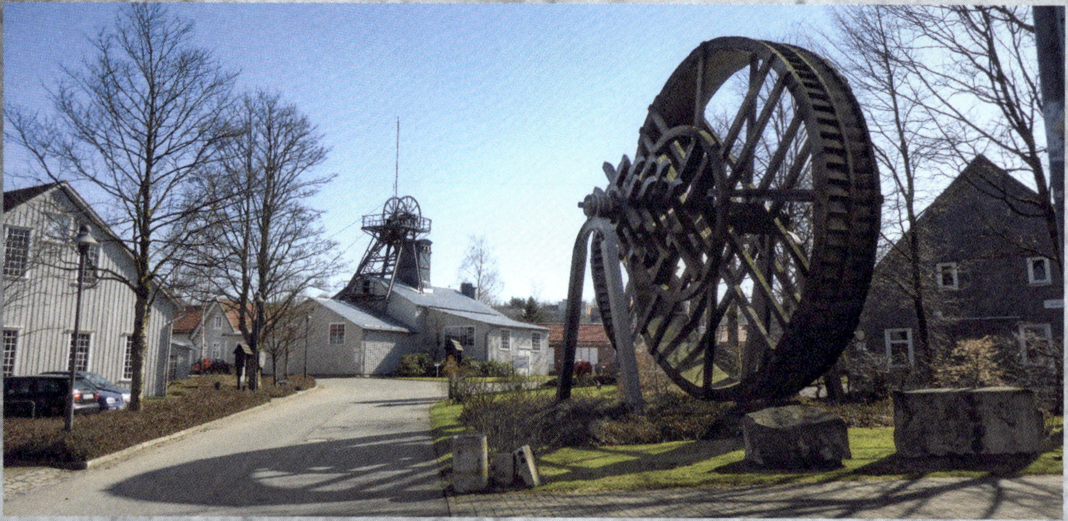

Der Kaiser-Wilhelm-Schacht war zentraler Förder- und Seilfahrtsschacht des Blei- und Zink-Bergbaus in Clausthal-Zellerfeld.

Die aus dem jahrhundertelangen Bergbau gewachsene Traditionsbehörde Bergamt Clausthal beaufsichtigte Betriebe, die im Laufe der Nazizeit auch Häftlinge, Kriegsgefangene und Zwangsarbeiter beschäftigten. Sie hatte auch die technische Betreuung von unterirdischen Waffenfabriken wie das KZ Mittelbau Dora. Sie war indirekt Teil des Unterdrückungssystems. Obwohl zur bergmännischen Tradition eine um-

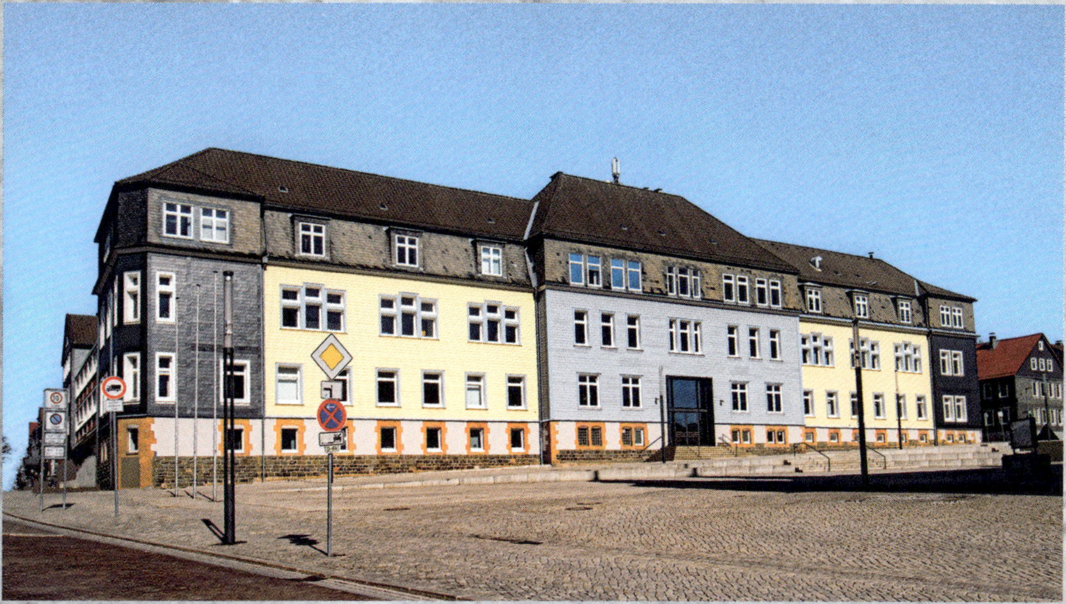

Die Technische Universität in Clausthal-Zellerfeld

fassende Vorsorge für die Bergleute gehörte, interpretierte das Bergamt seine Verantwortung für die Leute nur dahin, sie vor den Gefahren des Gebirges, z. B. vor Steinschlag von den Kavernendecken, zu schützen. Obwohl man von dem Leiden und Massensterben wusste, sah man dazu weg. In ihrem Eifer bei der Produktion kriegswichtiger Güter nutzte die Behörde auch nicht das eigentlich naheliegende Argument, zur besseren Produktionsleistung eine menschlichere Behandlung der Gefangenen zu fordern. Der Kontakt zwischen dem Bergamt und dem KZ Mittelbau Dora lag bei dem schon ab 1932 als Sturmbannführer in Berlin aktiven SA-Mann und bis zuletzt überzeugten Nazi Herbert Dennert. Der wurde nach 1945 als einziger nicht ins neue Oberbergamt Clausthal übernommen, engagierte sich dann in der Heimatkunde und schaffte es mit geschönter Biografie schließlich dank alter Beziehungen zurück in seine Position samt Pensionsbezügen und kam schließlich obendrein als Museumsleiter zu Ehren.

Die weiten Wiesen um den Ort sind ebenso wie in den anderen Bergstädten das Ergebnis von intensiver Holznutzung und des Privilegs Waldweide. Der Nassewieser Teich war auf zwei Ebenen nutzbar. Bei hohem Wasserstand leitete man von hier Wasser zu den besonders ergiebigen Bergwerken nördlich von Clausthal, und lediglich überschüssiges Wasser kam den tiefer angeschlossenen südlichen Bergwerken zugute. Bei niedrigem Wasserstand lief das Wasser nur dorthin.

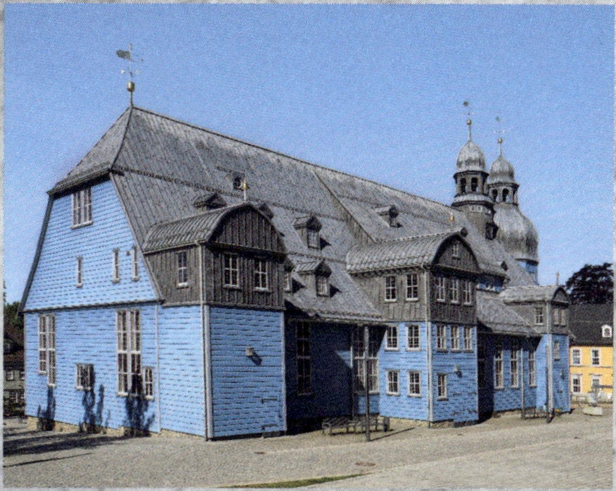

Die Marktkirche Zum Heiligen Geist gilt als die größte Holzkirche in Deutschland.

30

Im Zentrum des Westharzer Silberbergbaus

Von Wildemann hinauf nach Clausthal-Zellerfeld und zurück

mittel 13,5 km 250 Hm 4.00 Std.

Tourencharakter
Teils sportliche Rundwanderung auf teils schmalen, teils breiten Waldwegen

Ausgangspunkt
Parkplatz beim 19-Lachter-Stollen in Wildemann

Anfahrt
Mit dem Auto bis Ausgangspunkt, Bahn bis Goslar, Bus bis Wildemann

Empfohlene Karten
Wandern im Harz 1:50 000, Ign mit Harzklub, Blatt Westharz

Einkehr
In Wildemann und Zellerfeld

Info
www.19-Lachter-Stollen.de, Reiseauskunft www.bahn.de

Vom 19-Lachter-Stollen in Wildemann führt die Wanderung an ehemaligen Silbergruben vorbei hinauf zur Clausthaler Hochfläche im Zentrum des Westharzer Bergbaus mit Universität und Museen zum Thema. Der Rückweg ins Tal erfolgt entlang der Teiche des Spiegeltals hinab ins Innerstetal. Das alles bringt uns zu Relikten des Bergbaus in reizvoll regenerierter Natur.

Über den Hohen Berg nach Zellerfeld Vom 19-Lachter-Stollen Ⓐ gehen wir zur steilen Straße Im Seidenglanz und von dieser auf dem schmalen waagerechten **Badstubenweg** ❶ oberhalb der Häuser ostwärts in einem weiten Bogen zu einem schmalen Zickzackweg. Diesen steigen wir nun steil hinauf zur Ernst-August-Höhe mit der **Prinzensicht** ❷ (Aussicht, Kote, Sitzplätze). Am Sendemast vorbei gelangen wir zu einem Wegekreuz. Dort folgen wir schräg rechts dem Hangweg zur Stelle der ehemaligen Grube Friederica und an der Juliaquelle vorbei zu einem weiteren Wegekreuz. Hier gehen wir gerade weiter mit Blick zu einem unterhalb

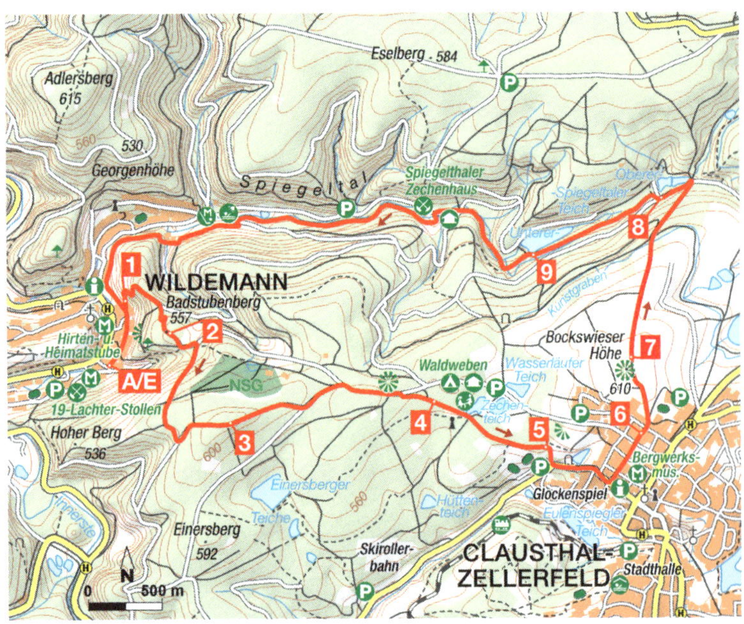

Rechte Seite unten: Der 19-Lachter-Stollen ist Teil des Besucherbergwerks in Wildemann.

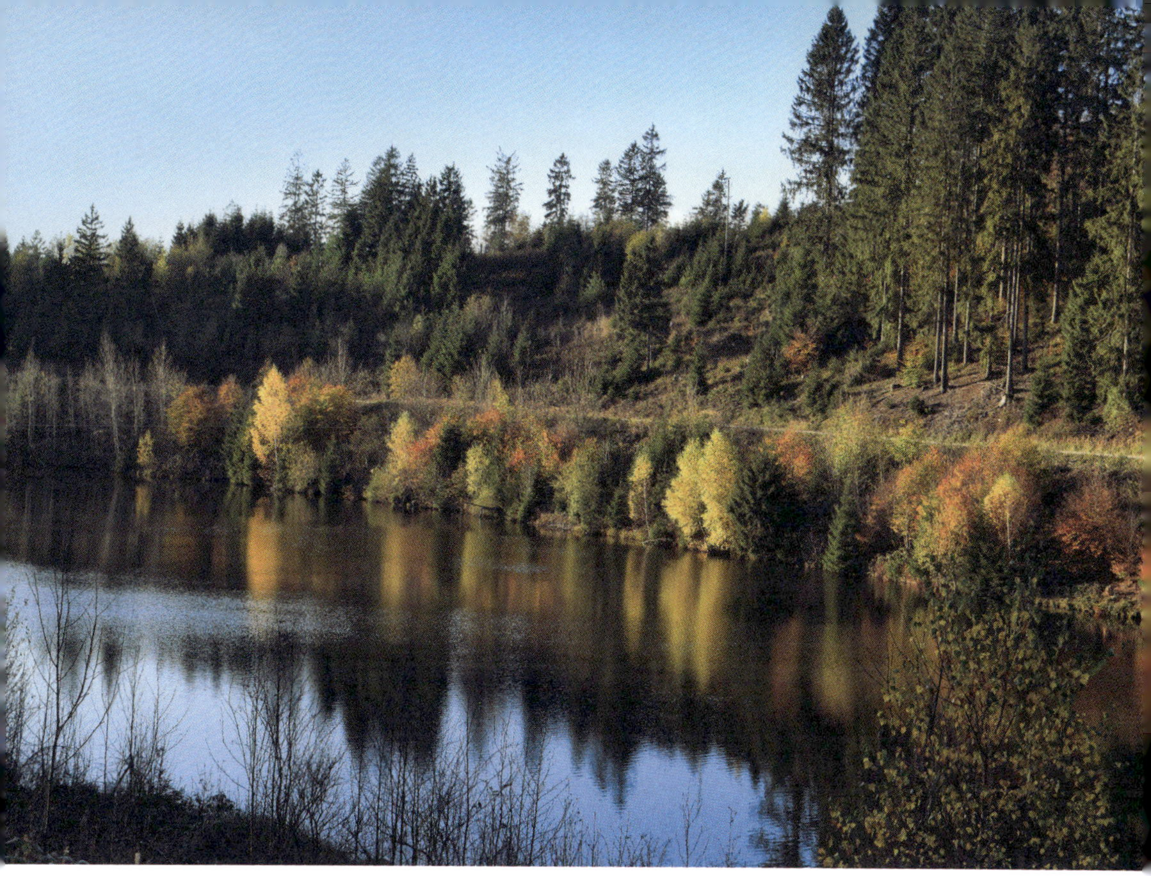

Oben: Der Untere Spiegeltaler Teich

stehenden Haus, zu einer Waldstraße. Dieser folgen wir nach links hinauf über die flache Kuppe des **Hohen Bergs** ③ (609 m) und ostwärts weiter hinab zu einer quer verlaufenden Straße. Diese führt nach links und dann nach rechts durch ein von alten Halden gekennzeichnetes Gebiet, zuletzt an alten Schächten und rechts am **Campingplatz** ④ vorbei, zum Oberen und dann zum Mittleren Zechenteich und auf dem Weg Ringerhalde, am **Ringer Zechenhaus** ⑤ vorbei zum Carler Teich. So gelangen wir zur Marktstraße in Zellerfeld.

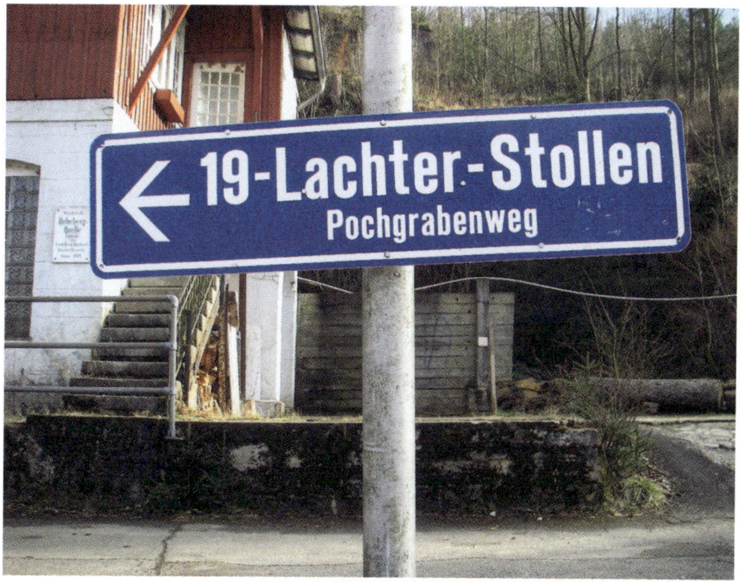

Über die Bockswieser Höhe und das Spiegeltal zurück
Wir gehen die zweite Straße (zuerst Fußgängergasse) nach links in die Treuestraße, queren die Bonnhardtstraße; an dieser liegen rechts das Tourismusbüro und das **Oberharzer Berg-**

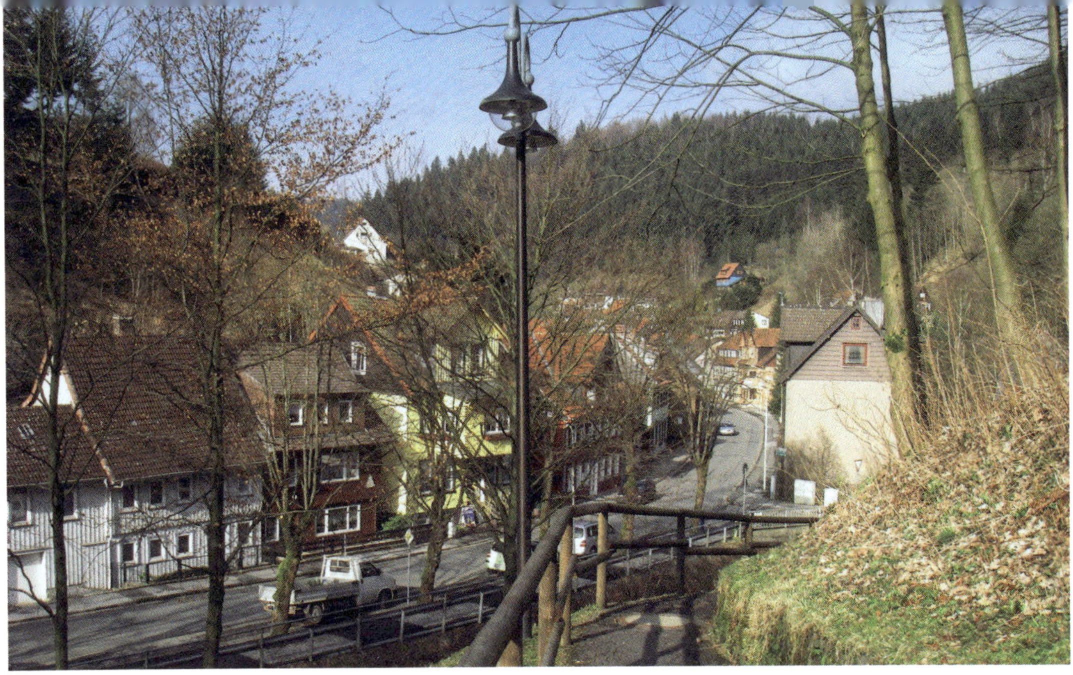

In Wildemann am Badstubenweg

werksmuseum ⑥ und folgen der Treuestraße ganz hinauf zum Ortsrand. Dort nehmen wir schräg links die asphaltierte Feldstraße hinauf zur Wiesenkuppe der **Bockswieser Höhe** ⑦ (610 m, weiter Ausblick zum Brocken und zur Schalke). Die Feldstraße führt immer geradeaus, zuletzt weniger befestigt, zum Wald und dort etwas nach rechts biegend hinab zu einem Graben. Hier nehmen wir den schmalen Weg zwischen dem Graben und dem Oberen Spiegeltaler Teich. Er führt an einem kleinen **Wasserfall** ⑧ vorbei angenehm hinab, schließlich am **Unteren Spiegeltaler Teich** ⑨ vorbei hinab zum Spiegeltaler Zechenhaus (leider keine Gaststätte mehr). Nach diesem Grundstück gehen wir links auf dem schmalen Weg weiter oberhalb des Bachlaufes das Tal hinab, schließlich durch den kleinen Kurpark und zuletzt am schönsten, wieder auf dem Badstubenweg, oberhalb der Häuser zurück zum **Ausgangspunkt** Ⓔ.

Rechte Seite oben: Das Oberharzer Bergwerksmuseum zählt zu den ältesten Technikmuseen in Deutschland.

Rechte Seite unten: Das Schachtgebäude auf dem Gelände des Oberharzer Bergwerksmuseums

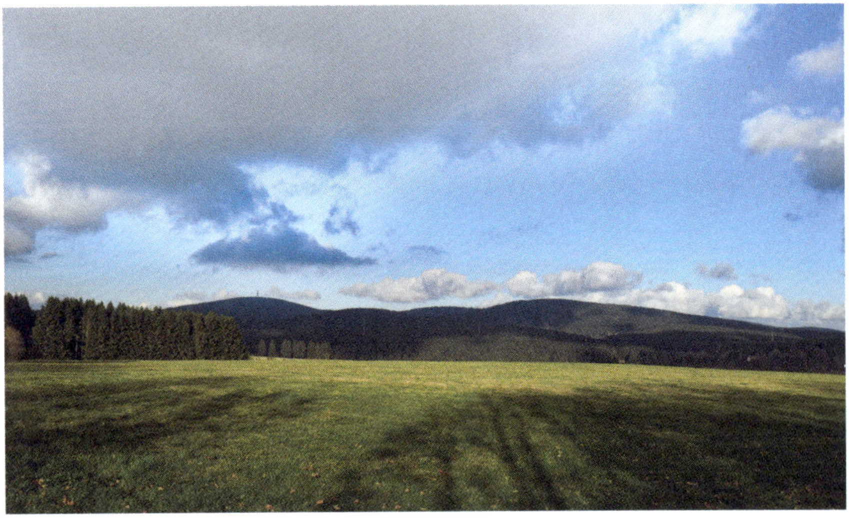

Bocksberg und Schalke von der Bockswieser Höhe aus gesehen

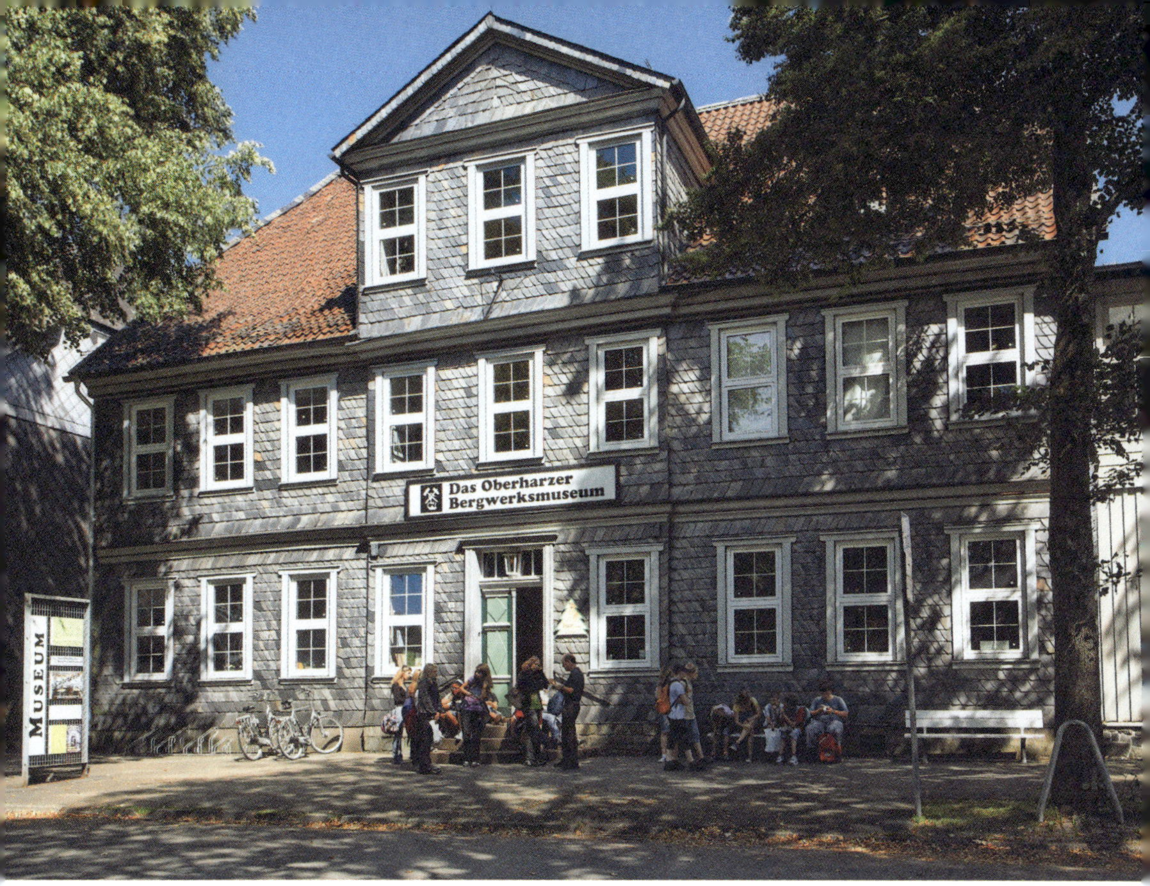
Das Oberharzer
Bergwerksmuseum
MUSEUM

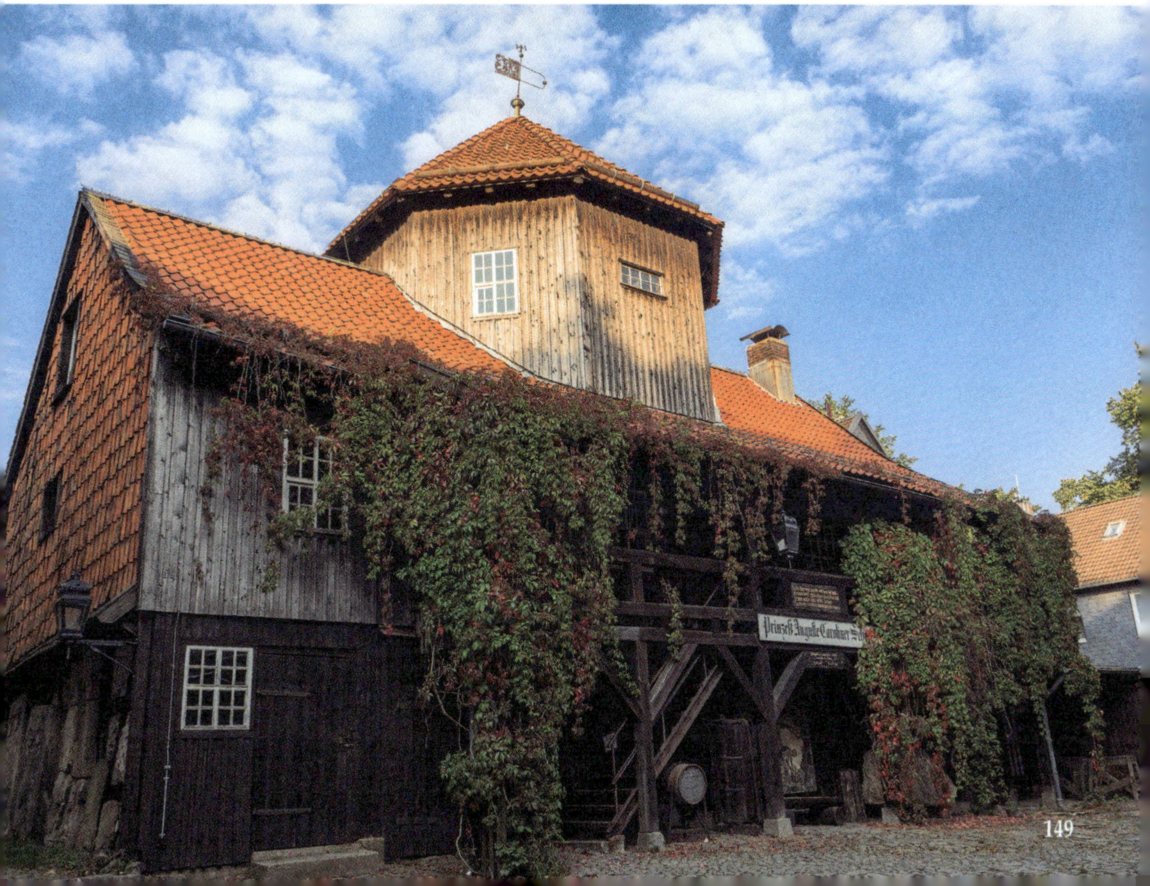
Prinzeß Auguste Caroliner

Wo ein großer Entwässerungsstollen begann

Wildemann war eine der ersten freien Bergstädte. Und die auf den Talern gezeigten halbnackten wilden Männer mit den ausgerissenen Bäumen, das waren die Bergleute. Auch hier gab es Gangerze zuerst oberflächennah zu schürfen. Hier wurde aber auch einer der ersten Harzer Stollen aus dem Stein gemeißelt, bei dem es nicht vorrangig um die herauszuholenden Schätze ging. Die immer weiter in die Tiefe vordringenden Bergwerke waren immer schlechter durchlüftet und sammelten immer mehr Grundwasser, was immer mehr Schöpfarbeit verlangte. Deshalb sollte ein von dem tief im Innerstetal gelegenen Wildemann in Richtung der Clausthaler Schächte in den Berg vorgetriebener »Erbstollen« für beide Probleme Entlastung bringen. Der war ein Teil Infrastruktur und wurde gemeinsam und mit Einspringen auch der Landesherren finanziert. Die Arbeit war mühsam, denn die zu durchdringende Grauwacke war hart, und die Tagesleistung eines Bergmanns mit seinen Mühen mit Hammer und Schlägel lag teils bei nur bei einem Zentimeter Fortschritt. Gelegentlich dabei angeschnittene Erzfunde waren willkommen, blieben jedoch übersichtlich. Mit dem 19-Lachter-Stollen war aber schließlich eine Entwässerung des oberhalb befindlichen Gebirges möglich. Das schaffte allerdings nur für einige

Links: Der Obere Spiegeltaler Teich

Rechts: Die Wanderwege sind durchwegs bestens markiert.

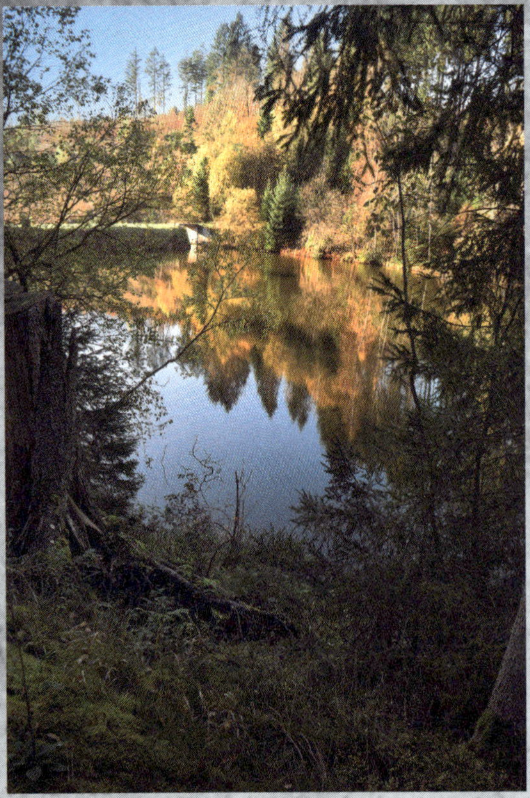

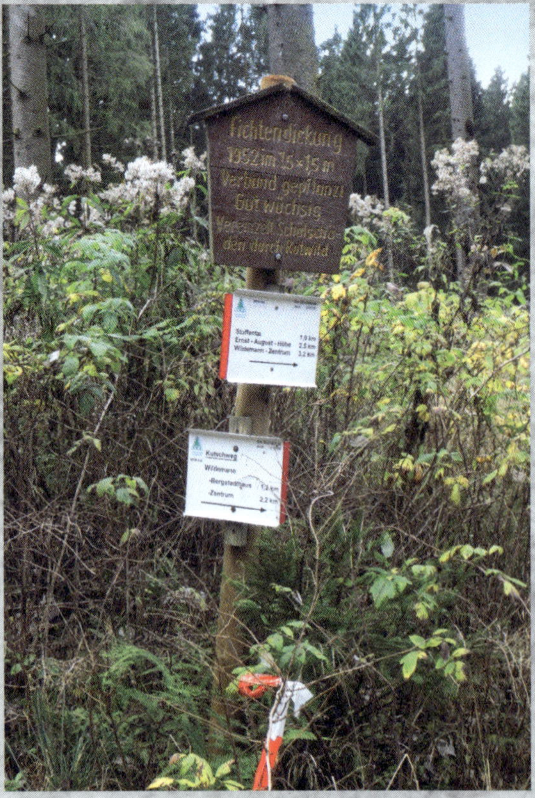

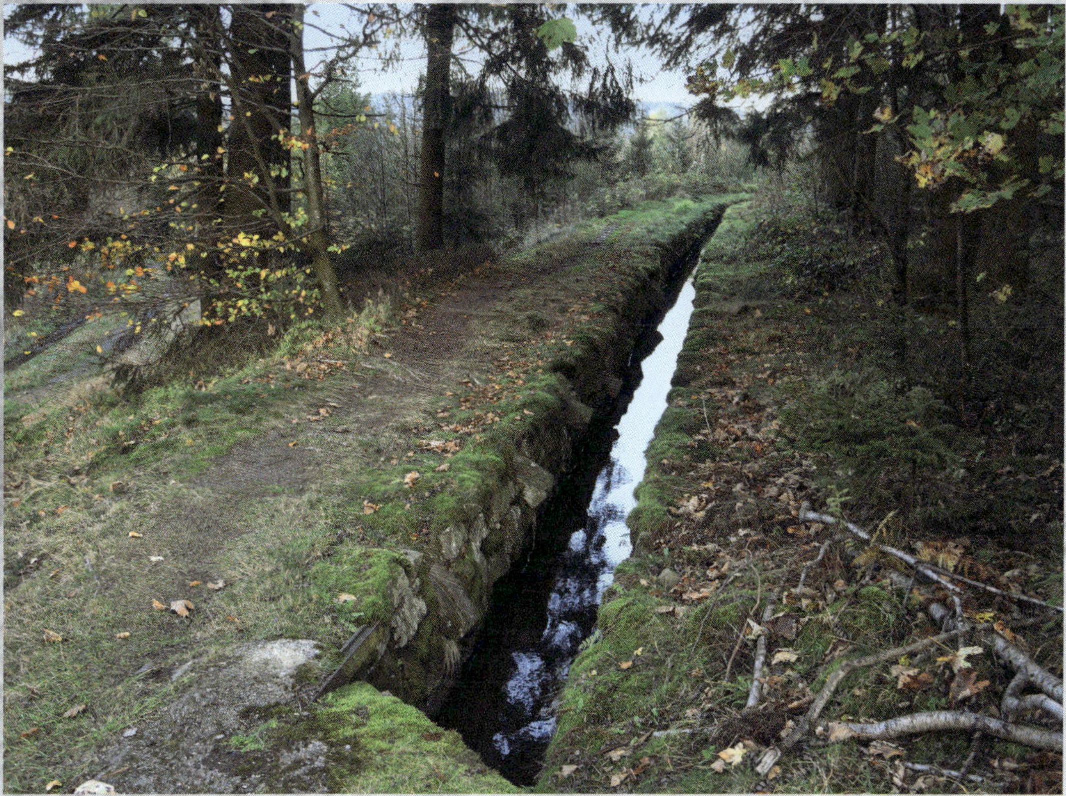

Graben am Oberen Spiegeltaler Teich

Zeit Entlastung. Für die bald in noch größere Tiefen vorstoßenden Bergwerke wurden auch noch der Tiefer-Georg-Stollen (1799, insgesamt 25 km lang) ins tief gelegene Bad Grund und schließlich der noch tiefere, insgesamt noch längere Ernst-August-Stollen (1864) zum im Vorland gelegenen Gittelde angelegt. Dass diese mit einfachsten Messmethoden auf Zentimeter genau die angesteuerten Schächte erreichten, waren Meisterleistungen der Markscheidekunst (untertägige Vermessungskunst). Der durch die tieferen Entwässerungsstollen überflüssig gewordene 19-Lachter-Stollen ist heute Teil des Weltkulturerbes und als Besucherbergwerk ein Highlight! Oben in Zellerfeld wartet natürlich mit dem Oberharzer Bergwerksmuseum (Bornhardtstraße) ein weiteres vielfältig interessantes Ziel.
Östlich von Clausthal wurde im Zweiten Weltkrieg unter dem Tarnnamen »Werk Tanne« eine riesige Munitionsfabrik betrieben (s. »Geheimnisvolle Pfade« W 36). Eine Spätfolge davon war die Schließung der eigenen Trinkwasserversorgung von Wildemann. Die hochgiftigen Versickerungen aus den ersten Deponien haben inzwischen, durch all die Hohlräume im Berg beschleunigt, das Einzugsgebiet der Brunnen dort erreicht. Auch eine Art historischer Pfade …
Die Wanderung führt aus dem engen Tal an Orten mehrerer früherer Schächte vorbei zur Harzhochfläche. Dort quert sie vor dem Campingplatz ein noch um 1900 wild durchwühltes, mit Halden bestücktes und jetzt unauffällig wieder bewaldetes Gebiet. Im Spiegeltal führt sie auf hübschen alten Grabenwegen entlang von Teichen zurück hinab.

Für jeden Tag die richtige Tour

Nr.		Tour										
1	●	Harzhorn	1.00 Std.	2 km	40 Hm		●	●	●		●	
2	●	Hahausen – Bakenberg	3.00 Std.	10 km	330 Hm		●			●		
3	●	Goslar – Glockenberg – Steinberg	4.00 Std.	11,5 km	230 Hm	●	●	●	●	●		●
4	●	Okertal	3.30 Std.	10 km	400 Hm	●	●	●	●	●		
5	●	Bad Harzburg – Bastetal	4.00 Std.	18,5 km	450 Hm		●		●		●	●
6	●	Stapelburg – Brocken	4 + 5 Std.	14 + 20 km	930 Hm	●		●	●	●		●
7	●	Drübeck – Himmelspforte	3.30 Std.	11 km	100 Hm		●	●	●		●	●
8	●	Wernigerode – Kaiserturm	3.00 Std.	8 km	300 Hm		●				●	●
9	●	Benzingerode – Heimburg	3.00 Std.	9,5 km	120 Hm		●	●	●	●		●
10	●	Büchenberg – Zilliertalsperre	3.30 Std.	12 km	200 Hm		●		●		●	●
11	●	Königshütte – Susenburg	3.00 Std.	10,5 km	130 Hm		●	●	●		●	●
12	●	Blankenburg – Ziegenberg	2.30 Std.	8,2 km	180 Hm	●	●	●	●	●		●
13	●	Langenstein – Zwieberge	3.00 Std.	10,5 km	250 Hm	●	●	●	●	●		●
14	●	Quedlinburg – Altenburg	2.30 Std.	8,2 km	100 Hm	●	●	●	●	●		●

Nr.		Tour	Gehzeit	Länge	Höhenunterschied	Einkehr	für Kinder geeignet	Sehenswürdigkeit	für den Winter geeignet	viel Sonne	schattiger Weg	öffentliche Verkehrsmittel
15	●	Wendhusen – Teufelsmauer	2.30 Std.	7 km	100 Hm		●	●	●	●		●
16	●	Ballenstedt – Bismarckturm	3.00 Std.	8,5 km	100 Hm		●	●	●	●		●
17	●	Meisdorf – Konradsburg	3.00 Std.	11,5 km	170 Hm		●	●	●	●		●
18	●	Mansfeld – Pingen	2.00 Std.	5,5 km	100 Hm	●	●	●	●	●		●
19	●	Alexisbad – Mägdesprung	3.00 Std.	12 km	200 Hm		●	●	●		●	●
20	●	Straßberg – Neudorf	3.00 Std.	11 km	80 Hm	●	●	●	●		●	●
21	●	Stolberg – Josephskreuz	3.00 Std.	9 km	300 Hm	●	●	●	●		●	●
22	●●	Neustadt – Ebersburg	4.00 Std.	12,5 km	200 Hm	●	●	●		●		●
23	●	Mittelbau Dora – Konstein	2.00 Std.	4 km	100 Hm		●	●	●	●		●
24	●	Zorge – Jagdkopf	3.00 Std.	7,5 km	290 Hm	●	●	●	●			●
25	●	Wieda – Stöberhai	3.00 Std.	10 km	330 Hm	●	●	●			●	●
26	●	Scharzfeld – Ruine	3.00 Std.	11 km	280 Hm	●	●	●	●	●		●
27	●	St. Andreasberg	4.00 Std.	12 km	300 Hm	●	●	●		●		●
28	●	Hubhaus	1.00 Std.	3 km	70 Hm	●	●	●	●	●	●	●
29	●	Clausthal – BärenbrucherTeich	2.00 Std.	7 km	120 Hm	●	●	●			●	●
30	●	Wildemann – Zellerfeld	4.00 Std.	13,5 km	250 Hm	●	●	●			●	●

Piktogramme erleichtern den Überblick

- Gehzeit
- Länge
- Höhenunterschied
- Einkehr
- für Kinder geeignet
- Sehenswürdigkeit
- für den Winter geeignet
- viel Sonne
- schattiger Weg
- öffentliche Verkehrsmittel

PS:

Wandern ist Gehen auf eigenen Füßen. Mit freiem Blick auf die Umgebung und Wahrnehmung mit allen Sinnen. Die schalten unser Denken auf die analoge Dimension – und das tut uns gut. Das Smartphone gehört dabei aus.

Weil wir auf unseren Füßen gehen, müssen unsere Schuhe denen wohltun. Ansonsten gibt es kein schlechtes Wetter, sondern nur aktuell ungeeignete Kleidung. Aber was nicht genau passt, das trainiert unsere Anpassungsfähigkeit. Das gehört zum Leben.

Landschaft ist – wie unser Leben – kein Zustand, sondern ein Prozess. Wir begegnen unterwegs immer Spuren aus der Vergangenheit. Und der Zukunft. Wenn wir vom früheren Geschehen wissen, dann können wir das sehen und daraus lernen. Und vielleicht erfassen, wie es weitergeht. Oder weitergehen könnte. Und künftiges Geschehen beeinflussen. Ein bisschen wenigstens …

Die vielen einzelnen Dinge über diese Gegend, die weiß ich nicht, weil ich so schlau bin. Sondern weil ich gelesen und gesichtet habe und versucht habe zu verstehen. Wer das selber tun will, kann mit Gewinn weiter eindringen in die Geschichte dieser Landschaft, indem er/sie selber mehr dazu liest. Siehe Einleitung und Hinweise im Text.

Vor allem aber: Geht hinaus und fasst dieses Gebirge und die Relikte aus früheren Zeiten selbst an!

Richard Goedeke

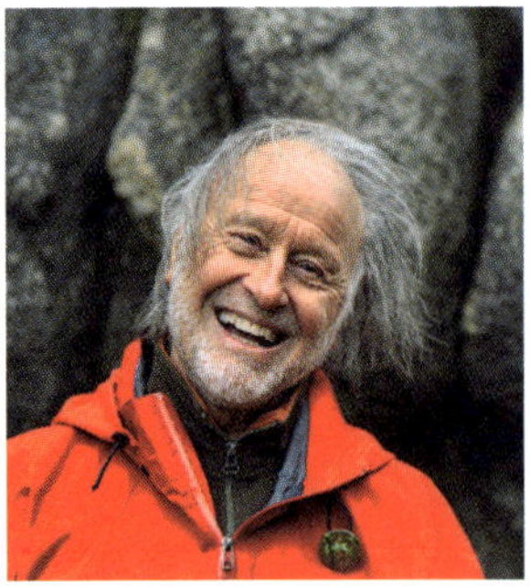

Richard Goedeke

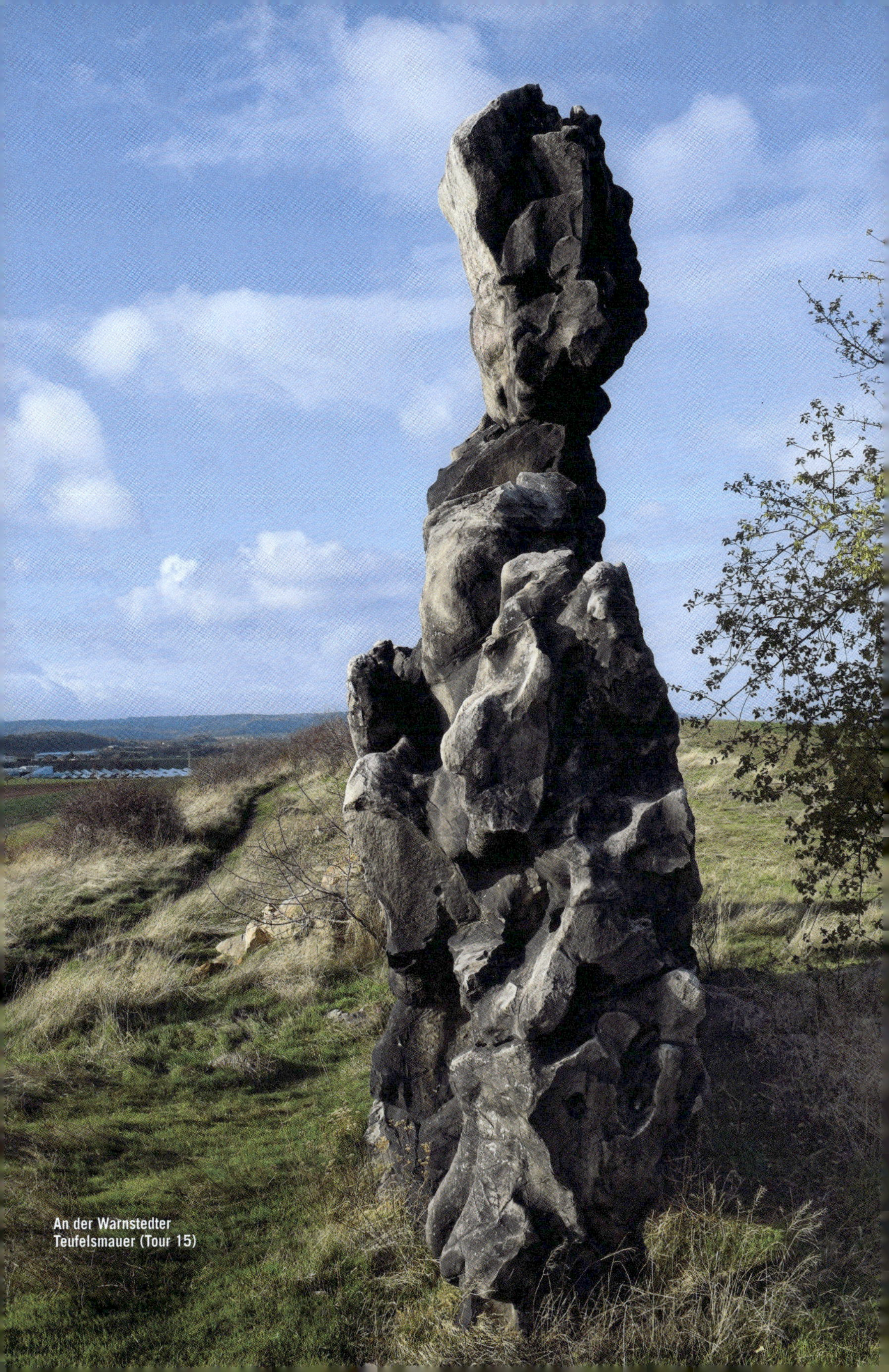

An der Warnstedter
Teufelsmauer (Tour 15)

Am Unteren
Spiegeltaler Teich (Tour 30)

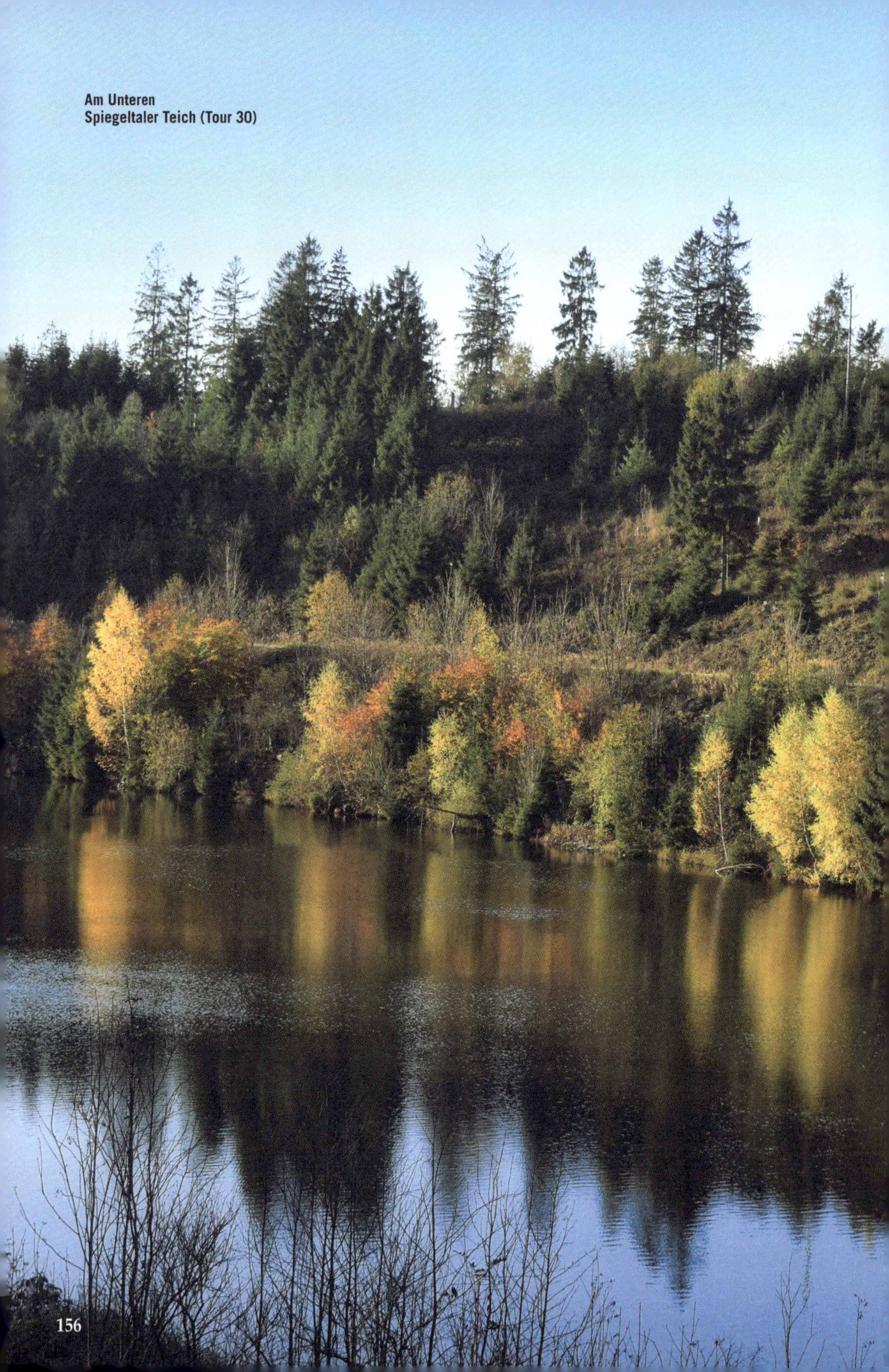

Register

Ebenfalls erhältlich ...

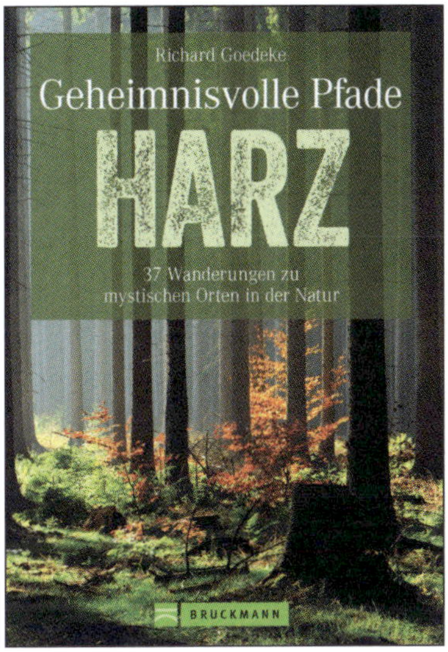

ISBN 978-3-7343-1226-7

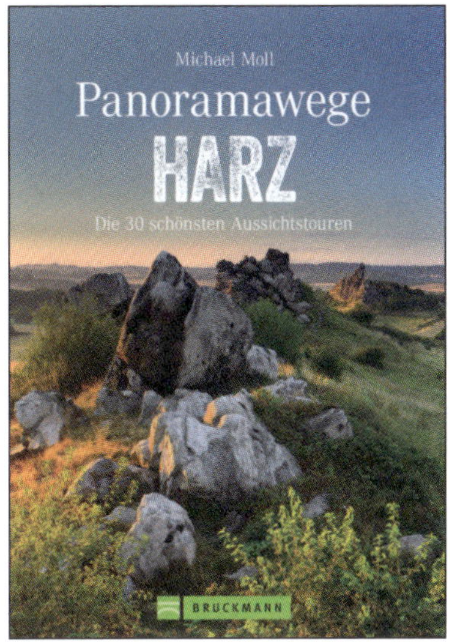

ISBN 978-3-7654-5201-7

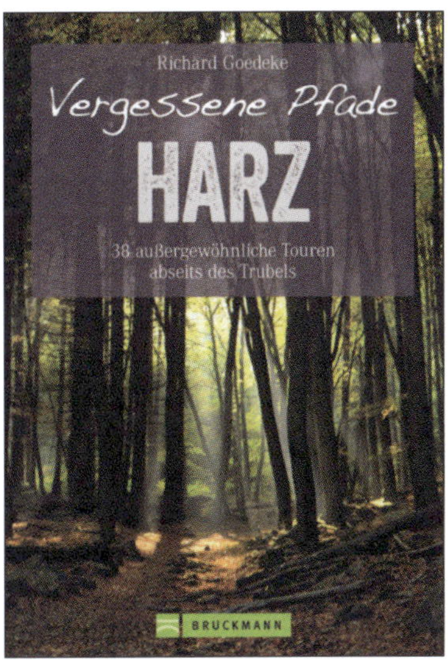

ISBN 978-3-7654-6819-3

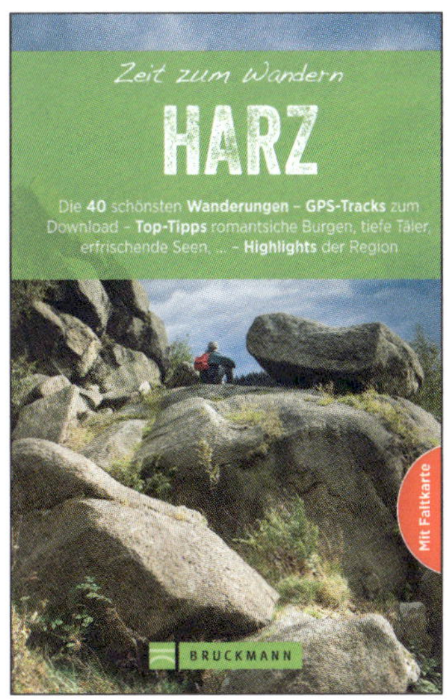

ISBN 978-3-7343-0760-7

BRUCKMANN

www.bruckmann.de

Impressum

Verantwortlich: Stefanie Krüger
Redaktion und Lektorat: Andreas Kubin
Layout: Andreas Kubin
Umschlaggestaltung: Alexander Knoll
Repro: Cromika
Kartografie: Bruckmann Verlag GmbH
Herstellung: Stephanie Schlemmer
Printed in Slovenia by Florjancic

★★★★★

Sind Sie mit diesem Titel zufrieden? Dann würden wir uns über Ihre Weiterempfehlung freuen. Erzählen Sie es im Freundeskreis, berichten Sie Ihrem Buchhändler, oder bewerten Sie beim Onlinekauf. Und wenn Sie Kritik, Korrekturen, Aktualisierungen haben, freuen wir uns über Ihre Nachricht an Bruckmann Verlag, Postfach 40 02 09, D-80727 München oder per E-Mail an lektorat@verlagshaus.de.

Unser komplettes Programm finden Sie unter www.bruckmann.de

In diesem Buch wird aus Gründen der besseren Lesbarkeit das generische Maskulinum verwendet. Weibliche und anderweitige Geschlechteridentitäten werden dabei ausdrücklich mitgemeint, soweit es für die Aussage erforderlich ist.

Empfehlung der Redaktion
Sie sind auf der Suche nach weiterführender Literatur? Dann empfehlen wir Ihnen den Titel »Geheimnisvolle Pfade Harz« von Richard Goedeke. Oder Sie werfen einen Blick in die Zeitschrift BERGSTEIGER. Hier werden Sie bestimmt fündig.

Bildnachweis: Alle Bilder im Innenteil stammen vom Autor, mit Ausnahme von S. 121 Harztourismus/M. Schuck, S. 145o. Shutterstock/Lapping Pictures, S. 145u. Shutterstock/Art_Pictures, S. 149o. Stiftung Welterbe Harz, S. 149u. Oberharzer Bergwerksmuseum/Tim Schenkel, S. 154 Peter Brunnert
Umschlagvorderseite: Schloss Wernigerode (Tour 8, Till Kaak/Shutterstock)
Umschlagrückseite: Die Mausefalle (Tour 4)

Die Deutsche Nationalbibliothek verzeichnet diese Publikation in der Deutschen Nationalbibliografie; detaillierte bibliografische Daten sind im Internet über http://dnb.d-nb.de abrufbar.

Infanteriestraße 11a
80797 München

ISBN: 978-3-7343-1977-8